山东财政学院学术文丛 2010

中外股份制企业比较研究

韩玉玲　著

中国财政经济出版社

图书在版编目（CIP）数据

中外股份制企业比较研究/韩玉玲著. —北京：中国财政经济出版社，2010.6

（山东财政学院学术文丛．2010）

ISBN 978 -7 -5095 -2106 -9

Ⅰ. 中…　Ⅱ. 韩…　Ⅲ. 股份有限公司 - 企业管理 - 对比研究 - 中国、外国　Ⅳ. F276.6

中国版本图书馆 CIP 数据核字（2010）第 041731 号

责任编辑：刘五书　　责任校对：徐艳丽

封面设计：郁　佳　　版式设计：汤广才

中国财政经济出版社 出版

URL：http：//www. cfeph. cn

E - mail：cfeph @ cfeph. cn

社址：北京市海淀区阜成路甲 28 号　邮政编码：100142

发行处电话：88190406　财经书店电话：64033436

北京财经印刷厂印刷　　各地新华书店经销

787×960 毫米　16 开　17 印张　267 000 字

2010 年 6 月第 1 版　2010 年 6 月北京第 1 次印刷

定价：32.00 元

ISBN 978 -7 -5095 -2106 -9/F · 1659

（图书出现印装问题，本社负责调换）

本社质量投诉电话：010 - 88190744

总　序

《山东财政学院学术文丛2010》（以下简称《文丛2010》）是山东财政学院为集中展示山财学人学术研究成果而编辑出版的系列丛书。《文丛2010》的出版，对于落实山东财政学院“学科立校、人才强校、开放兴校、依法治校”的发展战略，繁荣学术研究，加强同学术界的交流等具有十分重要的意义。

始建于1986年、由邓小平同志亲笔题写校名的山东财政学院，是在改革开放的春风中，由财政部和山东省人民政府共同创办、实行以地方管理为主的普通高等财经院校。学校面向全国招生，是国务院学位委员会批准的硕士学位、学士学位授予单位。2009年被立项为博士点规划建设单位。学校目前拥有14个二级学院，43个本科专业，22个硕士学位授权点和MBA、MPA两个专业学位授权点及同等学力申请硕士学位的资格。学校学科门类齐全，已形成以经济学、管理学为主，文、法、理、工等六大学科门类相结合的学科结构。其中财政学、会计学、金融学、企业管理、国际贸易学、管理科学与工程为山东省重点学科，财政学与企业管理为省级重点强化建设学科。在山东省政府确定的“泰山学者”特聘教授设岗学科中，财政学、金融学位列其中。依托于以上优势学科与特色学科，一批批学科带头人与学术骨干脱颖而出，学校也由此成为省内著名、在全国有一定影响的经济学与管理学研究人才高地。

在人才培养方面，山东财政学院广纳全国英才，以“培养基础扎实、知识面宽、业务能力强、综合素质高、具有国际视野的应用型人才”为目标，不断提高教学质量，为社会培养和输送了两万多名优秀毕业生。其中每年都有相当数量的毕业生或被中央机关、国家部委和著名公司录用，或考取名牌高校研究生继续深造。目前山东财政学院的毕业生已得到社会各界的普遍认可，为学校赢得了较高的社会声誉。“学在山财”已成为莘莘学子努力追求的人生目标。

在短短的二十多年间，山东财政学院之所以取得如此辉煌的成就，这既是“求是崇真、博学笃行”的校训与“高标准、严要求、好校风、有特色”办学指导思想得以落实的必然体现，也是学校实施“四大”战略，积极推进以提高教学水平与科研水平为核心的综合改革的必然结果。近年来，为把学校建设成为在国内外有一定影响的多科性高水平特色大学，山东财政学院在启动本科教学质量工程的同时，启动了研究生学位点建设工程，加快推动学科建设与学术研究工作上层次、上水平。围绕这一目标，学校不断优化学术环境，提倡学术民主，创新学术激励机制，遵循“以高制胜、以优立足、以特发展”科研理念，科研工作取得重要突破，并涌现出了一批高水平的学术研究成果。为向外界推介这些学术研究成果，进一步繁荣学术研究事业，学校决定出版《山东财政学院学术文丛2010》。《文丛2010》就是在这一背景下编辑出版的。

为使《文丛2010》反映、代表山东财政学院学科建设与学术研究的最高水平，在书稿的遴选过程中，严格学术标准，规范评审程序，采用了校外专家审稿与校学术委员会评审确定的机制，最终确定入选《文丛2010》的书稿。经此严格的筛选，这一部部书稿以其较高的研究水准与学术价值得以入选。应当指出的是，这些书稿不仅集中反映了山东财政学院学术研究的最新成果，而且展现了山东财政学院学人的时代风采。在入选者中，既有名气较大的知名学者，也有砥柱中流的学术中坚，还有崭露头角的学界新秀。在他们中间，或术业有专攻，或名气有大小，或起点有高低，但有一点是共通的：那就是他们在各自的领域内，瞄准学术前沿，不畏路途艰辛，治学严谨，用力勤苦，最终取得了丰硕的研究成果。可以说，这些书稿凝聚了作者多年来潜心学术研究的心血汗水，展现了山财学人勇攀学术高峰的时代风貌。

我们相信，《文丛2010》的出版不仅在加快学术队伍建设、推动学科建设方面起到重要的作用，而且在加强同学术界的交流、扩大学校的学术影响力等方面也将产生深远的影响。为此，今后我们还将每年遴选10部左右的书稿出版，推动山东财政学院学术研究事业繁荣兴盛，薪传不息。

《文丛2010》的顺利出版，得到中国财政经济出版社的大力支持，张立宪副总编、刘五书先生、林治滨先生等为丛书的出版付出了诸多辛劳，在此我们表示衷心的感谢！在《文丛2010》的出版过程中，山东财政学院校领导高度重视，校科研处精心组织，各位作者积极配合，谨此我们一并表示诚挚的谢意！

《山东财政学院学术文丛2010》编委会

2010年3月22日

序

韩玉玲博士的专著《中外股份制企业比较研究》，是在其博士论文的基础上修改、充实而成的。在攻读博士学位期间，她就一直潜心于股份制理论和股份制企业的研究。作为她的博士生导师，由衷地为她的这部专著问世感到高兴，并欣然为之作序。

股份制是指通过发行股票的方式将分散的、属于不同个人或生产单位所有的生产要素集中起来，统一使用和经营、自负盈亏、按股分享收益的一种财产组织形式。

19 世纪 60 年代中期，马克思曾在深入考察了当时西方主要资本主义国家的股份制经济以后，建立了科学的股份公司和股份资本理论。马克思从生产力和生产关系、经济基础和上层建筑相互作用的关系上，尤其是从市场经济发展和社会化生产程度日趋提高的层面上，对股份制的产生、特征、作用及历史地位等作了深入细致的分析与研究，得出了一系列重要结论。由马克思的论述我们可以看出，股份制是在社会化大生产条件下与生产力发展相适应的企业组织形式，是在没从根本上触及资本主义私有制本身的前提下，对其生产关系从组织形式方面被迫进行的一次自我调整，是资本主义私有制的一种新的实现形式。

现代西方经济学家对股份公司的发展演变及其特征和影响也进行了大量研究，其中有代表性的理论观点主要有：美国经济学家艾尔费雷德·D. 钱德勒的管理协调理论；美国经济学家凡勃伦、贝利和米恩斯、伯纳姆及加尔布雷思的“经理革命”论；科斯的企业理论；美国经济学家阿尔钦和德姆塞茨的团队生产理论；委托代理理论；美国经济学家威廉姆森关于现代公司组织和治理结构的理论；利益相关者理论；“分享经济”等。西方学者遵循假设——推理——实证的静态分析方法。这种分析方法难以展示导致经济发展的诸因素之间是如何从整体上交互作用的，容易使人片面地理解经济发展的全部过程。

世界各主要资本主义国家由于具有不同的社会传统、法律体系、政治体制及经济制度，因而形成了不同的公司治理结构模式，即以美英为代表的外部控制性公司治理模式和日德式的银行导向型公司治理模式。进入20世纪90年代以后，上述两种公司治理模式都遇到了问题，双方之间开始寻求可以借鉴的经验，呈现出互相交融、趋同的趋势。

我国国有企业的股份制改造开始于20世纪80年代中期。1997年党的十五大指出，股份制是现代企业的一种资本组织形式，有利于所有权和经营权的分离，有利于提高企业和资本的运作效率，资本主义可以用，社会主义也可以用。2003年，中共十六届三中全会《关于完善社会主义市场经济体制若干问题的决定》中又提出，大力发展国有资本、集体资本和非公有资本等参股的混合所有制经济，实现投资主体多元化，使股份制成为公有制的主要实现形式。经过30多年的改革，我国国有企业在进行股份制改造过程中取得了一些成绩，但也出现了种种问题。这主要表现在：政府的行政干预问题；国有资产的流失问题；法人治理结构不完善；内部人控制问题等。社会主义要创新地利用股份制，必须做到以下几点：保持公有制的主体地位；深化国有资产管理和监督体制改革；建立合理的股权结构；规范公司的法人治理结构；建立激励和约束机制，促进企业家阶层的形成；建立和完善使公司正常运行的法律法规，并加大执法的力度等。

近年来，外商投资特别是大型跨国公司通过收购、股权置换、资产重组等方式并购国内企业特别是大型国有企业步伐加快，投资规模也不断加大。外资并购给我国带来的影响有：对产业结构的影响；行业垄断问题和对国家经济安全的影响；并购中出现的国有资产的大量流失；我国自主创新能力的下降以及引起的失业问题等。为此，我国应及时采取对策，健全有关外资并购的法律法规，保证国家经济安全。

韩玉玲博士的这部专著对世界各主要资本主义国家不同的股份企业制度以及我国国有企业的股份制改造作了较为深入、系统的阐述和比较，其目的在于通过对比中外股份制企业的共性和特性，以便结合我国的国情，吸取和借鉴西方国家股份制企业的成功经验，为我国当前的改革以及今后股份制企业的进一步调整和完善提供有益的启示。

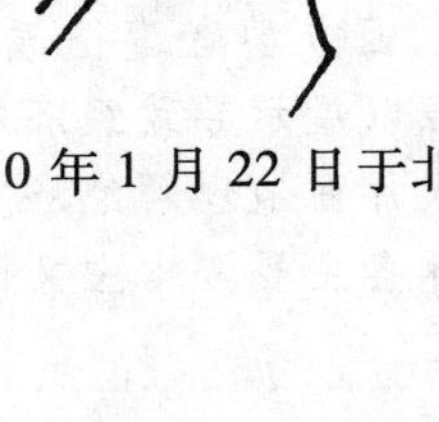

2010年1月22日于北京

摘　要

股份制（Stock System）又称股份制经济或股份经济（Share Economy），是指通过发行股票的方式将分散的、属于不同个人或生产单位所有的生产要素集中起来，统一使用和经营，自负盈亏，按股分享收益的一种财产组织形式。本专著对马克思的股份制理论、西方学者的股份制理论、世界各主要资本主义国家不同的股份企业制度以及我国国有企业的股份制改造作了较为深入、系统的阐述和比较。写作本书的目的在于通过对比中外股份制企业的共性和特性，以便结合我国的国情，吸取和借鉴西方国家股份制企业的成功经验，为我国当前的改革以及今后股份制企业的进一步调整和完善提供有益的启示。

全书共分为8章，其主要内容如下：

导论说明了本书选题的理论意义和现实意义，回顾了国内外的相关文献并进行了评论，介绍了该书的结构安排、研究方法和创新之处。

上篇是股份制理论和产权理论，包括2章，其中：

第1章论述了马克思的产权理论和股份制理论。

马克思认为产权关系是所有制关系的法律形式。他虽然重点剖析的是资本主义经济关系，但却从社会基本经济制度变迁规律的角度，第一次用历史唯物主义观点科学、系统地论述了财产和财产权的起源及其历史变迁。马克思把财产权看做是一组权利或若干权利的结合体。在各种所有制内部的产权结构中，除了生产资料所有权，马克思还研究了占有权、使用权、支配权、经营权、索取权、继承权和不可侵犯权等一系列权利的作用及它们之间的相互关系，详细地分析了这些权利的统一、分离和重组的情况，并阐述了其发展趋势及其对基本产权制度的影响。

马克思的股份制思想大约形成于19世纪60年代中期。这是他在深入考察了当时西方主要资本主义国家的股份制经济以后建立的科学的股份公司和股份资本理论。马克思从生产力和生产关系、经济基础和上层建筑相互作用的关系上，尤其是从市场经济发展和社会化生产程度日趋提高的层面上，对股份制的产生、特征、作用及历史地位等作了深入细致的分析与研究，得出了一系列重要结论。由马克思的论述我们可以看出，股份制是在社会化大生产条件下与生产力发展相适应的企业组织形式，是在没从根本上触及资本主义私有制本身的前提下，对其生产关系从组织形式方面被迫进行的一次自我调整，是资本主义私有制的一种新的实现形式。

第2章论述了西方国家的股份制理论和产权理论。

现代西方经济学家对股份公司的发展演变及其特征和影响进行了大量研究，其中有代表性的理论观点主要有：美国经济学家艾尔费雷德·D.钱德勒的管理协调理论；美国经济学家凡勃伦、贝利和米恩斯、伯纳姆及加尔布雷思的“经理革命”论；科斯的企业理论；美国经济学家阿尔钦和德姆塞茨的团队生产理论；委托代理理论；美国经济学家威廉姆森关于现代公司组织和治理结构的理论；利益相关者理论；“分享经济”等。西方学者遵循假设——推理——实证的静态分析方法。这种分析方法难以展示导致经济发展的诸因素之间是如何从整体上交互作用的，容易使人片面地理解经济发展的全部过程。

西方现代产权理论以产权和制度为主要研究对象，着重分析现代市场经济中产权及其结构和安排对资源配置及使用效率的作用和影响，其代表人物有科斯、诺思、威廉姆森、德姆塞茨、张五常等。其中，科斯认为，明晰的产权制度是产权自由交易的条件，并有助于降低交易费用，从而有利于实现资源优化配置，达到帕累托最优。但他的这一命题，没有得到任何证明。所以，西方现代产权理论不能作为我国改革的出发点。

下篇是股份制企业及其比较，包括6章，其中：

第3章论述美国的股份制企业。

美国的股份制企业是在业主制、合伙制的基础上发展演进而来的，其主要特点有：公司股权高度分散；以股东价值最大化为公司治理目标；没有监事会，董事会履行监事会的职责，是单层委员会制，并实行内部和外部董事混合的董事会模式；公司控制权市场发达，主要依靠外部力量对管理层实施控制。

第4章论述英国、法国和德国的股份制企业。

英国也是外部控制性公司治理模式的典型代表，企业融资以股权和直接融资为主。在股权结构中，机构持股者占主体，股权高度分散化，并且流动性强；以股东价值最大化为治理目标；以股票市场为主导的外部控制机制高度发达；采取经营者“股票期权制”的激励机制；公司治理模式的框架由股东大会、董事会及首席执行官三者构成。

从所有制关系看，虽然私人经济在英国经济中一直占据主导地位，但经过两次大规模国有化运动后，国有经济曾占有过很重要的地位。但从1979年以来，英国政府由于竭力推行私有化政策，其国有经济的实力已经大为降低。

法国企业按其所有制形式可区分为三类：国有企业、合作社和私人企业。法国国有企业的性质属于资产阶级集体所有制，实行股份制。国家是国有企业的股份持有者，控制企业的发展方向和影响企业的经营方针，但对企业的日常经营活动不加干预。企业主要采取董事会领导下的经理负责制。1986年法国右翼联盟政府上台后大力推行国有企业私有化运动，其主要原因是出于全国经济和党派政治的需要以及受到全球私有化浪潮的影响。

德国股份公司的股权结构以法人持股为主，具有相对集中的特征。德国的公司治理模式建立在银行主导的金融体制之上，不依赖资本市场和外部投资者。股份公司的组织结构分为三级，即股东大会、监事会、董事会，它们分别控制着公司的所有权、监督权和经营权。

德国虽然以生产资料私有为主体，但同时也保持国有经济的重要地位。国有企业大都采用公司形式独立经营。不过，从20世纪50—60年代，原联邦德国开始了对国有企业的私有化进程。

第5章论述日本的股份制企业。

第二次世界大战后，日本建立了以银行为中心的“法人资本主义”体制模式。股权结构是以法人相互持股为主体，若干稳定的大股东的存在和交叉持股形成了日本内部控制型公司治理模式。公司不仅仅是股东的工具，它还对更广泛的利益相关者负起责任。企业的决策机构是以董事为中心的董事会，而董事会又是由“社长”为核心的各事业部部长等组成。

日本对第二次世界大战后建立的国有企业实行中央集权的管理办法。国有企业主要领导成员的任免权大都在国会和政府手里。从20世纪80年代开始，日本也实行了国有企业“民营化”。国有企业民营化后，经济效益虽有提高，但也出现了失业率高、政府调控经济能力下降等问题。

第6章论述俄罗斯的股份制企业。

俄罗斯的股份制改革是伴随着私有化运动的开展而进行的。俄罗斯通过建立股份制，大量无偿分配或有偿出售国有企业的股份，改变了公有资产在社会总资产中的优势地位和国有经济的主导作用，使所有制性质发生了根本性变化。

俄罗斯私有化改革后，股权集中程度高，在新形成的股份公司中还出现了“内部人控制”的局面。按照俄罗斯2002年股份公司法的规定，股东大会、董事会（监事会）、执行机构三者构成俄罗斯股份公司的核心，基本上属于英美模式。通过后私有化阶段的公司治理，俄罗斯内部人控制企业的状况有所缓解，但并没有得到根本改观。

第7章论述我国国有企业的股份制改造。

国有企业的体制改革是从扩大企业自主权开始的。为了实现政企职能分开，使国有企业的所有权和经营权分离，20世纪80年代中期，国家开始股份制试点。1997年党的十五大指出，股份制是现代企业的一种资本组织形式，有利于所有权和经营权的分离，有利于提高企业和资本的运作效率，资本主义可以用，社会主义也可以用。2003年，中共十六届三中全会《关于完善社会主义市场经济体制若干问题的决定》中又提出，大力发展国有资本、集体资本和非公有资本等参股的混合所有制经济，实现投资主体多元化，使股份制成为公有制的主要实现形式。经过20多年的改革，国有企业在进行股份制改造过程中取得了一些成绩，但也出现了种种问题。这主要表现在：政府的行政干预问题；国有资产的流失问题；法人治理结构不完善；内部人控制问题等。社会主义要创新地利用股份制，必须做到以下几点：保持公有制的主体地位；深化国有资产管理和监督体制改革；建立合理的股权结构；规范公司的法人治理结构；建立激励和约束机制，促进企业家阶层的形成；建立和完善使公司正常运行的法律法规，并加大执法的力度。

近年来，外商投资特别是大型跨国公司通过收购、股权置换、资产重组等方式并购国内企业特别是大型国有企业出现了较快增长，投资规模也不断加大。外资并购给我国带来的影响有：对产业结构的影响；行业垄断问题和对国家经济安全的影响；并购中出现的国有资产的大量流失；我国自主创新能力的下降以及引起的失业问题等。为此，我国应及时采取对策，健全有关外资并购的法律法规，保证国家经济安全。

第8章论述中外段份企业制度的比较。

世界各主要资本主义国家由于具有不同的社会传统、法律体系、政治体制及经济制度，因而形成了不同的公司治理结构模式，即以美英为代表的外部控制性公司治理模式和日德式的银行导向型公司治理模式。进入20世纪90年代以后，上述两种公司治理模式都遇到了问题，双方之间开始寻求可以借鉴的经验，呈现出互相交融、趋同的趋势。

社会主义和资本主义股份制的相同点包括：两者都是社会化的市场经济；两者都以市场为导向，按照市场经济规律合理配置生产要素，发展生产力；两者都以谋取最大利润为目标。社会主义和资本主义股份制的不同点有：建立在不同的生产资料所有制基础之上；股权结构和公司治理的不同；国家宏观调控的力度大小不同；发展经济的目的不同以及发展经济的后果不同。

结论：我国是以公有制为主体的社会主义国家。我们应当按照自己的国情，在马克思主义理论的指导下，总结各种市场经济中企业制度的经验教训，因地制宜地进行理论创新和制度创新，建立具有中国特色的、具有社会主义内涵的现代企业制度。

关键词：股份制企业；公司治理；国有企业；私有化

Abstract

The Stock System or the Share Economy is one of property organization forms that centralize the production factors that belong to the individuals or the production units with unified use and management, bearing sole responsibility for its profits or losses, sharing in incomes by share through issuance. This Monograph more systemically expounds Marx's theory of stock system, the western scholastic theory of stock system, the stock enterprise systems of the main capitalist countries in the world and the joint-stock system reform of the state-owned enterprises (SOEs). The purpose is to extract and make use of the successful experiences of the stock system enterprise in the western countries through the comparison of the commonness and the specialty between China and foreign countries, and thus make more adjusted of the stock enterprise system and provide some enlightenments to China's reform.

The Monograph includes the introduction and eight chapters. The introduction and the chapters are summarized as the following:

In the introduction, theoretical and practical significances of the selection of the topic are described through reviewing studies on relevant domestic and international literatures, and the structure, research methods and innovations of the Monograph are illuminated.

In Chapter 1, the author describes Marx's theories of property rights and stock system.

Marx regarded that the property right relationships is the law form of the ownership system relationships. Although he analyzed the capitalist economy relationships, he discussed the origin and development of the property right systematically from the view of the variance disciplinary of the society basic economic institution and historic materialism for the first time. Marx took property right as integration of a set of rights. In the property rights structure of all the ownership systems, apart from the ownership of the means of production, Marx also studied on the right of possession, the right of use, the right of control, the right of management, the right of claim property, the right of inheritance, the right of inviolability and their relations. Marx analyzed the unify, separation and recombination of property rights in detail and expounded the development trend and the influence of the basic property institution.

Marx's theory of stock system came into being in the middle of 1860's. He set up the scientific theory of stock company and stock capital after deeply researching on the stock economy of the western main capitalist countries. Marx made a detailed analysis on the genesis, characteristics, function and historic position of stock system based on the dialectical relations of productivity, relations of production, economic base and superstructure, especially on the dimension of development of market economy and deepening socialization. A series of important conclusions were drawn up. From Marx's exposition, we can see that the stock system is a form of enterprise organizations that is suited the productive force development under the condition of socialization production. It is an adjustment on the organizing form of the production relations. It is a new realization form of capitalism private ownership under the prerequisite of capitalism private ownership.

In Chapter 2, the western country's theories of stock system and theories of property rights are described.

Modern western economists have studied the development, feature and influence of the stock company. Some representative theories include: America economist Chandler's the management coordination theory; America economist Veblen, T., Berle, A. and Means. G. C., Burnham, J. and Galbraith, J. K.'s "the managerial revolution"; Coase's theory of firm; America economist Alchian, A. and Demsetz H.'s the team production theory; Jensen, M. and Meckling, W. H.'s the principal-agent theory; American economist Williamson, O.'s the theory of the modern company organizing and the corporate governance structure; The stakeholder theory; "The share economy theory". The western scholars follow a static explanations method of hypothesis-reasoning-demonstration. This method has difficulties in showing the interaction among the economy development factors in all. It makes people understand all the process of economy development unilaterally. The western modern theories of property rights take the property right and institution as the object of research. Much effort has been made on analyzing the effects of the efficiency of the resources allocation exerted by property right. Influential persons among them are Coase, H., North, D., Williamosn, O., Demsetzh, h., Cheung, Steven. For example, Coase argued that the clear property rights system is the precondition for free transaction, hence a reduction of transaction fee and a further step to reach optimization pareto allocation. But it is an unsubstantiated proposition. It should not be the starting point for our reform.

In Chapter 3, the author explores the American stock system firm.

American's stock system has developed from the basis of the Single Proprietorship and the Partnership. The main attributes of the enterprises include a higher level of ownership structure dispersion, the corporate governance aiming at maximizing the value of stock owners, no supervisor board and director board bearing the former's responsibility, which is a single level committee system and composed of internal and external directors. Together with a developed enterprise control rights market, It mainly depends on the external power to control the management.

In Chapter 4, the firms of stock system of Britain, France and Germany are investigated.

In Britain, it is a typical reprehensive of the external control corporate governance model too. Enterprise financing is mainly by direct ownership finance, the structure of sharing ownership, shareholding of multi-organizations covering a large proportion, sharing ownership dispersing with a high level, ownership flowing quickly, the corporate governance aiming at maximizing the value of stock owners, the external control mechanism being dominated by the stock market. The incentive mechanism such as the stock option system of CEO is adopted, and the structure of the corporate governance consists of three parts, namely the stockholder board, director board and CEO.

From the perspective of ownership relations, although private economy has always dominated in British economy, the state-owned economy was once at an important position after two great nationalization movements. However, because British government has tried its best to implement privatization policy since 1979, the strength of the state-owned economy has been weakened already.

French enterprises can be divided into three categories, which are state-owned enterprises, cooperation and private enterprise. The nature of French state-owned enterprise is collective property of capital class, organized in the stock system. The state is the share holder of the state-owned enterprises, directing the development and management of the enterprises. It doesn't interfere with the daily operation of the enterprises. The state-owned enterprises adopt the manager responsibility system under the director board. After taking the office in 1986, the right wing alliance government promoted the privatization movement of state enterprises, mainly on the basis of the national economic and political needs and the influence of the privatization trends in the world.

The share ownership in the stock companies of Germany is mainly held by legal person and relatively centralization. The corporate governance model of Germany founded on the financial system dominated by banking, without dependence on the capital market and the external investors. The structure of the stock companies consists of three levels, namely the stockholder board, supervisor board and the director board. They respectively control the ownership, superintendence and management.

Though private ownership dominates, state-owned economy is important in Germany. Most of the state-owned enterprises adopt the corporate structure and run independently. However, since 1950s and 1960s, West Germany has initiated the privatization movement of state enterprises.

In Chapter 5, studies on Japan's firm of stock system are made.

After the World War II, the legal persons capitalism was established in Japan, putting the banking in the center. The body of the structure of share ownership is the legal persons. The stable existence of certain big stock holders and their cross shareholding formed the corporate governance model of the internal control . Corporations are not only the shareholder ' s tools, but taking the responsibilities for the extensive the stakeholders. The decision making institution of the enterprises is the director board by putting the directors to the center, which consists of the heads of every departments regarding the proprieter as the core.

Japan the state-owned enterprises built up after the World War II are directed with centralism. The chief officers of the state-owned enterprise are appointed by the congress and the government. Japan has also initiated the privatization movement of state enterprises in 1980s. Though the economic profits become larger after the campaign, the problems of a high unemployment rate and incompetence of the government controlling the economy has emerged.

In Chapter 6, Russian firm of stock system is discussed.

Russian firm of stock system developed with the attendance of the privatization movement of state enterprises. Russia repealed the domination of public owned assets in the total assets of the society and the dominating function of the state-owned economy, changing the nature of the ownership system fundamentally through establishing stock system, allocating the shares of the stake-owned enterprises free or at a certain price.

After its privatization, a high-level centralized share ownership emerged in Russia. Some stock companies take the feature of insider ' s control. According to the Stock Company Law of Russia in 2002, stockholder board, director board and executive institution constitutes the core of Russian stock companies, which basically belongs to the model of corporate governance of Britain and American. Through the corporate governance of ex-privatization, the insider ' s control problem has been partly mitigated. It remains no fundamentally solved.

In Chapter 7, the joint stock system reforms of the state-owned enterprises (SOEs) in China are elaborated.

The system reform of the state-owned enterprises started from expanding the enterprise ' s autonomy. In order to realize the separation of the government and business function and to get separation of ownership and control, experiment of the stock system has been undergone in China since the middle of 1980 ' s. It is stated in the 15th Party Congress (Communist Party of China) in 1997 that stock system is a form of capital organization in modern enterprise and is benefit to the separation of ownership and control. It can improve the operation of businesses and capital efficiency. Both Capitalism and socialism can make use of it. In 2003, in the Third Plenum of the 16th CPC's "decision" (The Decision on Consummating the Socialist Market Economic System issued by the third mid-term meeting of the 16th General Assembly of Communist Party of China) it is also proposed that we should developed mixed ownership economy of the national owned capital, collective capital and non-public capital, realizing diversification of so investment and the stock system is the main form of socialist public ownership economy.

After 20 years of reform, the state-owned enterprises have got a number of accomplishments in the process of share-holding system reform, but there are some problems, such as administrative intervention, the loss of state-owned assets, imperfections of Corporate governance structure and internal control issues.

Socialism should use the shareholding system innovatively and we must do many jobs including maintaining the dominant position of public ownership, deepening the reform of the state-owned assets management and supervision system, funding a reasonable shareholder structure, establishing a regulated corporate governance structure and effective incentives and restraint mechanisms, promoting the formation of entrepreneurship class, establishing and perfecting a strict legal system and a rigid enforcement system.

In recent years, foreign investment, especially the large multinational companies have got a relatively rapid growth. The scale of investment has also increased by mergering and acquisiting (M & A) of domestic enterprises, purchasing, transferring property ownership and reconstructing capital. Foreign capital M & A the state-owned enterprises brings long -run impacts on China's economic reform, such as industrial structure, industrial monopoly and the country's economic security, the huge loss of state assets in acquisition; the decline of China's autonomous innovation capacity and unemployment problems. Thus, China should take measures to improve relevant laws and regulations of foreign acquisition in time, ensuring national economic security.

In Chapter 8, the comparison of the stock system Enterprises between China and Foreign Countries are described.

Due to different social traditions, legal systems, political systems and the economic systems in the major capitalist countries in the world, it formed two difference models on corporate governance, America-British external corporate governance model and Japan and German model. The latter corporate governance puts the banking in the center. Since the 1990s, these two modes of corporate governance have encountered problems and the two sides started to learn from each other, turning up intersect trend.

The similarities of socialistic stock system and the capitalistic stock system are both social market economy. Both of them are guided by the market in accordance with the laws of market economics to allocate of production factors and develop social productive force. They both seek to maximize profits as the goal.

The differences of stock system of socialist and capitalism includes Establishing on a different ownership of the means of production, the difference of equity structure and corporate governance, the difference of National macro-control efforts, the difference of the purpose and the consequences of economic development.

Conclusions: China is a socialist country by the leading role of public ownership. We must aggregate lessons of enterprise system in all market economies in accordance with our own national conditions. In the guidance of Marxist theory, we should conduct theoretical and institutional innovations according to local conditions and establish modern enterprise system, which is of Chinese characteristics and implications of socialism.

Key Words: stock system enterprise; corporate governance; state-owned enterprise; privatization

目　录

导 论

一、选题的理论意义和现实意义

（一）理论意义：澄清国有企业股份制改造中的理论误区

股份制（Stock System）又称股份制经济或股份经济（Share Economy），是指通过发行股票的方式将分散的、属于不同个人或生产单位所有的生产要素集中起来，统一使用和经营，自负盈亏，按股分享收益的一种财产组织形式。它是随着商品、货币关系和信用制度的产生，发展而发展起来的，适应了资本主义社会筹资和承担有限责任的需要，是资本主义协作的一种形式。由于它聚集资本的功能，在推动生产力发展中曾起过巨大作用。虽然股份制的产生与资本主义的兴起大体同步，但股份制本身是一种财产和经营形式，是与市场经济相联系的、社会化生产的产物。虽然社会制度对股份制的变动起着制约作用，不同的社会利益集团的意志都要通过各种途径反映到股份制这种经济组织形式中来，但股份制不是所有制本身，而是所有制在资本组织方面的具体实现形式。

马克思曾从生产力和生产关系、经济基础和上层建筑相互作用的关系上，尤其是从商品经济发展和社会化生产程度日趋提高的层面上，对资本主义股份制的产生、特征和作用作了深入细致的分析与研究，得出了一系列重要结论。根据马克思的论述，股份公司是在没从根本上触及资本主义私有制本身的前提下，对其生产关系从组织形式方面被迫进行的一次自我调整，是资本主义私有制的一种新的实现形式。由于在股份公司内财产组织形式发生了与以前不同的变化，私人资本采取了社会资本的形式，这既在一定程度上缓和了生产的社会化同生产资料的资本主义私人占有制这对根本矛盾，缓解了生产资料私有制对生产力发展的制约，使资本主义统治下的阶级矛盾和社会矛盾得到相当程度的缓和，而又不改变资本主义制度的私有性质。所以，股份制既维护了资本主义私有制关系不被损害，又方便地促使生产资料迅速地大规模集中，成了资本社会化的有力杠杆和发展生产力的有力手段。这个投资社会化的进程是由私人资本家或私人经济实体所主导的，企业的“控股权”掌握在私人资本手中。垄断资本集团利用股份制支配着十倍、几十倍大于本身的社会资本，从根本上大大加强了自己的控制力和支配力，使资本主义制度由此得以巩固和发展。

马克思论述的是资本主义私有制条件下的股份公司制度。他没有为我们准备现成的社会主义的股份制理论。有的学者把马克思论述的资本主义社会的股份公司说成是公有制，这显然是误解了马克思的原意。现在还有人认为马克思给资本主义制度下股份制的定性是“公有制即社会所有制”。这些说法在理论上没有根据，在实践中更会导致混乱。马克思虽然没有为我们设计出社会主义股份制的蓝图，但他所阐述的有关股份制的一般原理，对澄清国有企业改革中的理论误区，保证国有企业的股份制改造沿着社会主义方向发展，具有重要的现实意义。

我国经济体制改革的目标是要建立社会主义市场经济，实现资源的有效配置和规模效益。社会主义能否实行股份制以及如何实行股份制，答案只能求之于实践。判断股份制的基本标准应看它是否有利于发展社会主义社会的生产力，是否有利于增强社会主义国家的综合国力，是否有利于提高人民的生活水平。如果它对社会生产力发展能起到积极的推动作用，能调动群众的积极性和提高人民生活水平，就应该加以肯定和支持，否则就要坚决反对。

邓小平同志曾指出，市场经济是一种经济手段和方法，“它为社会主义服务，就是社会主义的；为资本主义服务，就是资本主义的”（邓小平，1993）。同样，股份制作为市场经济中的一种企业组织形式，也属于经济手段范畴。它虽然是在资本主义条件下发展起来的，但却是体现商品经济条件下有效企业组织形式的一种制度。股份制不仅在历史上曾为资本主义经济创造了巨大财富，而且现在仍是西方经济中具有活力的企业组织形式。我们可以创新地利用它来为发展社会主义市场经济服务，利用股份制扩大和巩固社会主义公有制的控制力和影响力。

1997 年党的十五大提出，公有制实现形式可以而且应当多样化，一切反映社会化生产规律的经营方式和组织形式都可以大胆利用。党的十五大报告明确提出，“股份制是现代企业的一种资本组织形式，有利于所有权和经营权的分离，有利于提高企业和资本的运作效率，资本主义可以用，社会主义也可以用”，“不能笼统地说股份制是公有还是私有，关键看控股权掌握在谁手中。国家和集体控股，具有明显的公有性，有利于扩大公有资本的支配范围，增强公有制的主体作用”。股份制作为现代企业的一种资本组织形式，是所有制在资本组织方面的具体实现形式，而不是所有制本身，所有制和所有制的具体实现形式是两个不同的概念。股份制资本主义可以用，社会主义也可以用。中共十六届三中全会《关于完善社会主义市场经济体制若干问题的决定》中又提出，“要适应经济市场化发展的趋势，进一步增强公有制经济的活力，大力发展国有资本、集体资本和非公有资本等参股的混合所有制经济，实现投资主体多元化，使股份制成为公有制的主要实现形式”。

当前，我国完善社会主义市场经济体制的关键，是健全和巩固以公有制为主体、多种所有制经济共同发展的所有制结构，迅速提升我国综合国力和全面建设小康社会。我国国有企业的股份制改造也应该以此为目标。

（二）现实意义：通过对中外股份制企业的比较，为我国国有企业的股份制改造及今后股份制企业的进一步调整和完善提供有益的启示

在经济全球化及我国加入 WTO 的今天，企业的生产经营活动已突破了国界的限制。随着企业经营国际化的发展，各国企业在多方面相互交流、学习和渗透，已成为不争的事实。在我国国有企业的股份制改造过程中，为了学习借鉴国外企业先进的管理经验，建立和完善具有中国特色的社会主义企业管理体系，我国企业管理协会曾提出了“以我为主，博采众长，融合提炼，自成一家”的方针。为了贯彻这一方针，并使我国国有企业的股份制改造能够健康发展，有必要对西方发达国家股份制企业的发展特点和我国股份制企业的发展特点作些分析比较，搞清楚不同国家、不同社会制度、不同发展阶段的股份制企业发展的共性和特性。通过对中外股份制企业的比较研究，我们可以从国情出发，采取分析的态度，总结和借鉴西方国家股份制运行的经验，批判错误的东西，吸收有用的东西，深入探讨资本主义怎样利用作为社会化组织方式的股份制、社会主义应当

如何创新地利用股份制等问题。

总之，本书的写作目的是为了澄清我国国有企业股份制改造中的理论误区，并通过对世界各主要资本主义国家的股份企业制度以及我国国有企业的股份制改造的深入、系统的阐述和比较，结合我国的国情，吸取和借鉴西方国家股份制企业的成功经验，为我国当前国有企业的股份制改造以及今后股份制企业的进一步调整和完善提供有益的启示。

二、文献综述

（一）股份制理论的国内外研究现状

1. 国内关于股份制性质的研究

新中国成立后，我国建立了社会主义生产资料公有制和高度集中的计划经济体制。1978年以党的十一届三中全会的召开为标志，我国开始了对传统计划经济体制的改革。关于国有企业改革，我国经济学家在提出了诸如行政性分权、放权让利、利改税、承包制、租赁制等种种改革方案的同时，也有人自1983年起陆续提出了股份制的改革思路。伴随着一些股份制试点的实施，股份制的性质问题遂成为20世纪80年代中后期直至现在我国经济理论界争论的焦点之一。

一般认为，股份制企业的性质取决于投资者（股东）的性质。由全民所有制企业之间合股创办的、集体企业之间合股创办的以及全民和集体企业之间合股创办的股份制企业，仍是公有制的企业（严斯茂，1984）。当股东中包括个人投资者、私营企业和外国投资者时，对股份制企业性质的看法则产生了分歧。

第一种观点认为，当非公有性质的投资者成为股东，与公有性质的投资者合股组成股份制企业，将会降低公有化程度或改变公有制性质（马宾，1986；蒋学模，1986）。他们认为，“股份制的组织特征在于产权关系由分散到集中，这正好同资本私人性与生产社会化矛盾的要求相吻合，而社会主义公有制的原发形态是集中的产权，即由整个社会集中统一地占有生产资料。如果实行股份制，势必要先将集中的产权关系转化为分散的产权关系，这实质就是‘化大公为小公或化公为私’”。

第二种观点认为，由全民、集体、个人三种股份组成的股份制企业，其性质取决于各类股东所占股份的比重。只要公有性质的股份占控股地位，就不会削弱企业的公有制性质（刘国光，1986；厉以宁，1992）。

第三种观点认为，现代股份制是企业法人所有制，是公有制的一种重要形式（韩志国，1987；忠东，1988）。他们认为，按照“双重产权”理论，股份制经济中存在相互分离又紧密相关的所有者：股票所有者（股东）和股金所有者（股份公司）。这两种所有权是相互独立的。公司资产是作为整体而存在的，不可能细分还原到每个股东名下，即产权是不可分割的。而股票恰好相反，它有每个具体的股东代表，在总体上是可以分割的。所以，股份公司的资本是集中了私人资本的社会资本（但已不再是私人资本），并以物质形式表现为资产归公所有。从这个意义上说，股份公司法人所有制实质上就成了企业法人公有制，是公有制的一种重要形式。

自2003年中共十六届三中全会提出“使股份制成为公有制的主要实现形式”以来，我国经济学界围绕股份制的性质又展开了激烈的争论。

以厉以宁为代表的新公有制论，把几乎所有股份制企业都定性为公有，只不过在前面加了一个“新”字。厉以宁认为，与市场经济相适应的是新公有制企业。新公有制企业存在四种形式：一是“经过改制的国家所有制”；二是“由国家控股或国家参股的股份制企业”；三是“没有国家投资的公众持股企业”；四是“公益性基金所办的企业”。厉以宁认为，“严格地说，真正属于私有经济的，只是那些还不准备进行股份制改革，仍然保留个人、家庭或家族所有的企业和合伙制企业”（厉以宁，2004）。

项启源（2004）等学者则反对把股份制等同于公有制。他认为，“新公有制论”的实质是把股份制等同于公有制。这既违背了马克思主义的基本原理，又不符合当代实际。在中国现阶段的股份制企业中，只有国家控股的、实行按劳分配的股份制企业，才是公有制企业，私人资本或外国资本处于控股地位的是私有制。

王珏（2004）认为，股份制，即混合所有制经济，既非传统意义上纯粹的公有制，亦非纯粹的私有制，而是在这两种极端所有制形式之间的广阔范围内、由这两种性质的所有制进行的不同组合。它是在经济发展过程中，为适应生产社会化不断增强的要求，各经济单位在追逐自身利益过程中相互参股、融合、混合，在原有经济形式的基础上所形成的一种新的所有制形式，是民有经济。这种新的公有制形式不是传统意义上的公有制，而是更符合马克思主义的科学精神和社会主义市场经济要求的“现代公有制”。

卫兴华（2003）认为，在国有资本、集体资本和非公有资本参股的股份制中，国有和集体资本依然属于公有，私人资本依旧是私有。完全由私人资本组织的股份公司不具有公有性质，是私有制的实现形式。股份制本身不具有“公”或“私”、“社”和“资”的属性，它的性质取决于入股资本的性质。

蔡继明、张克听（2005）认为，股份制“是一种兼有公私两重属性的产权形式”，“现代产权制度演化的趋势是公有产权和私有产权日益走向融合，所采取的统一形式就是股份制”。

综上所述，关于股份制性质问题，国内学者存在着各种不同的看法。我们认为，我国建立的股份制企业是一种混合所有制经济，这里有国有资本、集体资本和私人资本。在混合所有制基础上组建的股份公司，视控股权掌握在谁手里而具有不同的性质。如果国有资本和集体资本掌握控股权，企业则具有明显的公有性。如果股权分散在外商、私人手中，并由外商、私营企业控股的，它自然是私有制性质。我国社会主义公有制的形式有两种：国家所有制或全民所有制与集体所有制。公有制自身的存在形式是一回事，公有制的实现形式又是另一回事。由于企业性质不同，经营规模和行业特征不同，两种公有制形式都可以有各自的多种实现形式，股份制只是其中的具体实现形式之一。中国共产党领导中国进行社会主义现代化建设的目的就是要解放生产力，发展生产力，消灭剥削，消除两极分化，实现共同富裕。而要实现这一切，都必须以公有制为主体。

2. 国外股份制理论的研究现状及评述

股份制是当代资本主义国家占统治地位的企业组织形式，是现代企业制度的基本形态。西方经济学家对股份制的发展演变及其特征和影响都进行了大量的研究，其代表性的理论观点主要有以下几种：

（1）钱德勒的管理协调理论。美国经济学家钱德勒（Chandler, 2001）在《看得见的手——美国企业的管理革命》一书中，考察了美国若干类型的企业制度的演变，系统地研究了现代工商企业（即股份制企业）兴起的过程以及由此形成的经理阶层与经理式的资本主义。他具体、细致地描绘出了当代资本主义企业及整个经济体制的这一重大变化。

(2) 凡勃伦、伯利和米恩斯、贝纳姆及加尔布雷思的“经理革命”论。美国经济学家凡勃伦（Veblen，T.）在1904年出版《企业论》一书，提出股份制是“信用手段”的一种新的使用方式或曰“信用经济”，是“借助于信用筹集资金以扩大资本的简化程序，在现代工业公司的改组与合并中达到了发展的顶点”。凡勃伦由此认为“它使公司管理与工业设备所有权两者处于完全脱离的状态”。1923年，凡勃伦又出版了名为《不在所有者》的著作。他强调，在社会经济生活中，股份公司的分布领域越来越广，规模越来越大，重要性越来越高，同时股份公司的股权却越来越分散，公司所有权与管理控制权的分离越来越明显。因此，凡勃伦从财产实际占有的角度，把那些远离公司控制权的所有者称之为“不在所有者”，认为公司权力已逐渐转移到了公司经理人员的手中，股份制则被称之为“无主所有制”。

20世纪30年代，美国经济学家伯利和米恩斯（Berle，A. and Means，G. C.）提出了著名的“伯利—米恩斯假说”。1932年，他们在合作出版的《现代公司和私有财产》一书中，从社会和企业结构的角度分析了资本主义社会的经济问题，着重分析了所有权和管理权的分离及其对资本主义权力结构的影响。伯利和米恩斯的著作在西方经济学著作中首次比较系统地研究了股份公司，并承认了所有权和管理权分离的事实。但他们在承认这一事实时，片面地强调了管理权的重要性，认为管理权超过了所有权，而不承认所有权对管理权的控制。

1941年，美国经济学家贝纳姆（Burnham，J.）出版了《经理革命》一书，沿着并发挥了伯利—米恩斯的思路，进而提出了“经理革命”的概念。他认为，经理对法人财产的控制，是由于权利转移而出现的社会变革。从某种意义上讲，企业真正的所有者不是股东和资本家，而是企业管理者。因为这些企业管理者接近生产手段和在产品分配时得到优先待遇，这就足以使他们成为所有者。而对大多数股票持有人来说，所有权只有着非常次要的性质，因为他们很少有接近生产手段的管理权。

新制度学派（Neoinstitutional School）的代表人物加尔布雷思（Galbraith，J. K.）理论体系的基点是“权力转移论”，其代表作为《经济学和公共目标》（加尔布雷思，1980）和《权力的分析》（加尔布雷思，1988）。加尔布雷思认为，在现代公司中，权力已从过去的资本所有者手中，转移到了企业的经理人员和技术人员手中。他把这些人称为“技术结构阶层”。加尔布雷思从生产要素的稀缺性与经济权力分配之间的相关性出发，分析了发生经理革命的原因。他认为，生产要素包括四个方面：除了传统所提出的土地、资本、劳动这三个要素之外，还应加上“专门知识”这一要素。生产要素的稀缺性越大，该生产要素拥有者所拥有或所获得的权力就越大。在封建社会，人们的生活主要靠土地产出维持，土地是最重要的生产要素。所以占有土地的地主就成为当时掌握权力的阶级。在资本主义社会，技术的发展扩大了制造和运用生产设备的可能性，对用于投资的资本的需求越来越大，资本取代土地成为最重要、最稀缺的生产要素，因而权力也就由地主手中转移到了资本家手中。随着经济的发展，技术的不断进步，资本的供给越来越丰裕，而工业和技术发展所需要的专门知识越来越复杂，专门知识成为最稀缺的和企业成功的最重要的生产要素。于是，权力就从资本的供给者手中转移到了“技术结构阶层”（即掌握专门知识的人）手中。在这种情况下，虽然公司章程把权力置于资本所有者手中，但由于技术和专门知识的缘故，所有者越来越无法去领导公司，他们必须借助“技术结构阶层”，并被“技术结构阶层”挤出决策圈。

在加尔布雷思那里，公司是现代资本主义经济中最新的最有意义的经济现象，“技术结构阶层”利用其对经济的支配力，成为现代资本主义社会的统治者。

（3）科斯的交易成本理论。1937年，罗纳德·科斯（Coase，R.）发表了《企业的性质》一文，提出了关于企业组织的形成原因和规模扩张界限的理论。

科斯认为，企业存在的主要理由是在于使用价格机制来协调经济并非是无需支付成本的。他认为通过价格机制“组织”生产的最明显的成本就是发现相对价格的工作。为了达成每一笔交易，人们都要付出代价，这些代价可以称之为交易成本。

科斯指出：企业与市场是两种不同的经济组织，是两种不同的配置资源的方法。在市场上资源的配置是由价格来调节，而在企业中相同的工作则是通过权威关系来完成，即由企业家来指导生产。由于在市场运行中存在着交易成本，因此企业与市场之间实际上具有一种相互替代的关系，即人们会根据交易成本的大小，来选择是利用市场机制来达成交易，还是利用企业组织把交易活动内部化，变成一种企业组织内部的权利运作活动。所以，企业最显著的特征，就是价格机制的替代物。企业的出现，可使一系列的契约被一个契约所替代。所以，企业和市场是可以互相替代的。当企业比市场更有利于资源配置时，企业就会出现；反之，则市场会出现和存在，两者的均衡状态是资源配置的同效性。所以，企业的出现一定是企业的交易费用低于市场的交易费用，交易费用的差别就是企业出现的原因。不过，企业替代市场而采取的规模扩张是有限度的，这个限度即企业的边界。这是因为，如果以企业内部化来配置资源的成本高于由市场协调来配置资源的成本，那么，资源的配置就会选择后一种形式，这是符合厂商根本利益的。所以，企业的边界是由企业内行政管理费用与市场定价的成本相比较而决定的。当企业规模扩大时，内部行政费用会上升，只要增加的管理费用小于市场定价的成本，企业规模就会不断扩大。

（4）美国经济学家阿尔钦和德姆塞茨的团队生产理论。1972 年，美国经济学家阿尔钦和德姆塞茨（Alchian, A. and Demsetz, H.）在《美国经济评论》发表《生产、信息费用与经济组织》一文。在这篇文章里，他们考察了企业的起源和变迁的多种形式，并提出了团队生产理论。

他们认为，企业的起源和协作群生产有关，即企业就其实质来说是一种“团队生产”方式。在他们看来，资本主义社会的资源是由一些非政府组织，如企业、家庭、市场所有和配置的。资源的所有者通过专业化的协作（协作群生产）来提高效率，由此产生了对那种能促进合作的经济组织的需求。不过，如果经济组织的计量能力很差，报酬与生产率之间只有松散的联系，生产率将较低。但如果经济组织的计量能力很强，生产率就较高。因此，任何组织形式的企业都需要计量或测量投入与产出。而在企业成员的合作生产过程中，如果仅仅观察总产出，就很难确定单个人对他们联合投入的产出所作的贡献。由于不可能精确地分解和观测每个成员的工作努力程度，也就不可能按照每个人的真实贡献去支付报酬，这就导致出企业成员的偷懒问题。这样，组织成员有可能偷懒而需要监督，监督者也可能偷懒。尽管如此，人类的经济组织就是要完成这种观察，并对单个人在生产中的“偷懒”行为进行监督和约束。为了解决这个问题，最好是将其他成员的收入用合同固定化，然后赋予另一个人“剩余索取权”。由于剩余索取权与团队总产出呈现正相关的关系，所以这种产权安排是有效率的，因为他有动力去提高监督效率。所以，监督者应成为企业的所有者，所有者拥有剩余索取权是资本主义企业的显著特征。

公司制的兴起是与进一步解决协作群生产规模和监督成本，与通过专业化的协作来提高生产率，从而与更稳定的剩余索取权联系在一起的。股份有限公司的兴起，是适应了技术创新所引起的大规模的协作群生产所要求大量的资金筹措的。在股份公司中，资金的筹措是通过股东负有限责任和分享公司剩余物的机制来联结的。股东不参加公司的直接管理和协调，这就大大减少了监督权分享和监督责任分散所带来的巨大费用，消除了在行使监督权过程中的偷懒现象。股东把对公司的监督权外化为股票的存留和抛售上，由多规则的内部监督转化为单规则的外部监督，其有效的控制是为了更多的目的而将决策权转给一个小的集团来实现。这个集团就是人们常说的经理阶层。它的主要功能是与团队的其他投入进行谈判，并对它们实行管理（再谈判）。公司股东保有修正管理团体的成员资格和对影响公司结构与解散进行决策的权力。这种所有权和控制权的分离以及利益、责任、权利机制的制衡，极大地提供了经济活动的空间，促进了经济的进步。团队理论经常被用来证明“资本（指非人力资本）雇佣劳动（包括人力资本）”的逻辑。

（5）委托代理理论。由于股份公司的实际控制权掌握在掌握经营管理权的经理人员手中，股东作为掌握所有权的所有者，实际上是远离企业的。这样，在所有者和公司经营管理者之间就形成了委托—代理关系。这种关系关键是委托人对代理人的委托授权。但代理人与委托人毕竟是不同的经济利益主体，委托人如何能够保证代理人的行为会符合委托人的意愿和利益呢？

詹森和麦克林（Jensen，M. and Meckling，W. H.，1976）针对西方股份制企业所有权与控制权相分离这样一个事实，进一步发展了阿尔钦和德姆塞茨的代理理论，重点分析了企业中物质资本所有者与经理之间的委托—代理关系。他们认为，所有者与经理的目标函数是不一致的。由于企业管理人员不是企业的完全所有者，管理者努力工作时，只能获取一小部分剩余权益，而当他消费额外收益时，他得到全部好处却只承担一小部分成本，这就造成企业管理人员的工作积极性不高，却热衷于追求额外消费。于是，企业的价值就小于所有者直接管理企业时的价值，二者之间的差异被称之为“代理成本”。所以经理的行为并不总是最大化所有者的收益，因此，所有者为了自己的利益会监督经理。同时，经理也会以某种方式作出某些承诺，保证自己会按照利于所有者的方式行事，因为不这样做的话，所有者可能会预期到经理的偷懒，进而降低对经理的支付水平。所有者和经理之间的委托—代理契约，在经过监督和保证活动的调整以后，是当时条件下最利于所有者和经理的制度安排形式了。

法玛（Fama，E.，1980）进一步论证道，经理市场能够充分反映经理的业绩，并且经理的人力资本价值取决于其过去各期的表现，这样，经理市场就使得所有者和经理的目标函数趋于收敛，就不存在由于委托—代理关系而引起的效率问题了。

哈特（Hart，1983）也证明，只要市场上同时存在经理控制和所有者控制两种类型的企业，并且所有者控制的企业足够多，那么产品市场的竞争也会约束经理的偷懒行为。

沙夫斯坦（Scharfstein，D.，1988）则从证券市场的角度论证这一观点：证券的价格反映经理的经营业绩，股市一直存在着潜在的股票收购者或者叫做袭击者、恶意接管者，这种压力也迫使经理的目标函数向资本所有者的目标函数趋近。

（6）美国经济学家威廉姆森关于现代公司组织和治理结构的理论。威廉姆森（Williamson，O.）继科斯之后，对交易成本进行了详尽的论述，并运用交易成本的概念，对现代公司的组织结构与治理结构进行了分析，其代表作有论文《交易成本经济学》（1979）和《现代公司：起源、演变、性质》（Williamson，O.，1981）。

所谓交易成本是由两个技术可分离单位之间货物或服务转移过程中所发生的费用。交易费用经济学所研究的基本单位是交易，而交易的达成要通过协约，协约的签订和修改则要通过一定的经济组织体制去贯彻。所以，交易费用经济学着力于研究和比较什么样的经济组织体制更有利于节约交易费用，从而更有利于节约成本，提高经济效率。

1981年，威廉姆森写到：“我认为要将现代公司主要理解成许许多多具有节约交易费用目的和效应的组织创新的结果”。他分析说，企业的成长边界或效率边界在于总费用的比较。市场体制和企业体制（企业所需物品是通过市场购买还是通过扩大企业自身生产）均发生由生产费用和组织管理费用构成的总费用。生产费用是指生产单位从技术和产量方面考虑采用市场或企业机构的方法实现联系所形成的费用；组织管理费用是指两个生产单位从组织管理方面考虑采用市场或企业机构的方法实现联系所形成的费用。生产的某些环节是否要内化为企业的一部分需要进行总费用的比较。对于市场上可以大量购买到的生产要素，若将这些交易置于企业之内是不经济的。可见，一体化应该是有选择的，企业效率边界的扩张或收缩均应着眼于总成本最小化。市场在生产成本控制方面占优势，而企业组织则在交易成本控制方面占优势。

威廉姆森认为，在研究经济组织体制中，有三个基本要素，即人的有限理性、人的机会主义行为倾向、资产的专用性质。而企业治理结构引起的成本的大小取决于交易所涉及的资产用途的专用性。资产用途的专用性，是指一种资产在与其他资产锁定状态下能够产生出较其在非锁定状态下更高收益的属性。威廉姆森曾将资产专用性划分为五类：地理区位的专用性、人力资产的专用性、物理资产的专用性、完全为特定协约服务的资产专用性以及名牌商标资产的专用性。按照威廉姆森的说法，当资产专用性程度较高时企业组织更具优势，即一项交易所涉及的资产专用性水平越高，该项交易由企业组织进行的成本就越低，企业内部组织将取代市场；反之，则由市场取代企业。他在解释人力资产的专用性时讲道：工作中有些人才具有很强的专用性。这可以指某种非常专用的技术专业，也可以是某种特有的信息拥有。在人力资产专用性很强的交易或协约关系中，协约双方都关心交易的长期维持，以保障共同利益。威廉姆森的这一说法，撇开名牌商标资产的专用性，其实质是要说明生产力中物的要素和人的要素，客观上如何影响或决定企业内部和市场的组织行为和交易行为，即生产力如何决定生产方式和生产关系。

威廉姆森从“契约人”的行为假定出发，分析人的有限理性和机会主义动机和行为，修正了主流经济学关于人是完全理性的行为假定，为正确研究企业治理结构奠定了某种客观基础。人的机会主义行为倾向是指人们常以不诚实的或欺骗的方式追求自身利益的行为。这种行为意味着交易一协约关系仅仅建立在承诺的基础上，那么未来的风险是很大的。例如当事人会不守信用，并会有意发出误导他人的信息，或者是拒绝向别人透露他持有的而别人需要却又缺少的信息。所以，企业组织的内部结构安排要有利于克服机会主义动机。

威廉姆森认为，现代企业先后采用过三种组织结构：即控股公司结构（H 型结构）、一元结构（U 型结构）和多分支单位结构（M 型结构）。他的这种分析反映了大公司组织管理体制的一种客观变化。H 型结构较多出现在由横向合并而形成的企业中。这种结构合并后的子公司还保有较大的独立性，其缺陷是没有一个统筹机构。U型结构是一种高度集权模式。在企业内部，按不同专业职能来划分不同的管理部门，各部门的独立性较小，权力主要集中在最高层的经理手中。这种公司形式虽然有利于生产、销售、财务等各个部门的职能分工和最高管理者的控制，但也存在各职能部门可能偏离总体目标而追逐各自的小目标，以及因管理跨度太大而造成管理的累积性失控等问题。多分支单位结构的"M型"公司是一种分权模式。M型结构的优点在于：采用M型结构的大型企业组织的基层公司或经营单位非常灵活并提供明确的以客户为中心的服务，经营决策由独立的分部各自作出；在公司中，设立一个统筹机构，由直接附属于总部的所谓"精英集团"通过提供参谋和审计等方式而有助于总部对分部的控制；在高层，总部负责战略决策或长期发展规划和目标，只注意总体的绩效而不直接过问各部的绩效；事业部与总公司之间相互联系和协调，推动整个集团或公司向实现其战略目标迈进。由于M型公司克服了U型公司的缺点，直到20世纪60年代，这种业务多元化、拥有多个事业部的集团式企业作为一种生活中的现实，在发达国家的公司组织形态中占据了统治地位。

（7）利益相关者理论。美国布鲁金斯学会的玛格丽特·布莱尔（Blair，M.）在《所有权与控制：面向21世纪的公司治理探索》一书中提出了利益相关者理论。这些利益相关者包括股东、经营者、债权人、职工、供应商、客户和社区、政府及其官员等。该理论一反股东作为企业所有者的逻辑，强调企业的所有权应由出资者、债权人、职工、供应商、消费者等利益相关者共同分享。公司的存在是为了给所有的公司利益相关者提供利益。公司的利益相关者根据自身所提供的资源和承担的风险获取在公司中应得的收益（Blair，M.，1999）。

（8）"分享经济"理论。当代西方发达资本主义国家出现的所谓"分享经济"（又称员工持股计划或雇员股份制）是指相当多的公司职工以所谓劳动财产权来取得对公司股份的持有，并分享公司的资产收益。

美国经济学家、公司法律师路易斯·凯尔索（Kelso，L.）与著名哲学家阿德勒（Adler，M.J.）合写了《资本家宣言》一书，把雇员股份制称之为"民主的资本主义"（Kelso，L. and Adler，M.J.，1958）。他提出了"两要素"（Two－factor theory），即生产要素只有两种：资本与劳动。

财富是由劳动和资本这两个要素共同创造的。在正常的社会经济运行中，任何人不仅通过他们的劳动获得收入，而且必须通过资本来获得收入。由此，凯尔索希望能创造一种法律体系，使人们都有可能获得劳动收入和资本收入这两种收入，即劳动者应该通过持有股权、拥有一定的生产性资源来参与企业剩余的分享。

凯尔索认为，为了促进社会公平、激励生产劳动，应该按照两要素财富观建立民主资本主义经济。他认为，以财富的重新分配为目的的雇员股份制，使得普通百姓能够参加资本收益分享。这是一条有效地使劳动工人同时成为资本工人的道路。雇员股份制依据的理论假设是：一旦劳动者在法律上、经济上占有了企业的财产权，并以此分享剩余利润的一部分，他们出于自身利益得失的考虑自然会更好地工作，从而提高生产积极性和创造性。所以，工人为自己劳动的关键是在法律和经济双重意义上拥有所在企业的资产。

作为西方倡导雇员股份制的第一人，凯尔索的"两要素论"揭示了员工阶层贫困的原因。他在保持私有资本所有制的前提下为员工阶层找到一条缓解或摆脱贫困的道路。但他的理论分析是资产阶级庸俗经济学生产要素分配论的翻版。

进入20世纪70年代，资本主义社会陷入高失业和高通货膨胀的"滞胀"。为此，美国麻省理工学院经济学教授马丁·威茨曼（Weitzman, M. L.）又出版了《分享经济：用分享制代替工资制》一书（马丁·威茨曼，1986）。此书以寻求解决滞胀的途径为线索，表达了与凯尔索相似的思想。这对人们认识和接受雇员股份制产生了重要影响。

20世纪70年代中期后，在双因素经济理论和分享经济理论影响下，发达资本主义国家的雇员股份制发展很快并成为一种普遍现象。

（9）评述。由上面的理论介绍可以看出，西方学者是在否认企业本质的基础上侧重于企业各种表象的分析，更多地从企业本身的角度议论问题。尽管西方学者在研究单个企业如何演进到股份制企业等方面都注意到了社会生产力发展的推动作用，认识到了股份公司最重要的特征是资本两权即资本所有权和经营权的分离。但是，他们对股份制理论的论述存在如下缺陷：

①现代西方经济学家是采用抽象的静态分析，或至多是比较静态分析。他们遵循假设——推理——实证的静态分析方法，一般从其所论课题

出发，先行假设若干既定条件，经过逻辑演绎，在得出结论之后，再来看一看发展起来的企业概念是不是与现实世界中的情况一致。这种分析方法就难以展示导致经济发展的诸因素之间是如何从整体上交互作用的，同时也容易使人片面地理解经济发展的全部过程。

②科斯、威廉姆森等人片面地将企业仅仅作为一个交易组织来处理，忽视生产，注重流通，认为企业起源是“企业作为市场的替代物而出现的”，强调企业的显著职能在于替代市场或市场机制，由一个企业家来支配资源，从而节约交易费用。

③西方学者强调雇主监督雇员并拥有剩余索取权是天经地义的。

④西方学者则把企业经营管理者看成是一个完全独立的利益主体，它的效用函数和目标取向和资本所有者是完全不同的。他们甚至还会利用自己的信息优势来扩大自己的权益，损害资本所有者的利益。正由于此，人们试图通过股票、债券的优先选择权以及薪水与股票挂钩的形式给予经营管理者报酬，以便让企业经营管理者和资本所有者的利益保持一致。他们对资本所有者与企业经营管理者之间关系的深入分析有一定的实用价值。

（二）公司治理的国内外研究现状及评论

公司治理（Corporate Governance）是现代企业制度的核心。公司治理问题的研究在国内外已涌现出大量的理论研究成果。下面选取最具代表性的文献加以综述。

1. 股权集中度和公司绩效

关于股权集中度与公司绩效的关系，实证结果有三种观点，即股权集中度对于公司绩效存在正效应、股权集中度与公司绩效不显著相关、股权集中度与公司绩效之间的联系是非线性的。

（1）股权集中度与公司绩效正相关。伯利和米恩斯（Berle，A. and Means，G. C.，1932）的早期研究发现在股权集中度与会计利润率之间存在着正相关关系。利奇和莱希（Leech，D. and Leahy，J.，1991）利用一个作为股权集中度函数的所有者效应指数，得出了相同的结论。贾和金尼（Jain，B. and Kini，O.，1994）研究了美国公司的长期市场收益与股权结构之间的关系，发现股权结构的集中程度与公司的长期市场收益为显著的正相关关系。

我国学者张红军（2000）曾对我国上市公司股权结构和业绩之间的

关系进行检验，结果发现股权集中度与业绩之间存在显著的正相关关系。

持上述观点的人认为，股权集中度的提高有助于增强所有者对经营者的监控，从而抑制经营者的“败德行为”，并使之与股东的利益相一致。

（2）股权集中度与公司绩效不显著相关。德姆塞茨和莱恩（Demsetz，H. and Lehn，K.，1985）通过对前5大股东、前10大股东持股比例以及代表股权集中度的赫芬德尔指数与会计利润率（ROE）之间的实证分析，没有发现显著的相关关系。利和西莫雷（Li，M. and Simerly，R. L.，1998）也认为，当企业进行规模扩张时，所有权结构分散与否将决定于因资本联合而减少的风险成本与由此增加的监督成本之间的平衡。所以，股权集中度应与企业规模扩张而非绩效有关。

我国学者朱武祥、宋勇（2001）以家电行业20家上市公司为样本，分析股权结构与企业价值的相关性。结果表明，在竞争比较激烈的家电行业，股权结构与企业价值并无显著相关性。

（3）股权集中度与公司绩效之间的联系是非线性的。汤姆森和佩德森（Thomsen，S. and Pedersen，T.，2000）发现，435家最大型欧洲公司的股权集中度与公司绩效之间的联系是非线性的，以至于股权集中度超出某一点后对绩效有相反的影响。

我国学者孙永祥、黄祖辉（1999）的研究发现，随着第一大股东持股比例的提高，公司托宾Q值先是开始上升；当第一大股东的持股比例超过50%之后，托宾Q值开始下降。杜莹、刘立国（2002）和吴淑琨（2002）等人的研究结果表明，公司绩效与股权集中度呈显著的倒U型曲线关系。

综上可见，股权集中度与公司绩效到底是何种关系，至今仍未取得一致的看法。

2. 公司董事会与外部董事

赫奈林和韦斯班持（Hernalin，B. and Weisbach，M. S.，2001）认为，董事会（the Board of Directors）把提供资本的股东和使用这些资本创造价值的经理人联结起来，其主要职责是代表股东招聘或解雇公司的高层经理，制定高层经理的薪酬计划，以及在必要时向经理人提出意见和建议，能够对公司事务进行独立的（特别是要独立于经理层的）判断等。他们把董事会理解为一个内生决定的用来缓解代理问题的制度安排。然而，董事会在控制经理人问题上所表现出的低效率，长期以来受到理论界的质疑。从20世纪90年代以来，独立董事制度在世界许多国家兴起。它通过引进外部独立董事对内部人形成一种制约，即一方面可以约束控股股东做出不利于公司和其他中小股东的行为，另一方面可以强化董事会对公司高管人员的监督，减弱内部人控制所带来的负面作用。

所谓外部董事（Outside Directors）是美国等一些国家对除了担任公司的董事外，与公司没有任何家族、商业关联的董事会成员的总称。在英国等一些国家，则称为独立董事（Independent）。

经济合作与发展组织（OECD）制定的《OECD公司治理原则》认为，"董事会应考虑选任足够数量的非执行董事，他们有能力对可能发生利益冲突的事件作出独立判断"。"当董事会全面负责财务报表、报酬和提名等事宜时，独立的非执行董事会成员能向市场参与者提供附加的保证，保证他们的利益得到保护"（OECD：OECD Principles of Corporate Governance，1999）。

对于独立董事能否改善公司治理效率，促进公司业绩和公司股票价格上涨这一问题，国内外专家学者观点不一：

（1）正相关。一些学者认为独立董事有利于公司治理效率的提升。詹森和麦克林（Jensen，M. and Meckling，W.，1976）认为，随着公司股份的分散，公司价值下降，代理成本提高，而通过引入监督，能够减少公司价值的下降，增加股东的权益。法玛和詹森（Fama，E. and Jensen，M. C.，1983）指出，独立董事的介入，会降低公司管理层和董事合谋的可能性。外部董事通常较为关注其在经理人市场上的声誉，因而与内部董事相比，更可能成为经理人的有效监督者，从而能有效降低管理者对剩余要求人权益的侵害。

威廉和布朗（William，O. and Brown，Jr.，1996）认为，独立董事往往是某一领域的专家，他们能为公司能够提供许多有益的建议和咨询，改善公司的经营管理。

李、罗森斯坦和怀亚特（Lee，Y. and Rosenstein，S. and Wyatt，J. G.，1999）指出，来自投资银行、商业银行、保险公司的独立董事能为上市公司提供金融财务方面的咨询和建议，还能够利用他们在金融界的各种社会资本为企业提供金融服务。

博罗科霍维持、帕里诺和特拉尼（Borokhovich，A. and Parrino，P. and Trapani，T.，1996）的研究表明，独立董事比内部董事更可能作出由来自公司外部的经理人员替换具有较差绩效 CEO 的决策。当情况需要时，独立董事更情愿支持公司政策的重要变化。

罗森斯坦和怀亚特（Rosenstein, S. and Wyatt, J. G., 1990）的研究表明，独立董事在董事会中的比例和公司的股票价格之间呈显著的正相关关系。

科特、夏维代赛尼和曾纳（Cotter, J. and Shivdasani, A. and Zenner, M., 1997）、卡普兰和明顿（Kaplan, S. and Minton, B. A., 1994）等人的实证研究表明，独立董事的存在有助于提高企业股票价值，尤其是企业在面临兼并与收购的情况下，独立董事往往能捍卫股东的利益。

米尔斯坦和麦考乌塞（Milstein and Macavocy, 1998）通过分析 154 个美国大型公众公司发现，积极的、独立的董事会与公司业绩存在显著的正相关关系，而且这样的董事会具备以下几方面的特性（仅列出与独立董事相关的特征）：①独立董事每年至少开 2—3 次会议，并在无执行董事参加的情况下，对首席执行官和管理问题进行评估；②由独立董事决定董事会的治理过程；③独立董事通过董事会的专业委员会推选董事候选人，与董事会和高层管理人员一道发挥积极有效的作用。

（2）非线性关系。弗里戴和塞曼斯（Friday, H. and Sirmans, G. S., 1998）通过研究独立董事和 REIT 的股东财富之间的关系（REIT：Real Estate Investment Trust，即为实物资产信托投资）发现，当公司独立董事在董事会中的比例增加时，REIT 的股东财富是增加的，这在独立董事比例达到 50% 左右时最为显著。但当这一比例超过 50% 之后，股东财富的增加会随着该比例的增加而开始下降。

（3）不显著相关。有些学者认为，独立董事在公司治理中可能不比内部董事更为有效。

福舍格（Fosherg, R., 1989）和耶迈赤（Yermach, D., 1996）的研究表明，董事会中独立董事的比例和公司绩效之间不存在相关联系。

白格特和布莱克（Bhagat, S. and Black, B., 1999）的研究发现，来自美国证券市场的数据并不支持独立董事影响未来公司绩效的观点。他们用参数托宾 Q 代表公司价值的增加，检验参数 Q 和公司独立董事在董事会中比例之间的关系，结果没有发现这两者之间存在相关关系。

伯德和希克曼（Byrd, J. and Hichman K. A., 1992）、罗森斯坦和怀亚特（Rosenstein, S. and Wyatt, J. G., 1990）等人的研究也表明，独立

董事在促进公司治理改善和公司业绩的作用极有限。

与此同时，对独立董事制度的质疑和批评也从未间断，主要集中在以下几方面：①独立董事的“独立性”只是理论上的。他们只是通过总经理的眼睛看问题，实际上很少了解公司的业务情况。所以，独立董事无法解决信息不对称的问题。②独立董事缺乏股东利益最大化的充分激励。受时间、信息和预算拨款的限制，独立董事要对内部人提交的关联交易作出判断，成本太高。③现行的独立董事制度缺乏对独立董事的有效监督和制约。

综上可见，在关于公司业绩和独立董事之间关系的研究中，实证研究的结果是混乱和相互矛盾的。我们不能从上述研究中直接得出独立董事在改善公司治理效率方面是肯定还是否定的结论。独立董事制度的形成和发展需要特定的环境和条件，如市场经济的充分发展、健全的法律法规、良好的公司治理文化环境等。所以，独立董事制度能够发挥积极作用的关键在于企业的内部环境和外部环境是否具备其发挥作用的条件。

3. 公司控制权市场对公司治理的作用

所谓的公司控制权市场（The Corporate Market of Control）是指建立在现代成熟资本市场的有效运作基础之上，通过包括公司接管（Corporate Takeovers）、杠杆收购（Leveraged Buyouts）以及公司重组（Corporate Restructurings）等在内的公司战略而实现的公司资产控制权力转移的各种市场行为的总称。这里的接管包括兼并（Mergers）、敌意和友好要约收购（Hostile and Friendly Tender Offer）以及代理权竞争（Proxy Contests）等。对公司控制权市场对公司治理作用的研究主要有两种观点：

（1）控制权市场能对提升公司治理效率作出贡献。一些学者的研究表明，公司控制权市场是资本市场高度发展和完善的结果。它在形式上为公司控制权的转移提供了可供选择的途径，为实现企业资源的优化组合创造了条件。

法玛和詹森（Fama, E. and Jensen, M. C., 1983）认为，外部接管市场产生的外部监督归之于股份公司剩余要求权的无限制性质。因为剩余要求权可以自由转让，并且和决策程序中的各种作用相分离，所以经营者可以通过直接投标报价，设法取代现任管理者和董事会。因此，外部接管市场始终是对严重偏离股东利益和机会主义的管理者的威胁。外部市场的接管是公司治理中的最后解决手段。由于这个外部接管市场威胁的始终存在，将迫使管理人员收敛机会主义行为，使其行为更接近于股东的利益。

詹森和鲁白克（Jensen，M. C. and Ruback. R. C.，1983）把公司控制权市场视为经理人劳动市场的一个重要组成部分，认为“它成为不同管理团队竞争控制公司资源权力的竞技场”。接管行为成功地完成了旧的管理团队向新的管理团队的过渡。詹森（Jensen，M. C.，1993）从经济增长和产业发展的宏观角度，指出接管行为在缓解生产能力过剩和退出困难等方面所发挥的重要作用。

格鲁斯曼和哈特（Grossman. S. J. and Hart，O. D.，1980）和沙夫斯坦（Scharfstein，D.，1988）认为，接管行为一个十分重要的客观效果是，与接管活动相伴随的经理人被辞退的危险，迫使经理人能够从股东的利益出发，追求企业价值最大化，从而达到公司治理的目的。按照格鲁斯曼和哈特的说法，一旦企业的外部环境发生变化，原有的约束经理人与股东关系的合约将不再适用。经理人可能选择非效率的经营方式，甚至考虑转移企业的部分资产。通过由第三方（接管者）控制企业，重新制定一个适应新环境的合约，接管实现了效率的改善。因此，在他们看来，接管机制以间接方式实现了股东与经理人的重新缔约。沙夫斯坦认为，接管对经理人行为的约束价值在于，它使经理人的合约补偿建立在私人可观察的真实世界状态。当经理人与股东之间存在信息非对称时，股东无法对企业价值低是由于经理人偷懒，还是由于外部环境恶劣所导致做出区分。而接管者作为企业环境的信息知情者可以作出合理的判断，从而减缓了股东为经理人制定激励合约时的非效率。如果企业的价值低是由于经理人偷懒（企业环境恶劣），无法作出准确判断的股东对股票转让的要价又低于（等于）知情的接管者的出价，则接管发生的概率就会提高（降低），接管活动使经理人合约补偿不是单纯建立在经理人的业绩，而是建立在私人可观察的真实世界状态之上。

舍累弗和维施尼（Shleifer，A and Vishny R. W.，1986）指出，由于市场信息的不完备，接管者可能在公开市场以仅仅反映原有经营政策下股票价值的价格秘密收购股票，并最终达到实现接管的目的。他们认为，如果接管者能够做出“不与拒绝转让股票的股东分享利益”的可信承诺（Credible Commitment），则目标公司的股东将有激励接受收购的要约，从而导致接管的实际发生。

外部接管市场威胁的始终存在，迫使管理人员收敛机会主义行为，使其行为更接近于股东的利益。但代理问题的始终存在，使外部接管市场也不可能使得管理人员的行为和股东利益的完全一致。对于管理人员来说，公司被接管意味着其目前的地位和权力的消失，因此，他们是不愿公司被接管的。除了改善公司的经营管理之外，经理人通常可以采取多种反接管措施来阻止公司被接管。如在美国，这些措施从相对温和的公平价格修正案（The Fair Price Amendment）到威力巨大的毒丸（Poison Pill）。所谓"毒药丸"政策是指公司赋予股东或债权人的某种特殊权利，如持有权证。在通常情况下，权证不发生作用，但在公司面临被恶意兼并的威胁时，权证自动生效。这时，权证持有人可以以升水的价格向公司出售股票兑取现金，同时债权人依条款可要求公司立即偿还借款。采用这种方式可以耗尽公司的现金，使其财务状况恶化，令收购者即使在收购成功后也将面临财务危机，甚至拖垮收购者。考虑到这点，收购者即使成功收购目标公司，也类似于吞下"毒药丸"。因而采用"毒药丸"政策往往可以起到恐吓收购者的目的（Borna，J. A. and Ryan，H. E.，2000）。反接管机制为接管活动制造了巨大的障碍，保护了无效率的经理人员免受接管的威胁。

（2）另外一些学者的研究认为，接管作为一种公司治理机制，其有效性值得怀疑。

舍累弗和维施尼（Shleifer，A and Vishny R. W.，1988）指出，接管是接管发起企业的经理人通过把企业的（自由）现金流投向新的项目（如被接管企业）来扩大控制范围最为迅速便捷的方式。这将产生新的代理成本，造成社会资源的浪费。

对以接管为代表的公司控制权市场的争论表明，公司控制权市场不是一个约束经理人的有效机制。

4. 对经理人市场和经理人激励的研究

（1）对经理人声誉市场的研究。法玛（Fama，E.，1980）、法玛和詹森（Fama，E. and Jensen，M. C.，1983）认为，经理人对其在经理人劳动力市场声誉的关注，构成对其自身行为的约束。后来，霍尔姆斯朝姆和里卡特科斯特（Holmstrom，B. and Ricart I Costa，J.，1986）等人形式化了法玛等的思想。

霍尔姆斯朝姆（Holmstrom，B.，1999）从动态角度讨论了一个人对未来职业的关注（Career Concern）如何影响其现阶段付出努力程度的激励，成为有关声誉理论最有影响的文章之一。霍尔姆斯朝姆认为，个体的生产能力可以通过对业绩的长期观察反映出来。个体现在的行动将对企业评价个人未来能力，从而报酬过程产生重要影响。为了证明自己的生产能力，个体有激励在现阶段选择较高的努力程度。

吉本斯和墨菲（Gibbons，R. and Murphy，K. J.，1992）研究了当工人关注未来职业时最优的激励合约设计。他们证明，最优的激励合约将最大化包括来自职业关注的隐性激励（如声誉的价值）和来自报酬合约的显性激励（如年薪，股票期权等）在内的总的激励。他们的理论预测，对于一个临近退休的工人来讲，最优补偿合约中的显性激励将达到最强。因为他对未来职业关注程度最低。在经理报酬和股票市场绩效之间也存在着这种预测上的经验支持。

（2）对经理人激励的研究。经理人报酬以及它与公司绩效的联系是国外公司治理文献中的一个重要并持续争论的问题。这些争论包括：多少报酬是合适的；报酬应该在多大程度上与绩效相关；怎样去衡量绩效等等。

在现代股份公司中，解决作为代理人的经理人在事后“偷懒”、内部交易（Self－dealing）等谋求控制权私人收益（Private Benefit of Control）的道德风险行为的重要机制设计是，在事前与经理人签订建立在可观察变量上的激励合约，来协调经理人与投资者的利益。

詹森和麦克林（Jensen，M. and Meckling，W.，1976）、法玛（Fama，E.，1980）认为，激励合约是指通过在投资者（或投资者代表，如董事会等）与经理人之间订立隐性或显性合约，来实现的把对经理人努力的补偿（年薪、股权或期权等）建立在企业业绩等可证实的指标上，从而使经理人在一定程度上，按照投资者的利益行事的一种激励手段。它可以采取年薪、奖金、股权（Share Ownership）、股票期权（Stock Options）或当收入低于一定的标准时规定的辞退威胁等多种形式。

大多数关于报酬的实证研究假定，最优的CEO契约应当把CEO报酬与企业业绩紧密地结合起来。有关经理人绩效正确衡量的信息通常来自产品（要素）市场竞争，甚至经理人市场的竞争。

詹森和墨菲（Jensen，M. and Murphy，K. J.，1990）认为，持有较少公司股份的CEO的报酬对股东财富变化的敏感性就平均而言是非常小的。他们的研究结果表明，对应于股东财富每变化1000美元，CEO的财富变化仅仅为3.25美元。基于CEO财富变化对股东财富变化的敏感性，他们对公司进行了分类，结果发现：从 1970 年到 1988 年间，25 家具有最高敏感性的公司比 25 家最低的公司具有“充分”高的平均股票收益。

三、本书的结构安排、研究方法及创新

（一）结构安排

本书的主体部分共分两篇 8 章，其中上篇包括前两章：

第 1 章论述了马克思的产权理论和股份制理论。

马克思认为产权关系是所有制关系的法律形式。马克思虽然重点剖析的是资本主义经济关系，但却从社会基本经济制度变迁规律的角度，第一次用历史唯物主义观点科学、系统地论述了财产和财产权的起源及其历史变迁。马克思把财产权看做是一组权利或若干权利的结合体，即在各种所有制内部的产权结构中，除了生产资料所有权，马克思还研究了占有权、使用权、支配权、经营权、索取权、继承权和不可侵犯权等一系列权利的作用及它们之间的相互关系，详细地分析了这几种产权的统一、分离和重组的情况，并阐述了其发展趋势及其对基本产权制度的影响。

马克思的股份制思想大约形成于 19 世纪 60 年代中期。这是他在深入考察了当时西方主要资本主义国家的股份制经济以后建立的科学的股份公司和股份资本理论。马克思从生产力和生产关系、经济基础和上层建筑相互作用的关系上，尤其是从市场经济发展和社会化生产程度日趋提高的层面上，对股份制的产生、特征、作用及历史地位等做了深入细致的分析与研究，得出了一系列重要结论。由马克思的论述我们可以看出，股份制是在社会化大生产条件下与生产力发展相适应的企业组织形式，是在从根本上没触及资本主义私有制本身的前提下，对其生产关系从组织形式方面被迫进行的一次自我调整，是资本主义私有制的一种新的实现形式。

第 2 章论述了西方国家的股份制理论和产权理论。

股份公司制在西方市场经济国家经历了从原始的萌芽股份制逐渐发展为现代股份制的历史演变过程。现代股份制适应了社会化大生产和资本高速流动的需要，纷纷被各个市场经济国家移植。

现代西方经济学家对股份公司的发展演变及其特征和影响进行了大量

研究，其中有代表性的理论观点主要有：美国经济学家艾尔费雷德·D.钱德勒的管理协调理论；美国经济学家凡勃伦、贝利和米恩斯、伯纳姆及加尔布雷思的“经理革命”的观点；科斯的企业理论；美国经济学家阿尔钦（A. Alchian）和德姆塞茨（H. Demsetz）的团队生产理论；委托代理理论；美国经济学家威廉姆森关于现代公司组织和治理结构的理论；凯尔索和威茨曼的“分享经济”理论等。西方学者遵循假设——推理——实证的静态分析方法，一般从其所论课题出发，先行假设若干既定条件，经过逻辑演绎，在得出结论之后，再来看一看发展起来的企业概念是不是与现实世界中的情况一致。这种分析方法难以展示导致经济发展的诸因素之间是如何从整体上交互作用的，容易使人片面地理解经济发展的全部过程。

西方现代产权理论是在批判传统的西方微观经济学和福利经济学的一些缺陷的基础上，对新古典经济理论进行修正、扩展而逐步形成的。它以产权和制度为主要研究对象，着重分析现代市场经济中产权及其结构和安排对资源配置及使用效率的作用和影响，其代表人物有科斯、诺思、威廉姆森、德姆塞茨、张五常等。其中科斯认为，明晰的产权制度是产权自由交易的条件，并有助于降低交易费用，从而有利于实现资源优化配置，达到帕累托最优。但他的这一命题，没有得到任何证明。所以，西方现代产权理论不能作为我国改革的出发点。

下篇包括6章，其中：

第3章论述美国的股份制企业。

美国企业的主体是私人企业，其制度类型主要包括单人业主制（独资)、合伙制、股份制三种。股份制是在业主制、合伙制的基础上发展演进而来的。美国股份制企业的主要特点是：公司享有法人地位，股东对公司债务承担有限责任，经营管理专业化，公司所有权与经营权的高度分离，公司发展资金来源以直接融资为主，以间接融资为辅，公司股权高度分散。美国属于外部监控性公司治理模式，其主要特点有：以股东价值最大化为公司治理目标；没有监事会，董事会履行监事会的职责，是单层委员会制，并实行内部和外部董事混合的董事会模式；公司控制权市场发达，主要依靠外部力量对管理层实施控制。

第4章论述英国、法国和德国的股份制企业。

英国是“股东主权加竞争性资本市场”的外部控制性公司治理模式

的典型代表，其特点有：企业融资以股权和直接融资为主，较少依赖银行融资，资产负债率低。在股权结构中，机构持股者占主体，股权高度分散化，并且流动性强；以股东价值最大化为治理目标；以股票市场为主导的外部控制机制高度发达；采取经营者“股票期权制”的激励机制；公司治理模式的框架由股东大会、董事会及首席执行官三者构成。

从所有制关系看，虽然私人经济在英国经济中一直占据主导地位，但经过两次大规模国有化运动后，国有经济曾占有过很重要的地位。不过从1979年以来，由于英国政府竭力推行私有化政策，其国有经济的实力已经大为降低。

法国实行的是一种混合经济制度，其企业按其所有制形式可区分为三类：国有企业、合作社和私人企业。法国国有企业的性质属于资产阶级集体所有制，实行股份制。国家是国有企业的股份持有者，控制企业的发展方向和影响企业的经营方针，但对企业的日常经营活动不加干预。这些国有企业都是根据普通公司法建立起来的，受法国公司法的制辖。国有公司制企业主要采取董事会领导下的经理负责制，即董事会、总经理和各职能部（如总务、人事、财务、生产、分配）三级领导体制，其中董事会是最高决策和管理机构，负责决定企业的发展战略、经营方针、人事安排和企业留利的分配。经理人员只有建议权、经营权，没有决策权。1986年法国右翼联盟政府上台后大力推行国有企业私有化运动，其主要原因并不是由于这些企业盈利或亏损，而是出于全国经济和党派政治的需要以及受到全球私有化浪潮的影响。

德国股份公司的股权结构具有相对集中的特征。个人持股的比重一直较小，而以银行为代表的金融机构持股比重和非金融公司交叉持股比重很大，即主要以法人持股为主。德国的公司治理模式建立在银行主导的金融体制之上，不依赖资本市场和外部投资者。以银行为主的金融机构在公司治理结构中发挥重要作用，不但提供融资，而且控制公司的监事会，凭借内部信息优势，发挥实际的控制作用。股份公司的组织结构分为三级，即股东大会、监事会、董事会，它们分别控制着公司的所有权、监督权和经营权。在这种权力结构中，董事会的地位较为突出，但股东大会和监事会也起着重要的制衡作用。

德国虽然以生产资料私有为主体，但同时也保持国有经济的重要地位。国有企业大都采用公司形式独立经营。政府主管部（一般由财政部和主管业务部双重领导）只是在目标、方针及重大举措上进行控制，而控制的核心手段是监督理事会（简称监事会）。监事会任命董事会成员，董事会负责企业的经营管理。不过从20世纪50—60年代，德国开始了对国有企业的私有化进程。

第5章论述日本的股份制企业。

第二次世界大战前，日本的股份制公司具有自身的特殊性，即先进的资本主义制度和落后的封建家族制度有机地交织在一起，大企业实行的是“资本与经营相分离”的组织管理体制。股权利益最大化和家族利益绝对化是其体制的最核心内容。第二次世界大战后，日本建立的是以银行为中心的“法人资本主义”体制模式。股权结构是以法人相互持股为主体、个人直接持股和机构持股并存，若干稳定的大股东的存在和交叉持股形成了日本内部控制型公司治理模式。公司不仅仅是股东的工具，它还对更广泛的利益相关者负起责任。企业的决策机构是以董事为中心的董事会，而董事会又是由“社长”为核心的各事业部部长等组成，股东代表特别少。作为法人代表的“社长”，既是运动员同时也是裁判员。终身雇佣、年功工资和企业内工会被称之为日本企业的“三种神器”。

日本对第二次世界大战后建立的国有企业实行中央集权的管理办法，主要权力集中在国会或政府手中。国有资产管理机构以大藏省为主。国有企业主要领导成员的任免权大都在国会和政府手里。从20世纪80年代开始，日本迎合世界各国民营化的潮流实行了国有企业“民营化”。国有企业民营化后，经济效益虽有提高，但也出现了失业率高、政府调控经济的能力下降等问题。

第6章论述俄罗斯的股份制企业。

俄罗斯的股份制改革是伴随着私有化运动的开展而进行的。俄罗斯私有化分为小私有化和大私有化。大私有化开始于1992年7月，采取的主要形式是股份制，共经历了三个阶段：“证券私有化”阶段、“现金私有化”阶段和个案私有化阶段。俄通过建立股份制，大量无偿分配或有偿出售国有企业的股份，改变了公有资产在社会总资产中的优势地位和国有经济的主导作用，使所有制性质发生了根本性变化。

俄罗斯私有化改革后，出现了4种主要的企业组织形态：独资企业、业务合作企业、业务公司和生产合作社，其中业务公司可具体分为三种形式，即有限责任公司、追加责任公司和股份公司。证券私有化之后，俄罗斯股份公司的股权结构发生了变化：一是内部人股权下降，外部人股权上升，出现职工股权向管理者和外部投资者手中集中的趋势；二是股权集中程度高。私有化初期在新形成的股份公司中还出现了“内部人控制”的局面。为了解决此问题，俄政府先后于1996年和2002年出台了《俄罗斯联邦股份公司法》和《股份公司法》。按照2002年股份公司法的规定，股东大会、董事会（监事会）、执行机构三者构成俄罗斯股份公司的核心，基本上属于英美模式。通过后私有化阶段的公司治理，俄罗斯内部人控制企业的状况有所缓解，但并没有得到根本改观。

第7章论述我国国有企业的股份制改造。

自党的十一届三中全会以来，国有企业改革一直是经济体制改革的中心环节和重中之重。国有企业的体制改革是从扩大企业自主权开始的。为了实现政企职能分开，使国有企业的所有权和经营权分离，自1983年起，有人陆续提出了股份制改革的方案。20世纪80年代中期，国家下达了《股份制企业试点办法》等文件，并开始股份制试点。1997年党的十五大指出，股份制是现代企业的一种资本组织形式，有利于所有权和经营权的分离，有利于提高企业和资本的运作效率，资本主义可以用，社会主义也可以用。2003年，中共十六届三中全会《关于完善社会主义市场经济体制若干问题的决定》中又提出，大力发展国有资本、集体资本和非公有资本等参股的混合所有制经济，实现投资主体多元化，使股份制成为公有制的主要实现形式。经过20多年的改革，国有企业在进行股份制改造过程中取得了一些成绩，但也出现了种种问题。这主要表现在：政府的行政干预问题；企业产权界定不规范，造成国有资产流失；法人治理结构不完善，股份制企业只是流于形式；内部人控制问题等。社会主义要创新地利用股份制，必须做到以下几点：保持公有制的主体地位；建立以政资职能分离为目标的国资管理系统，深化国有资产管理和监督体制改革；建立合理的股权结构；规范公司的法人治理结构；建立激励和约束机制，促进企业家阶层的形成；建立和完善使公司正常运行的法律法规，并加大执法的力度。

近年来，外商投资特别是大型跨国公司通过收购、股权置换、资产重组等方式并购国内企业特别是大型国有企业出现了较快增长，投资规模也不断加大。外资并购给我国带来的影响有：对产业结构的影响；行业垄断问题和对国家经济安全的影响；并购中出现的资产评估不严格和股权转让价格偏低等现象，人为造成国有资产的大量流失；造成我国自主开发和创新能力下降，技术依赖性增强以及引起的失业问题等。为此，我国应及时采取对策，健全有关外资并购的法律法规，保证国家经济安全。

第 8 章论述中外股份企业制度的比较。

世界各主要资本主义国家由于具有不同的社会传统、法律体系、政治体制及经济制度，因而形成了不同的公司治理结构模式，即以美英为代表的外部控制性公司治理模式和日德式的银行导向型公司治理模式。进入 20 世纪 90 年代以后，上述两种公司治理模式都遇到了问题，双方之间开始寻求可以借鉴的经验，呈现出互相交融、趋同的趋势。

社会主义和资本主义股份制的相同点包括：两者都是社会化的市场经济；两者都以市场为导向，按照市场经济规律合理配置生产要素，发展生产力；两者都以谋取最大利润为目标。社会主义和资本主义股份制的不同点有：建立在不同的生产资料所有制基础之上；股权结构和公司治理的不同；国家宏观调控的力度大小不同；发展经济的目的不同以及发展经济的后果不同。

结论：我国是以公有制为主体的社会主义国家。我们应当按照自己的国情，在马克思主义理论的指导下，总结各种市场经济中企业制度的经验教训，因地制宜地进行理论创新和制度创新，发挥股份制在资源配置方面的功能优势，建立具有中国特色的、具有社会主义内涵的现代企业制度。

（二）研究方法

研究本论题时主要采取如下方法：

1. 历史分析法

按时间顺序，先后对世界各主要资本主义国家股份制企业的起源、发展和变化以及我国国有企业的股份制改造作出系统阐述，以便了解其大体发展脉络。

2. 比较分析法

由于各国的股份制企业各具特色，所以通过对它们进行阐述和比较来说明各国股份制企业之异同。

3. 具体与抽象相结合

本书试图从中外丰富、具体的股份制企业运行的新情况、新问题出发，归纳总结出若干带有规律性的东西，以便为我国当前的国有企业改革的深化提供有益的启示。

4. 历史与现实相结合

西方主要资本主义国家的股份制企业，从产生到现在已经历了几个世纪漫长、曲折、复杂的历史发展过程。所以，本书在首先对西方各国股份制企业的发展历程进行回顾，在展现其发展基本脉络的基础上，再来论述战后西方国家股份制的新变化。

5. 微观与宏观相结合

本书在研究中外股份制企业的股权结构、公司治理以及国有企业股份制改造等问题时，都是既从微观（企业内部），又从宏观（社会范围）的角度进行分析，既体现面，又研究点。

6. 经济、法律与行政问题相结合

在中外股份制企业演变的过程中，国家的调节和监督起了重要作用。而国家的作用主要有经济、法律和行政三个途径。本书对国家影响股份制的方方面面进行了多角度的透视，特别是对国家的法律、法规对股份制变化所起的作用进行了分析。这有助于更为全面地认识国家在中外股份制企业变化中的作用。

本书的创新之处在于以马克思主义的立场、观点和方法，对股份制理论以及中外股份企业制度的发展、演变进行了较为全面、系统地分析、阐述和比较；通过对马克思产权理论和西方现代产权理论的阐述，以达到澄清国有企业改革中理论误区的目的。

上篇

股份制理论与产权理论

第1章 马克思的产权理论和股份制理论

1.1 马克思的产权理论和中国国有企业的产权改革

1.1.1 马克思的产权理论

1. 产权的概念及本质

产权即财产权。它在德文中为 Eigentum，英文中为 property rights。马克思系统地研究了与经济领域的生产关系相对应的法律领域的财产关系，研究了与财产有关的法的权利，认为财产关系是生产关系的法律表现。美国学者 S. 佩乔维奇（1988）在《马克思、产权学派和社会演变过程》中写到："马克思是第一位有产权理论的社会科学家"。

马克思既研究了政治经济学或经济学中的生产关系或经济关系，研究了法学和产权理论中的财产关系，又研究了经济科学中的生产关系与法律科学中的财产关系两者之间的关系。他发现："财产关系……只是生产关系的法律用语"[①]。在社会科学史上，马克思"第一次发现产权是生产关系的法律表现"（吴易风，2001）。马克思曾说："在每个历史时代中所有权以各种不同的方式、在完全不同的社会关系下面发展着。因此，给资产阶级的所有权下定义不外是把资产阶级生产的全部社会关系描述一番"[②]。

---

① 马克思：《马克思恩格斯全集》第 13 卷，人民出版社 1962 年版，第 8—9 页。

② 马克思：《马克思恩格斯全集》第 1 卷，人民出版社 1995 年版，第 177 页。

所以，在马克思看来产权本质上是一种法权关系，是一种在经济生活中形成的人与人之间的权利关系。在这里，产权首先表现为人对物的关系，即一定的主体对物质资料的所有、占有、支配或使用。同时，人们在对财产履行一定职能时，必然围绕财产同周围有关的人发生一定的关系。所以，产权的直接形式是人对物的关系，但实质上是人与人之间的关系。这就是产权的本质。

2. 产权的起源及其历史变迁

马克思把历史唯物论用于产权研究，深入考察产权的起源和历史变迁。马克思的产权理论，既研究了各个社会经济形态的根本产权制度，又考察了由此演变而来的各种具体产权制度以及从中衍生出来的具体产权。马克思虽然重点剖析的是资本主义经济关系，但却是从社会基本经济制度变迁规律角度，第一次用历史唯物主义观点科学、系统地论述了财产和财产权的起源及其历史变迁。

马克思认为，不同社会有不同的所有制，不同所有制有不同所有权，财产所有权绝对不存在惟一的形式，即“财产……具有某种历史，采取各种不同的形式”①。马克思研究了资本主义以前的财产的三种历史状态。

第一种状态是原始公有制。人类的原始生产是在原始公有制下进行的。那时还不知道国家和法律为何物。因此，马克思说，那时家庭和氏族“只是占有，而没有所有权”②，只有所有制。所有权是在所有制已经存在很长的历史时期以后才出现的，即所有权只是在私有制产生和保护私有制的法律出现以后才出现的。

第二种状态是以劳动者自己劳动为基础的私有制和私人所有权，即以劳动者个人及其家庭为单位的产权形态。这时劳动者既有劳动工具所有权，也有原料和生活资料所有权。在这里，不仅存在所有制，而且存在所有权。与后来的剥削者的所有权不同，这种状态下的所有权是劳动者的所有权。马克思说：“所有权最初是以自己的劳动为基础的”③。

第三种是以无偿占有他人劳动为基础的资本主义以前的私有制和私人所有权。这时劳动者只有生活资料所有权，而没有对土地和劳动工具的所

① 马克思：《马克思恩格斯全集》第 3 卷，人民出版社 1960 年版，第 40 页。
② 马克思：《马克思恩格斯全集》第 12 卷，人民出版社 1962 年版，第 752 页。
③ 马克思：《马克思恩格斯全集》第 46 卷上，人民出版社 1979 年版，第 455 页。

有权。马克思指出："这种形式实质上是奴隶制和农奴制的公式"①。

在考察资本主义以前财产的三种历史状态后，马克思着重研究了资本主义的财产形式。随着资本主义私有制和所有权的确立，劳动者已经自由得一无所有，没有土地财产和劳动工具所有权，也没有生活资料所有权。他们的唯一所有权是对自己劳动力的所有权。马克思说："在资本的公式中，活劳动对于原料、对于工具、对于劳动过程中所必需的生活资料，都是从否定的意义上即把这一切都当作非财产来发生关系"②。也就是说，劳动的客观条件和主观条件都成了资本家的财产。

资本主义财产形式的特征还在于它的平等形式。无论是商品市场或劳动力市场，交换的双方都是在法律上平等的人。但是，只要一进入生产场所，这种自由平等的外衣就要被剥去。因为在这种财产形式下，劳动者唯一的所有权是对自己劳动力的所有权。他们不得不在资本家监督指挥下劳动。他们所创造的产品，包括超过劳动力价值的余额，就全部归资本家所有。这时资本家的所有权不仅表现为占有别人无酬劳动或产品的权利，而且转化为日益扩大地占有别人无酬劳动或产品的权利。在此，马克思深入研究并揭示了不同性质的产权规律，区分出了产权的第一规律和第二规律。产权的第一规律是商品生产的产权规律，即劳动者对劳动的产品拥有产权。产权的第二规律是资本主义生产的产权规律，即工人劳动的产品表现为他人的财产，表现为资本的财产（吴易风，2007）。

3. 产权的统一和分离

在经济思想史和产权理论史上，马克思是第一位深入研究和科学阐述产权的各种权利统一和分离学说的理论家（吴易风，2007）。马克思把财产权看做是一组权利或若干权利的结合体。在各种所有制内部的产权结构中，除了生产资料所有权，马克思还研究了占有权、使用权、支配权、经营权、索取权、继承权和不可侵犯权等一系列权利的作用及它们之间的相互关系，详细地分析了这几种产权的统一、分离的情况，阐述其发展趋势及其对基本产权制度的影响。在与财产有关的一系列权利中，决定性的是所有权。

马克思认为，财产的各种权利在某些情况下是统一的，都属于财产所

① 马克思：《马克思恩格斯全集》第 46 卷上，人民出版社 1979 年版，第 502 页。

② 马克思：《马克思恩格斯全集》第 46 卷上，人民出版社 1979 年版，第 500 页。

有者，财产所有权包含了财产的各种权利。在权利统一而不相互分离的情况下，拥有所有权，就意味着拥有与财产有关的全部权利。但在很多情况下，财产的各种权利可以互相分离，财产所有权一般不包含财产的全部权利。比如以自己劳动为基础的个体小生产者，所有权和占有权是统一的。在奴隶制经济和领主制经济这样的以无偿占有他人劳动为基础的私有制下也存在所有权和占有权的统一。在完全用自有资本进行资本主义经营的场合，资本所有权和使用权也是统一的。而在有些情况下，所有权和占有权是分离的，如在亚细亚的所有制形式下，公社是所有者，个人只是占有者。在土地国有情况下，所有权和占有权也是分离的。

马克思还分别研究了资本主义制度下劳动力所有权和支配权或使用权的分离、土地所有权和经营权的分离以及资本所有权和使用权的分离，阐明了权利分离的条件、性质和特征。马克思在研究借贷资本时，假设职能资本家完全用借入资本进行经营。在这种场合，资本所有权和使用权是分离的。资本所有者由执行职能的资本使用者来代表，参与对雇佣工人的剥削。资本所有权和使用权的分离在股份公司中得到了进一步的发展。在所有权和使用权分离以后，财产权分离为两类独立的权利，即所有者的权利和使用者的权利。这两类权利现在都只是部分的权利。所有者所享有的部分权利和使用者所享有的部分权利的总和等于完全的权利（吴易风，1995）。

马克思认为，资本的所有权虽然决定着资本主义所有制的基本性质，却因其他产权不断分离出去并逐渐增强其重要性，使它日益丧失其作用。这表明资本所有者的寄生性和资本主义所有制必然被取代。马克思根据资本主义经济的发展趋势对未来社会的所有制作了预言。他指出，“社会的物质生产力发展到一定阶段，便同它们一直在其中活动的现存生产关系或财产关系（这只是生产关系的法律用语）发生矛盾。于是这些关系便由生产力的发展形式变成为生产力的桎梏”①。当生产力的发展受到旧的生产关系的束缚时，就要求突破旧制度，建立起符合它的性质、适应它发展的新的产权制度。这样，资本主义生产关系必将被社会主义生产关系所代替，相应地，资本主义财产关系必将被社会主义财产关系所代替。社会主义公有制正是在这种条件下建立的。它能够创造出比旧社会更为强大的生

① 马克思：《马克思恩格斯全集》第13卷，人民出版社1962年版，第8—9页。

产力，并为人民群众的全面发展创立条件。

综上所述，马克思提出、论证并阐明了有关产权的一系列原理。他剖析了经济运行层次的具体产权结构，并把重点放在了根本产权制度研究和探索社会经济发展规律上，其目的在于阐明资本主义根本产权制度发生、发展和灭亡的规律，为劳动人民建立社会主义公有制，实现生产力和人的发展指明道路。

1.1.2 中国国有企业的产权改革

随着我国国有企业改革的深入发展，理论界对产权问题的研究逐步深入，争论也越来越尖锐，其焦点在于：是通过建立归属清晰、权责明确、保护严格、流转顺畅的现代产权制度，维护公有财产权，巩固公有制经济的主体地位，还是实行公有产权私有化。

有人把产权泛化，即把产权与私有产权画等号，把私有产权描绘成符合人类社会发展一切阶段的规律性的东西，认为产权改革就是要把国有企业私有化。有人把产权看成一切，认为只要产权明晰，就可以“效率最高”。但事实并非如此。建立现代企业制度，提高企业的市场竞争力，绝不仅仅是企业非国有化的问题。“我们的数据表明，企业的非国有化与企业管理水平，特别是战略管理水平的提高并没有必然的联系。企业完全非国有化以后，股份企业的管理者们仍然可能以权谋私，或至少在制定企业发展战略时多照顾自己的利益，而牺牲股东的长远利益”（李骥、孙健敏、刘向阳、巴曙松，2005）。英国经济学家马丁（Martin）和帕克（Parker）对英国各类企业私有化后的经济绩效经过综合比较后认为，私有化未必效益高。市场经济可以自由地配置资源，提高效率，但又有盲目性和短视性，提高社会成本，降低社会效率。就宏观经济来说，只有在科学的和必要的宏观管理和调控下，充分发挥市场的基础作用，才能提高效率。

还有人说公有产权违背人性，私有产权符合人性。而实际上，从人性角度描述社会经济制度是违背唯物辩证法的，是从唯心主义看问题。人类社会发展到哪一个阶段，采取哪一种所有制形式，是决定于生产力的性质和发展要求，而不是决定于什么人性。

有人说“国有经济与任何个人都没有密切的利益关系”，并断言“这种所有制不行”。但实际上，在社会主义制度下，国家代表全国人民的共同利益和意志，掌握经济命脉，是坚持走社会主义道路，进行宏观调控，带领国家走向繁荣强大的根本。国有经济采取国家占有形式，不过是由国家代表全国人民掌握法律上的所有权。国家掌握所有权，企业行使经营自主权，在宏观管理下发展最重要的生产力和实现现代化。只有国有经济这个主体搞得好，才能集中优势力量办大事，增强综合国力，为逐步走上共同富裕的道路提供根本保证。

所以，按照马克思的所有制理论和产权理论，从社会主义制度的基本要求出发，从我国当前社会的物质生产力水平出发，社会主义市场经济的生产资料所有制必须坚持“以公有制为主体，多种所有制共存”；相应地，在产权方面，必须坚持以公有产权为主体，多种产权制度并存。社会主义国家国有企业产权改革可以实行所有权和经营权相分离的原则：国家享有所有权，企业享有经营权。国家所有权是指企业财产属于国家所有，也就是属于全国人民所有。企业经营权是指企业对国家授予其经营的财产有依法行使自主经营的权力。所有权和经营权相分离的国有企业改革方案，是一个公有产权清晰的改革方案，是有利于社会物质生产力发展的。这一方案是社会主义国有企业不会变成资本主义私有企业的根本保证，从而是社会主义市场经济不会变成资本主义市场经济的根本保证。社会主义国家有关产权的法律，也必须是保护以公有制为主体、多种经济成分共存，保护以公有产权为主体、多种产权制度并存的法律（吴易风，2007）。

1.2　马克思的股份制理论

马克思的股份制思想大约形成于19世纪60年代中期。这是他在深入考察了当时西方主要资本主义国家的股份制经济以后建立的科学的股份公司和股份资本理论。这一理论主要体现在《资本论》一书中，其主要内容有以下几个方面：

1.2.1　股份公司是社会化大生产和资本集中的产物

资本主义股份公司最早出现于17世纪初的欧洲，到19世纪中期以后广泛流行于资本主义各国，并对资本主义经济产生了巨大影响。它是伴随着市场经济和社会生产力的发展而逐渐发展的，是资本主义生产力的增长和资本的个人所有制形式之间矛盾的产物，是社会化大生产的产物。马克思说过：“股份公司是随着海外贸易和手工工场的出现而产生的，并席卷了它力所能及的一切工商业部门”[①]。因为海外贸易和手工工场的出现标志着社会分工和商品经济的发展达到相当的程度。由于工场手工业扩大了企业的内部分工，使得单个资本家需要更多的可变资本和不变资本，从而就使得它开办企业所需要的资本最低限额不断增大。马克思指出：“还在资本主义生产初期，某些生产部门所需要的最低限额的资本就不是单个人手中所能找到的。这种情况一方面引起国家对私人的补助……另一方面促使对某些工商业部门的经营享有合法垄断权的公司的形成”[②]。这些由过去独资性质的私人企业转化为国家投资与私人资本合股或私人资本之间合股经营的企业。“这些公司就是现代股份公司的前驱”[③]。所以，股份公司产生和快速成长的首因是扩大再生产和资本集中的需要，是为了满足“单个的货币所有者或商品所有者要蛹化为资本家而必须握有的最低限度价值额”[④] 的客观要求。恩格斯在《反杜林论》中也指出：“猛烈增长着的生产力对它的资本属性的这种反抗，要求承认它的社会本性的这种日益增长的必要性，迫使资本家阶级本身在资本关系内部一切可能的限度内，愈来愈把生产力当做社会生产力看待”。他继续说到：“无论信用无限膨胀的工业高涨时候，还是由大资本主义企业的破产造成的崩溃本身，都把大量生产资料推向如我们在各种股票公司中所遇见的那种社会化形式”[⑤]。恩格斯的后一句话我们可以这样理解：一方面，工业高涨的时候，信用无限膨胀，社会化大生产对资本的需求量越来越大，而单个资本却无法满足；另一方面，大资本主义企业破产造成的崩溃本身说明，由于竞争的日益激烈，投资经营风险越来越大，破产崩溃的后果越来越严重，这就迫使若干个单个资本所有者联合起来，寻求建立一种由所有成员共同分担风险的资本组织形式。股份制则是联合的“最适当形式”[⑥]。因为它对投资者实行

---

① 马克思：《马克思恩格斯全集》第3卷，人民出版社1960年版，第431页。

② 马克思：《资本论》第1卷，人民出版社2004年版，第358页。

③ 马克思：《资本论》第1卷，人民出版社2004年版，第358页。

④ 马克思：《资本论》第1卷，人民出版社2004年版，第358页。

⑤ 恩格斯：《马克思恩格斯全集》第20卷，人民出版社1971年版，第302页。

⑥ 马克思：《马克思恩格斯全集》第46卷下，人民出版社1980年版，第167页。

股份制度和有限责任制度，兼备集资和分险的内在功能，所以资本所有者就把大量的生产资料推向这种社会化的资本组织形式。

资本主义市场经济的发展，也为实行股份制提供了必要的运行条件。因为股份制要求生产要素通过市场的选择自由流动和组合。18世纪兴起的产业革命，促进了商品经济的发展和科学技术的进步，生产社会化程度进一步提高，企业的生产规模不断扩大，创办一个大型企业所需的最低投资额也在不断增加。这时单纯依靠资本积聚已远远不能满足扩大再生产追加资本的需要，单个资本的数量有限性与创办大型企业所需要的巨大投资额之间的矛盾日益突出。为了克服这个矛盾，资本家通过发行股票的方式筹集资本，实行资本入股联合经营，创办了股份公司。马克思说："积累……同仅仅要求改变社会资本各组成部分的量的组合的集中比较起来，是一个极缓慢的过程。假如必须等待积累去使某些单个资本增长到能够修建铁路的程度，那么恐怕直到今天世界上还没有铁路。但是，集中通过股份公司转瞬之间就把这件事完成了"①。正是由于上述原因，股份公司从18世纪开始成了西方国家普遍采用的形式。

马克思认为，"信用制度是资本主义的私人企业逐渐转化为资本主义的股份公司的主要基础"②。在马克思看来，信用虽然不是股份企业产生的原因，但它在促进和加速股份制发展进程中起着极其重要的作用。他详细说明了"信用制度怎样产生出一种联合资本"③。马克思形象地描绘到："一种崭新的力量——信用事业，随同资本主义生产而形成起来。起初它作为积累的小小的助手不声不响地挤了进来，通过一根根无形的线，把那些分散在社会表面上的大大小小的货币资金吸引到单个的或联合的资本家手中；但是，很快它就成了竞争斗争中的一个新的可怕的武器；最后，它变成了一个实现资本集中的庞大的社会机构"④。信用制度，一方面通过银行和交易所把社会上的闲散资金集中起来，向企业发放巨额贷款，使其扩大生产规模，改造生产技术，吞并中小企业，加速资本的积聚和集中；另一方面通过各种金融机构发行和买卖企业股票、债券，促进了股份公司的发展。所以，信用制度的发展集中了大量社会闲置资本，为建立股份公

① 马克思：《资本论》第1卷，人民出版社2004年版，第724页。

② 马克思：《资本论》第3卷，人民出版社2004年版，第499页。

③ 马克思：《资本论》第3卷，人民出版社2004年版，第529页。

④ 马克思：《资本论》第1卷，人民出版社2004年版，第722页。

司提供单个资本无力提供的巨额资本。当时运河、铁路等许多部门大量采用股份资本形式，客观上满足了扩大再生产和资本集中的要求，使得“资产阶级在它的不到一百年的阶级统治中所创造的生产力，比过去一切世代创造的全部生产力还要多，还要大”①。

1.2.2　股份制的特点和作用

股份公司是由许多资本家用购买股票的办法合资经营的企业。它把资本总额分为每股金额相等的股份，并以股票的形式来发行。这种股份资本是资本的新形式。当股份公司和股份资本出现以后，在资本关系上就表现出如下的新特点：

1. 股份公司的出现，促进了资本的集中，推动了生产的发展

股份制产生以前，资本积累主要依靠企业把一部分剩余价值转化为追加资本，这种方式由于受到剩余价值量增长的限制，速度比较缓慢。股份制的出现打破了这种限制，股份资本有迅速集中资本的功能。马克思指出：“通过集中而在一夜之间集合起来的资本量，同其他资本量一样，不断再生产和增大，只是速度更快，从而成为社会积累的新的强有力的杠杆”②。马克思还认为，实现资本集中有两种方式，即通过股份公司筹集资本和通过市场竞争对企业进行强制吞并。前者是一种比较平滑的方法。它可以贯彻自愿联合的经济原则并以购买股票为标志，避免了剧烈的经济震荡，能够较为稳妥地集中巨额资本。正由于此，股份公司“它显示出过去料想不到的联合的生产能力，并且使工业企业具有单个资本家力所不能及的规模”③。马克思还说到，由于“股份公司的成立”，“生产规模惊人地扩大了，个别资本不可能建立的企业出现了。同时，这种以前由政府经营的企业，成了公司的企业”④。股份制的这一巨大的资本融合从而资本集中的功能，适应了资本主义大规模生产经营的需要。

2. 股份资本是在资本主义生产方式范围内对私人个人资本的一种扬弃，使资本更加社会化

在资本主义非股份制企业中，资本是以私人资本的形式存在的，资本

---

① 马克思：《马克思恩格斯选集》第 1 卷上，人民出版社 1972 年版，第 256 页。

② 马克思：《资本论》第 1 卷，人民出版社 2004 年版，第 724 页。

③ 马克思：《马克思恩格斯全集》第 12 卷，人民出版社 1962 年版，第 37 页。

④ 马克思：《资本论》第 3 卷，人民出版社 2004 年版，第 494 页。

的所有者用自己的私人资本购买生产资料和劳动力，这种企业就表现为私人企业。马克思指出，股份资本是“那种本身建立在社会生产方式的基础上并以生产资料和劳动力的社会集中为前提条件，在这里直接取得了社会资本（即那些直接联合起来的个人的资本）的形式，而与私人资本相对立，并且它的企业也表现为社会企业，而与私人企业相对立”①。这种“社会资本”在形式上不单独属于某一个股票所有者占有，而归全体股东即资本集团所有，股份公司利用这种集资的社会资本去购买生产资料和劳动力来经营企业，这种企业就表现为“社会企业”。这里所谓“对立”，是指股份制企业资本是社会资本而不同于私人资本，股份制企业是社会企业而不同于一般私人企业。马克思还说：“这是作为私人财产的资本在资本主义生产方式范围内的扬弃”②。所谓扬弃，是指资本主义通过实行股份制，其生产方式发生了一定变革，企业变为社会企业，资本变为社会资本，生产资料高度集中，适应了生产力的发展。不过，“扬弃”是发生在“资本主义生产方式本身范围内”，“社会资本”扬弃了私人独资的资本，同时又肯定了出资者个人的私人所有的产权，所以，社会资本仍然是剥削雇佣劳动的资本。马克思又强调说，股份制度是“在资本主义体系本身的基础上对资本主义的私人产业的扬弃”③。股份公司用一伙资产者的产业代替单个资产者的产业，同时仍然肯定作为出资者的一伙资产者的私人所有的产权。所以，上述这些扬弃只是在资本主义生产方式发展中对自身的一种修正、改善的过程，社会资本不过是联合资本家的资本，社会企业不过是资本家合资的企业，扬弃仍局限在资本主义制度的范围内。

马克思在另一处写到：“在股份制度内，已经存在着社会生产资料借以表现为个人财产的旧形式的对立面；但是，这种向股份形式的转化本身，还是局限在资本主义界限之内；因此，这种转化并没有克服财富作为社会财富的性质和作为私人财富的性质之间的对立，而只是在新的形态上发展了这种对立”④。这里所说的“社会生产资料”、“财富作为社会财富的性质”是指生产社会化的生产资料和货币资本越来越具有社会性质，它们理应成为社会的财富，归全社会所有。但在资本主义股份公司中，形

① 马克思：《资本论》第3卷，人民出版社2004年版，第495页。

② 马克思：《资本论》第3卷，人民出版社2004年版，第494—495页。

③ 马克思：《资本论》第3卷，人民出版社2004年版，第497页。

④ 马克思：《资本论》第3卷，人民出版社2004年版，第498—499页。

式上与个人资本相对立的社会资本，仍然在资本主义界限之内，仍归资本家私人所有，属于私有财富的性质，因而财富应归全社会所有的性质与私有制之间的对立并未消除，反而“在新的形态上发展了”，即在资本主义股份公司的形态上发展了。马克思还指出了股份制同时又有着使资本的支配权集中化、社会化的作用。他认为，信用和股份制“为个别资本家提供了不属于自己的社会资本和社会劳动的绝对权力”。这种支配权仍是由所占份额较大的资本决定。所以，股份制“并没有克服财富作为社会财富的性质和作为私人财富的性质之间的对立”。马克思这一分析中暗含的意思是：股份公司的性质取决于公司中占主导地位的那个资本的性质。所以，股份公司和股份资本是资本主义生产关系发展的新阶段。它扩大了资本的控制力，加强了少数人对劳动群众的剥削，因而，生产社会化与资本主义私有的矛盾进一步加深了。恩格斯在《反杜林论》中也曾强调指出：“无论转化为股份公司，还是转化为国家财产，都没有消除生产力的资本属性。在股份公司里，这一点是十分明显的”①。正由于此，股份制实际上是生产社会化的一种经济组织形式，没有也不可能改变资本主义私有制的性质，而是资本主义私有制的一种新的实现形式。

3. 股份公司最重要的特征是资本两权即资本所有权和资本经营权的分离

与非股份制企业的资本所有权、经营管理权结合在一起，所有者、经营管理者结合在一起不同，在股份制企业中，资本的所有权和经营管理权是分离的，资本的所有者、经营者是分离的。资本的所有者中的一部分转化为单纯的货币资本所有者或股东，他们虽然可以在股东大会上对公司的经营提出建议，并凭借股票取得一定股息，但实际上只是单纯地拥有资本所有权；另一部分实际执行职能的资本家则转化为经理，成为公司内其他资本所有者的资方管理人，拥有企业经营权，从而使“管理劳动作为一种职能越来越同自有资本或借入资本的所有权相分离”②。这样，“实际执行职能的资本家转化为单纯的经理，别人的资本的管理人，而资本所有者则转化为单纯的所有者，单纯的货币资本家”③。在股份制企业内部，“留

① 恩格斯：《马克思恩格斯全集》第 20 卷，人民出版社 1971 年版，第 303 页。

② 马克思：《资本论》第 3 卷，人民出版社 2004 年版，第 436 页。

③ 马克思：《资本论》第 3 卷，人民出版社 2004 年版，第 495 页。

下的只有执行职能的人员，资本家则作为多余的人从生产过程中消失了"[①]。而作为股东的货币资本家，凭借股票，获取利润。在股份公司内，职能同资本所有权相分离，因而劳动也同生产资料的所有权和剩余劳动的所有权相分离，资本的所有者成为纯粹的食利者和游离于社会生产之外的多余的人，从而为"资本再转化为生产者的财产（即直接的社会财产）"[②] 提供了条件。对于这个问题，恩格斯在《反杜林论》中写到："资本家本身不得不部分地承认生产力的社会性。大规模的生产机构和交通机构起初由股份公司占有，后来由托拉斯占有，然后由国家占有。资产阶级表明自己成为多余的阶级；它的全部社会职能现在由雇佣的职员来执行了"[③]。出现这种情况的根本原因在于资本所有者拥有的资本与经营才能的不对称。资本家只得把企业的经营管理权让渡给具有专门才能的人，而那些具有经营管理才能的人却不一定具有开办企业所需的资本。两权分离的做法打破了传统的独资或合伙自营的经营管理形式，有利于股份公司实现经营管理的专业化和社会化。

4. 资本主义股份公司是通向一种新的生产形式的单纯过渡点

马克思科学地分析了资本主义社会股份制的运动、变化规律，以及这种运动、变化规律与整个资本主义生产方式运动、变化规律的内在联系。马克思把股份公司看做是过渡点：一方面是从"各个互相分离的生产者的私有财产"转化为"联合起来的生产者的财产，即直接的社会财产"的过渡点；另一方面是从"同资本所有权结合在一起的再生产过程中的职能转化为联合起来的生产者的单纯职能，转化为社会职能的过渡点"[④]。在这里，马克思以资本主义股份公司为基点，进一步探讨了向新的社会生产方式过渡问题，即资本所有权由私人性质向联合生产者性质转变。这一转变是财产所有权性质的转变，由此将引起社会生产方式的变革。马克思还说："这是资本主义生产方式在资本主义生产方式本身范围内的扬弃，因而是一个自行扬弃的矛盾，这个矛盾明显地表现为通向一种新的生产形式的单纯过渡点"[⑤]。马克思这段话的意思是：（1）资本主义股份公司存

① 马克思：《资本论》第3卷，人民出版社2004年版，第436页。

② 马克思：《资本论》第3卷，人民出版社2004年版，第495页。

③ 恩格斯：《马克思恩格斯全集》第20卷，人民出版社1971年版，第710页。

④ 马克思：《资本论》第3卷，人民出版社2004年版，第495页。

⑤ 马克思：《资本论》第3卷，人民出版社2004年版，第497页。

在于资本主义生产方式本身的范围之内，即“资本主义经营本质上就是私人经营，即使由联合的资本家代替单个资本家，也是如此”①。（2）股份公司是在资本主义生产方式范围内对资本主义生产方式的否定。这是因为，在股份公司中，资本的私人性直接表现为社会化的形式。马克思说：“这是一种没有私人财产控制的私人生产”②。由于这种对资本主义生产方式的否定，是在资本主义生产方式本身范围内进行的，它并没有从根本上改变企业的资本主义性质，所以，马克思总是强调“它是在资本主义体系本身的基础上对资本主义的私人产业的扬弃”③。（3）股份公司是转化为联合生产方式的过渡形式。马克思指出：“资本主义的股份制企业，也和合作工厂一样，应当被看做是由资本主义生产方式转化为联合的生产方式的过渡形式，只不过在前者那里，对立是消极地扬弃的，而在后者那里，对立是积极地扬弃的”④。马克思认为，在资本主义社会，随着生产力的发展，生产社会化和资本私人占有的矛盾日趋尖锐，在资本主义生产方式内出现了股份公司和合作工厂两种形式的联合生产。所谓“对立是积极地扬弃”是指，在工人自己办的合作工厂内，资本和劳动之间的对立已经被扬弃。因为“工人作为联合体是他们自己的资本家，也就是说，他们利用生产资料来使他们自己的劳动增殖”⑤。“对立是消极地扬弃”是指，在股份公司里，资本和劳动的对立不但没有消除，反而进一步加剧了，因而其资本主义的属性没有变。由上述可见，股份公司是在资本主义限度内适应生产社会化的要求对资本主义生产关系的调整，是在没从根本上触及资本主义私有制本身的前提下，对资本主义生产关系从组织形式方面被迫进行的一次内部自我调整。但由于财产组织形式发生了与以前不同的变化，私人资本采取社会资本形式，这在一定意义上否定了资本的个人所有制形式，在一定程度上缓和了生产的社会化同生产资料的资本主义私人占有制这对根本矛盾，为实现生产资料私有制到公有制的转化奠定了基础。

① 马克思：《资本论》第 2 卷，人民出版社 2004 年版，第 272 页。
② 马克思：《资本论》第 3 卷，人民出版社 2004 年版，第 497 页。
③ 马克思：《资本论》第 3 卷，人民出版社 2004 年版，第 497 页。
④ 马克思：《资本论》第 3 卷，人民出版社 2004 年版，第 499 页。
⑤ 马克思：《资本论》第 3 卷，人民出版社 2004 年版，第 499 页。

1.2.3 股份制的局限性

在资本主义制度下，股份资本和信用制度的发展还会表现出它的一些局限性。

1. 股份资本来源于社会闲置资本的集中，资本集中就会造成或强化垄断因素

19世纪末20世纪初，随着自由资本主义进入垄断资本主义阶段，股份公司逐渐成为垄断资本最适当的组织形式，垄断对经济发展的破坏作用也愈来愈大。所以马克思指出，股份公司发展所产生的垄断及其破坏作用“引起国家的干涉”①。

2. 股份企业的发展助长了经济活动中的投机和欺诈活动

股票是股份制不可缺少的要素。马克思指出，“如果这是股票，那它就只是有权取得未来剩余价值的所有权证书”②。马克思把以有价证券形式存在，并能给持有者带来一定收入的资本，称为虚拟资本。股票就是一种典型的虚拟资本。因为有了股票这种证书并不能直接去支配它所代表的那个现实资本。它只是现实资本的纸制复本，是虚拟资本。股票作为一种权利可以在市场上交易，会形成其市场价格，这种价格“有独特的运动和决定方法”，有着相当大的风险性和投机性。因为股票的买卖价格与生产过程中发挥职能作用的现实资本无关，而是与预期股息成正比，与银行利息率成反比，并受市场供求、企业经营状况、政治形势、经济周期、信用等多种因素影响。所以马克思认为，股份公司的发展，还会“再生产出了一种新的金融贵族，一种新的寄生虫，——发起人、创业人和徒有其名的董事；并在创立公司、发行股票和进行股票交易方面再生产出了一整套投机和欺诈活动”③。马克思还说，“因为财产在这里是以股票的形式存在的，所以它的运动和转移就纯粹变成了交易所赌博的结果；在这种赌博中，小鱼为鲨鱼所吞掉，羊为交易所的狼所吞掉”④。恩格斯则更尖锐地指出：在证券交易所中大量充斥着不道德和诈骗行为，是“资本主义赢

① 马克思：《资本论》第3卷，人民出版社2004年版，第497页。
② 马克思：《资本论》第3卷，人民出版社2004年版，第519页。
③ 马克思：《资本论》第3卷，人民出版社2004年版，第497页。
④ 马克思：《资本论》第3卷，人民出版社2004年版，第498页。

利的顶峰，在那里所有权完全直接变成了盗窃”[①]。投机、赌博和欺诈因素的影响，有可能会在一定程度上演变为一种带有破坏性的泡沫经济。

3. 迎合了食利者阶层的需要

由于股份制企业所具有的特定产权结构和运作方式，资本所有者不再参与企业的经营管理活动，只是揽一点像公司董事或监事之类的闲差事。这些人以懒惰为职业，终日游手好闲，以“剪息票”和“拿红利”为生。这种食利者阶层的产生，表明资本主义已经出现一种寄生和腐朽的趋势。

1.2.4　恩格斯对马克思股份制理论的发展

马克思逝世后，恩格斯在整理、出版《资本论》后两卷的过程中，根据当时资本主义出现的新情况，对其中的股份公司理论作了重要的补充和阐发。恩格斯着重考察了 1865—1895 年这 30 年中，自由资本主义向垄断资本主义过渡时期资本主义经济生活中所发生的重大变化。他在《交易所》一文中，指出了“交易所”和“到处都设立了合法的新式有限公司”的现状[②]。恩格斯指出，自 1865 年以来，交易所的作用大大增强，并且在其进一步的发展中还有一种趋势，即要把包括工业生产和农业生产在内的全部生产，包括交通工具和交换职能在内的全部流通，都集中在交易所经纪人手中。“这样，交易所就成为资本主义生产本身的最突出的代表”[③]，并且，“交易所朝着集中的方向改变分配，大大加速资本的积聚，因此，这是像蒸汽机那样的革命的因素”[④]。恩格斯还分析说，自 1866 年经济危机以来，股份公司在资本主义各个地方开始设立。首先是“工业逐渐转变为股份企业”，“商业也是这样”，“在英国，银行和其他信用机构也是这样——大批新设的，都是股份有限公司”，“农业方面也有同样的情形”，随后，“一切国外投资都已采取股份形式”。[⑤]。

恩格斯指出：随着资本主义的发展，股份公司在数量上增加了，在规模上也更大了，它所生产的产品更多了，大工业在几个月内生产的东西，往往几年内都未必能在市场上卖出去，从而导致生产过剩，利润下降，价

① 恩格斯：《马克思恩格斯〈资本论〉书信集》，人民出版社 1976 年版，第 408 页。
② 马克思：《资本论》第 3 卷，人民出版社 2004 年版，第 1029 页。
③ 马克思：《资本论》第 3 卷，人民出版社 2004 年版，第 1028 页。
④ 恩格斯：《马克思恩格斯〈资本论〉书信集》，人民出版社 1976 年版，第 406 页。
⑤ 恩格斯：《资本论》第 3 卷，人民出版社 2004 年版，第 1029—1030 页。

格下跌，爆发危机。为了寻找摆脱经济危机的出路，股份公司和私人企业之间、股份公司和股份公司之间展开了更加激烈的竞争，结果是，一些企业倒闭、吞并和合并，从而出现了资本高度集中的垄断组织，如卡特尔、国际卡特尔、托拉斯等等。恩格斯指出："一些新的产业经营的形式发展起来了。这些形式代表着股份公司的二次方和三次方"①。这时，竞争已经为垄断所代替。在这里，恩格斯十分清楚地阐明了由股份公司发展到垄断这一过程的基本轨迹：股份公司导致了资本的集中，而集中必然发展为垄断，促使垄断组织的出现。

由于股份公司的发展，大垄断企业的出现，使得整个资本主义经济生活都发生了突出的变化，垄断资本主义的新特征正在逐步形成。虽然这个时期垄断资本主义的特征还未完全和充分地显现出来，但恩格斯对当时出现的新问题及时地加以揭示和分析研究，这就为以后列宁揭示资本主义垄断阶段的新特征作了重要提示。后来，列宁在《帝国主义是资本主义的最高阶段》这一经典著作中，又系统地研究了各种垄断条件下的企业制度及与市场制度的关系，发现20世纪初期基于股份公司形式上的垄断企业的多项特征和本质。

综上所述，马克思和恩格斯等经典作家从生产力和生产关系、经济基础和上层建筑相互作用的关系上，尤其是从市场经济发展和社会化生产程度日趋提高的层面上，对股份制的产生、特征、作用及历史地位等作了深入细致的分析与研究，得出了一系列重要结论。由马克思对股份制的论述我们可以看出，股份制是社会化大生产条件下与生产力发展相适应的企业组织形式。它不是一种生产资料所有制形式，也没有改变属于不同所有者的各生产要素的所有制性质。私人所有基础上的股份制在本质上仍然是生产资料的私有制。"马克思论述的是私有产权制度，而不是公有产权制度。有的学者把资本主义社会的股份公司说成是公有制，或者把股份公司等同于公有制，显然是误解了马克思"（苏星，2005）。

---

① 恩格斯：《资本论》第3卷，人民出版社2004年版，第496页。

第2章
西方国家的股份制理论和产权理论

2.1 西方国家的股份制理论

2.1.1 股份制的产生与发展

股份制是当代世界各国的主要企业组织形式之一。它是在业主制（proprietorship）、合伙制（partnership）的基础上发展演变而来的，是一种以资本联合为核心的企业组织形式。

关于股份有限责任公司这种最重要的股份制组织形式，一些经济史学家研究认为，它源于1407年意大利热那亚市圣乔治银行的创立及16世纪末米兰市仿照圣乔治银行创立的Ambro－Sius银行。早在3000年前，在古罗马社会包税人的股份委托公司中，就已经看到股份经济的前兆。整个中世纪，由于海上贸易的风险、经营矿业需要大量的劳力和材料以及战争需要筹措巨款，也往往采取股份合作的方式。从古罗马帝国时期股份制的萌芽，到中世纪末期的15世纪，股份制处于一种幼稚、原始的状态，因而这一时期被称为原始股份制。

从16世纪到20世纪初的股份制称为近代股份制。这是股份经济发展历史中的重要阶段。在这期间，股份公司逐渐形成，不断发展，最终在经济中占据了主导地位。在近代股份制中，目前有完整史料证明的世界上第一个股份公司，是成立于1600年的英国东印度公司。当时英国由于海外勘探和贸易的需要，产生了通过销售股份来筹集资本的“特许贸易公司”（charted trading company）。因为当时西欧各国盛行重商主义，英国的都铎王朝和斯图亚特王朝都不承认贸易自由，所以建立贸易公司必须取得皇家的特许后，才可在特定的海外地区从事勘探或开拓殖民地，并将他们的进口货物在英国国内市场销售。这些特许贸易公司拥有垄断特权，即或垄断经营某一行业，或垄断海外特定地区的殖民活动，如英国东印度公司就拥有在印度和远东进行贸易的垄断权。公司具有法人地位（the status of legal – person），初步具备了董事会、股东会、经理等组织框架。当时公司的决策权集中在董事们手中，股份能自由地从一个投资者转给另一个。

18 世纪初，英国的商人和律师们想出了在无特许状的情况下获取公司基本特征的方法，组成了一种接近于现代公司制企业的"合股公司"（joint – stock company）。该种企业组织的经营管理权集中在少数人手中，所有其他投资者也都能自由地转让合伙股权（实际上和公司的股份一样），并具有了经营连续性和由所有者代理人而不是所有者本人来管理等优点。这些事实上的公司的成功，迫使议会在 1844 年通过了公司法，规定建立公司不必事先获得特许，只要通过简单程序，就可以获准登记。

美国的企业发起人也像英国的同行们一样，能不建立公司就利用公司的基本特征。1837 年，康涅狄格州颁布了第一部一般公司法。该法规定了一个标准的、简单的公司注册程序。接着美国的其他各州也相继采纳了康涅狄格州的一般公司法。依据该法，公司的创办人向州官员呈交一份确切的事实资料即可，州政府仅仅起了一个登记处的作用。通过州在立法上的创造活动，公司具有三个特点——法人地位、无限期和有限责任。

公司的法人地位，是指在法律上公司被看做是一个人，它可以依法拥有公司的全部财产（所有股东投入的资本均成为企业的法人资产），享有与其业务有关的民事权利，并承担相应的民事义务。如它可以以自己的名义起诉和应诉，甚至可以被指控刑事犯罪（尽管在现实中很难将一个公司关进监狱）。而合伙关系只能以合伙人个人的名义起诉。公司财产的主体是企业法人，终极所有者为股东，但股东不能绕开法人代表机构直接支配公司资产的运营。在合伙关系中，当出现某位合伙人死亡、破产、被驱逐或希望退出的任一情况时，合伙将自动解体，但公司却是"无穷尽的"，具有永久生命力，因为公司的创立人可以在公司条款中指定"无限期"这一条款。这样，不仅业主阶层的变化不会影响公司的继续存在，而且，当股东不愿继续投资该公司时，他也只能将自己的股票转卖给他人，而不能撤回资本，从而使得公司财产可以免受股东变化的干扰，并由法人独立占有、支配、处分和收益。法人成为公司自负盈亏的主体。

有限责任是指股东在按其出资比例获得相应的资本权益时，只以其出资额对公司债务承担有限责任。也就是说，公司股东并不是公司本身，他们要对自己的行为负责，但不必对他们持股的公司的行为负责。在企业破产时，股东们承担的最大损失为投入企业的资本金，这即为“有限责任”。这一原则的确立，实现了法人财产与股东财产的分离。到19世纪中叶，有限责任制最终被推广到美国所有的公司。

公司和合伙关系的最关键差别在于代理权。在合伙关系中，合伙人是互为代理人，每个人都能签署对所有其他合伙人有约束力的合同，所以合伙股权的转让受到严格限制。但在公司中，股东们并不是互为代理人，所以股份可以自由转让。这就意味着一个公司的资本能够由成百、上千甚至数百万互相不认识的投资者提供，公司的长期资本需求能由稳定的、相继的短期投资者来满足。公司形式的特殊之处在于它能起到金融媒介物——储蓄者（投资者）和借款人（工人和管理人员）之间的媒介的作用。英文“Corporation”一词的现代意义即指拥有一个企业的合法的和契约性的机构，它的资本来自投资者们，由董事们和职员代表投资者的利益进行经营，从而出现所有权与经营权的分离。

20世纪初到现在的股份制称为现代股份制。现代股份制适应了社会化大生产和资本高速流动的需要，纷纷被各个市场经济国家移植。

由上述可见，股份公司制在西方市场经济国家经历了一个历史演变过程。它从原始的萌芽股份制逐渐发展为现代股份制，从缺乏明确的公司法律规范、企业组织上的合伙性和不稳定性、股东责任的无限性、企业规模的局限性等，逐步发展为具有明确的公司法律规范、公司的法人性、股东责任的有限性、所有权与经营权的分离、公司规模的扩大等。经历了1866年经济危机以后，股份公司在资本主义工业、商业、银行、农业等各个领域得到了普遍发展，并逐渐演化为现代公司制的成熟形式。

2.1.2 西方有代表性的股份制理论

现代西方经济学家（主要是指20世纪初以来的西方一些著名学者）对股份公司的发展演变及其特征和影响都进行了大量研究。下面简单介绍一些有代表性的理论。

1. 小艾尔费雷德·D. 钱德勒的管理协调理论

美国著名企业史学家钱德勒（Chandler）在其著作《看得见的手——美国企业的管理革命》一书中，系统地研究了美国现代工商企业兴起的过程以及由此而形成的经理阶层与经理式的资本主义，提出了他的管理协调理论。现代工商企业是以股份制作为组织形式的，所以，钱德勒所理解的现代工商企业就是股份制企业。

钱德勒考察了美国企业从19世纪40年代到20世纪20年代所经历的生产和分配过程的革命性变化以及生产和分配的管理方式。他首先考察了传统企业和现代企业的特征，然后从历史的角度顺序地考察了由技术创新所诱致的铁路企业的成长，大量分配和大量生产以及它们的结合，并在此基础上考察了现代工商业成长的过程、机制。钱德勒阐述了现代企业制度所引起的管理革命以及在现代经济发展中所产生的重大影响和作用。他的关于现代工商企业起源和成长的理论，在一定程度上揭示了科技革命及生产社会化和国际化条件下企业管理机制变革的特征和规律，也在一定程度上解释了19世纪以来企业规模不断扩张的原因。

按照钱德勒的说法，所谓传统企业（即雇主的企业）“是单一单位的企业。在此种公司内一个或少数所有者是在一个办事处内经营其商店、工厂、银行或运输公司的。通常此种类型的公司只掌管一种经济职能，经营单一的产品系列，且仅在一个地区内经营”（钱德勒，1987，第2页）。所以，在传统的资本主义时期，公司本质上是个人企业，公司规模不大，只有单一决策机构，所有者管理企业，管理者就是所有者。当代西方著名经济学家约瑟夫·熊彼特曾说，“小穆勒时代以前的大多数经济学家未能把资本家和企业家分开，因为一百年以前的制造商是一身二任的……早期的企业家，不仅照例也是资本家，他还常常是他自己的技术专家”（约瑟夫·熊彼特，1990，第85页）。即使是合伙企业，其股权也是由少数人或家族所掌握。这种单一单位的企业极少雇用两三个以上的管理人员。当时股份制企业还只是个别现象。“在现代公司兴起之前，这种小规模的、由个人拥有和经营的企业的各项活动是由市场和价格机制来协调和控制的”（钱德勒，1987，第2页）。

钱德勒在重点考察了美国从19世纪40年代到20世纪20年代所经历的生产和分配过程的革命性变化时，发现在大量生产和大量分配的条件下，管理协调具有比市场机制更高的生产力和更低的单位产品成本。因此，一些原来由市场调节的经济活动逐渐转移到企业内部进行，企业逐渐演变成为具有多个下属单位，执行多种经济职能的庞大的经济组织。这些经济组织就是具有现代特征的工商企业。钱德勒认为，19 世纪 70 年代，美国开始出现现代工商企业。20 世纪 20 年代现代工商企业趋于成熟期，到 20 世纪中期，现代工商企业在美国取得了支配地位。

在 1840 年以前的美国企业基本上属于传统企业，其原因钱德勒认为是由于技术和市场两方面的限制。从技术方面看，到 1840 年，经济虽然有所扩张，但传统的能源——风力和畜力依然是工商企业的主要动力，工商企业所处理货物和交易次数受到限制。一家单独的企业所需处理的事务数量没有大到需要在公司内部把各种活动进一步细分，也不需要把几个小单位的工作内部化到一个较大的企业中来。所以，公司的内部组织及经营和交易方法也没有多大的改变。从市场方面看，19 世纪 40 年代的美国，仍然是个农业国，城市规模小，商业中心彼此相距遥远，交通运输不畅，货物移动的速度缓慢。这样狭小的市场需求，不可能导致大企业的产生。

到 19 世纪 70 年代，随着技术的发展和市场的扩大现代工商企业开始发展起来。现代工商企业首先是在“具有新的先进技术，而且有不断扩大的市场”的部门和工业中出现、成长并继续繁荣，而“在那些技术并不能造成产出的急剧增加、市场依然是小而专的部门和工业中，管理的协调并不比市场协调更为有利。因而在那些领域里，现代工商企业的出现较晚，而且发展较慢”（钱德勒，1987，第 8 页）。钱德勒的这段话表明，在有先进技术的场合且当市场扩大时，才能有效地采用较大的管理规模和先进的管理技术。和传统企业相比，现代企业“将许多单位置于其控制之下，经营于不同地点，通常进行不同类型的经济活动，处理不同类型的产品和服务。这些单位的活动和它们之间的交易因而被内部化，它们是由支薪雇员而非市场机制所控制并协调的。”（钱德勒，1987，第 2—3 页）。这些支薪雇员有高中低层之分，其中由中、高层经理构成了一个全新的企业家阶层，管理和协调下层各单位的工作。这样，现代工商企业的管理体制取代了市场机制而协调着货物从原料供应，经过生产和分配，直至最终消费的整个流程。在美国，现代工商企业的管理体制最先开始于铁路系统。铁路企业的组织创新为后来其他企业的组织创新打下了良好的基础。同时，通讯、轮船等经济基础设施的进步，也促进了现代工商业的成长。

钱德勒认为，在传统的企业，即雇主的企业向现代工商企业过渡的过程中，还出现了企业家的企业和家族式的企业。在企业家的企业或家族式企业中，股东往往是创业企业家的家族成员、朋友和关系较深的商业伙伴，可以对企业的经营管理进行密切的监控，以保证企业能对股东的利益负责。历史上，企业家的企业或家族的企业的规模也可以发展到很大。这样，企业家及其合伙人无法从事全部管理工作，中下层管理甚至一些上层管理就由支薪经理担任。不过，创业者、出资者一直掌有大部分股权，基本上保持了对企业的控制和管理。他们与经理人员维持紧密的私人关系，且保留高阶层管理的主要决策权，特别是在相关财务政策、资源分配和高阶层人员的选拔方面。这种企业家式或家族式企业在企业创立和发展需要大笔外来资金时，所有权和管理权之间的关系会有所不同。提供资金的金融机构通常在公司的董事会上派有兼职代表，其支薪经理必须和银行及其他金融机构的派出代表分享高阶层管理的决策权。这种公司是金融资本主义的一种形式。许多现代企业既不是由银行家也不是由家族所控制，所有权变得分散。随着企业家企业或家族式企业规模的扩展与所有权分散，企业转化为经理式的企业，即现代工商企业。

钱德勒认为，现代工商企业有两个特点，即“它包含许多不同的营业单位，且由各层级支薪的行政人员所管理”（钱德勒，1987，第1—2页）。这里指出了现代大企业和传统的家族式小公司相比所呈现的三个突出特点：一是它的生产经营横跨众多的部门和领域，对社会经济资源有着广泛的控制权力；二是公司内部治理结构的发达有序，即它实行的是纵向的层级结构；三是公司不是由资产所有者管理，而是由支薪的专职经理人员来管理。钱德勒关于现代工商企业起源和持续成长理论的主要观点主要有以下几个方面：

（1）以交易内部化为内容的管理协调可能比市场协调更有效率。“当管理上的协调比市场机制的协调能带来更大的生产力，较低的成本和较高的利润时，现代多单位的工商企业就会取代传统的小公司”（钱德勒，1987，第6页）。这是因为传统的小企业是通过各自之间在市场的交易活动来进行生产和资源分配的，而现代企业可以把以前几个经营单位进行的活动及其相互交易内部化。此种内部化可以影响三个方面的节约，即降低信息的收集传递费用，降低相互讨价还价的交易费用，降低各单位之间联系的协调费用。而且，“此种协调所造成的节约，要比降低信息和交易成本所造成的节约大得多”（钱德勒，1987，第7页）。因此，内部化比传统的企业更具有经济性。企业也逐渐演变成为具有多个下属单位执行多种经济职能的庞大的经济组织。

（2）“在一个企业内把许多营业单位活动内部化所带来的利益，要等到建立起管理层级制以后才能实现”（钱德勒，1987，第 7 页）。钱德勒认为，只有企业内部建立起了有专业管理人员所构成的专家治理结构，公司体制才有可能替代市场机制发挥有效的调节作用。管理层级制的存在之所以是现代工商企业的一个显著特征，是因为只有具备了这样的组织系统，企业才能把原先有市场机制执行的控制协调工作变成企业内部的管理协调工作。

管理层级制一旦形成并有效地实现了它的协调功能后，层级制本身也就变成了持久性、权力和持续成长的源泉。传统企业常是短命的，几乎全是合伙生意。其中一伙人退休或去世，就得重新结伙或解散。而现代工商企业的层级制，则具有持久性，它超越了工作于其间的个人或集团的限制，人员虽有进出，其机构和职能却保持不变。所以，企业就有了自己独立的生命。它不再依赖于某个自然人的存在而存在，亦即企业法人制度取代了自然人制度。

（3）“指导各级工作的支薪经理这一职业，变得越来越有技术性和职业化。在这个新的管理阶层内，正如其他需要专门技术的管理阶层一样，选拔与晋升变得越来越依赖培训、经验和表现，而不是家族关系或金钱”（钱德勒，1987，第 8—9 页）。在这里，钱德勒描述了职业化的企业家队伍随着现代公司组织的兴起而随之形成的现象。与这一现象同时发生的则是由支薪经理所管理的大企业取代了传统的家族小公司而成为管理生产和分配的主要工具。

职业化的企业家队伍的出现，一方面适应了企业管理日益专业化的需要，另一方面也造成了企业所有权和管理权的分离。随着公司规模的日益扩大，公司管理日益复杂，股东们的管理水平与知识已经不能满足需要，公司的管理权日益落入精通管理的人手中，亦即在这样的企业中，股东不再可能从事高层管理，也缺乏从事高层管理的技能、知识。支薪经理既从事短期经营活动，也决定长期的发展。1913 年，新泽西州一个法律顾问在给其同事的信中写到：“在短期内，哈克尼斯和普拉特都会退休，他们的空位会被只有极少股份的人所补缺。正如你所知的，握有大量股票而以董事身份控制公司达 30 年之久的洛克菲勒家族，也已完全退休，只不过接受他们的红利，并在年度会议上投票而已”（钱德勒，1987，第 531

页）。另外，公司规模扩大也导致所需资金增多，并进而促进公司股权进一步分散。许多现代企业既不是由银行家也不是由家族所控制，所有权变得分散。1963 年，据对“美国 200 家非金融公司的研究表明，没有一家公司的股份被某一个人、某一家族或某一集团掌握 80% 以上；没有一家公司是由某一个人所控制……200 家最大的非金融公司中有 169 家或 84.5% 是由经理控制”（钱德勒，1987，第 581 页）。

职业化的企业家管理企业，使企业的行为特征和价值去向产生了重大改变。与传统的资本主义企业不同，经理式资本主义企业的职业经理人员在作出管理决策时，“宁愿选择能促使公司长期稳定和成长的政策，而不贪图眼前的最大利润”。对于支薪经理人员而言，“公司的持续存在对其职业是至关重要的生涯。……他们远比老板（股东）更愿意减少甚至放弃眼前的股息，以维持其组织长远的活力”（钱德勒，1987，第 10—11 页）。这样，经理人员要维持其组织被充分利用的愿望，就成为维护企业持续存在和长久发展的中坚力量。

（4）大企业的成长和对主要经济部门的支配，“改变了这些部门乃至整个经济的基本结构”（钱德勒，1987，第 11 页）。现代工商企业“在协调经济活动和分配资源方面已取代了亚当·斯密的所谓市场力量的无形的手”。市场虽然仍是对商品和服务的需求的创造者，但现代工商企业“已接管了协调流经现有生产和分配过程的产品流量的功能，以及为未来的生产和分配分派资金和人员的功能”。由于获得了原先为市场所执行的功能，现代工商企业“成为美国经济中最强大的机构，经理人员则已成为最有影响力的经济决策者集团”。因此，在美国，随着现代工商企业的兴起出现了所谓“经理式的资本主义”（钱德勒，1987，第 1 页）。钱德勒把这种改变概括为“管理革命”，认为在越来越多的部门，管理的协调取代了市场的协调，管理上的“有形的手”取代了市场力量的“无形的手”。由此，钱德勒断言，到 20 世纪 50 年代，在美国经济的一些主要行业中，“经理式的公司”已经成为现代工商企业的标准形式。在那些现代企业已经取得支配地位的行业中，“经理式的资本主义”已经压倒了“家族式的资本主义或金融的资本主义”（钱德勒，1987，第 581 页）。他的这一说法，具体和细致地描绘出了当代资本主义企业及整个经济体制的一个重大变化。

第二次世界大战后，现代工商企业得以更迅速的成长。这一方面是由于国内和国际市场需求的进一步扩大，另一方面是由于第三次科技革命带来了巨大的技术创新。到 20 世纪 90 年代，几乎所有的大企业都采用了多分支结构，从事多样化经营。而这种多分支结构的混合公司，使得层级制和支薪经理阶层更成为必要。他们的管理和协调，在效率上更好于“看不见的手”。

综上所述，钱德勒对现代工商企业起源和成长的理论提出了一些比较有意义的分析，如关于单个企业如何走向股份制企业的分析、关于以交易内部化为内容的管理协调可能比市场协调更有效率的观点、关于所有权和管理权相分离的观点、关于管理的变革对生产发展的促进作用以及生产的扩大又要求管理进行变革的观点等。这些分析有助于我们从企业发展史的角度认识生产力与生产关系的辩证运动。但是，钱德勒的分析抹杀了经济关系的变迁，只注意企业表象的结构分析。同时，他用狭窄的眼光看待现代企业，把现代企业和现代公司、甚至和现代股份公司等同起来。其实在当今美国的私人企业就主要有独资企业、合伙企业和公司制企业三种形式，而且据 1986 年的统计，公司制企业仅占企业总数的 19.6%。在当今的欧洲和日本，除了私人企业，还程度不同地存在着国有企业和合作企业。西方国家的国有企业有非独立型国有企业、国有国营企业、国家主办企业、股份制企业等多种形式。

2. 凡勃伦、伯利和米恩斯、伯纳姆及加尔布雷思的“经理革命”理论

“经理革命”着眼于股份公司的大发展对社会阶级、阶层结构及社会经济权力分配所带来的重大影响。此类观点的代表人物有凡勃伦、伯利和米恩斯、加尔布雷思等。

凡勃伦（Veblen，T.）是美国制度学派的早期代表。1904 年，他发表《企业论》一书，提出股份制是“信用手段”的一种新的使用方式，是“借助于信用筹集资金以扩大资本的简化程序，在现代工业公司的改组与合并中达到了发展的顶点”。凡勃伦由此认为“它使公司管理与工业设备所有权两者处于完全脱离的状态”（凡勃伦，1959，第 64、67、82 页）。1923 年，凡勃伦又发表了名为《无主所有制和现代企业》的著作。他认为，在社会经济生活中，伴随着股份公司的发达，其股权越来越分散，公司资产所有权与管理控制权分离的趋势越来越明显。因此，凡勃伦从财产实际占有的角度论述，把那些远离公司控制权的所有者称之为

“不在所有者”，认为公司权力已逐渐转移到了公司经理人员的手中，股份制则被称之为“无主所有制”。

20 世纪 30 年代，美国经济学家伯利（Berle, A.）和米恩斯（Means, G. C.）提出了著名的“伯利—米恩斯命题”。1932 年，他们在合著的《现代公司和私有财产》一书中，首次比较系统地分析了资本主义社会股份公司所有权和管理权分离的事实。他们通过大量的观察认为，现代股份制企业的典型特征是股权高度分散以及由此带来的所有权与控制权的分置。随着公司股权的稀释，不仅中小股东在其中处于被动地位，而且原来控股控权的大股东也逐渐失去早先的主动地位，其法律意义上的所有权实际上已经不代表对公司财产的真正占有、使用和控制了。作为企业所有者，股东很少有可能直接参与到公司繁杂的每一项管理之中，由此逐渐失去对企业的控制。这样，公司的控制权就不可避免地从私人资产所有者手中转移到了具有管理技术的专业人员手中，出现了强势经营者，弱势所有者，社会经济生活领域发生了一场“经理革命”。1929 年，伯利和米恩斯对当时美国的 200 家大公司进行了实证研究。他们的调查表明：以控股比率达到 20% 以上作为控股股东的标准来划分，占 200 家大公司总数 44%、资产总额 58% 的公司不存在控股股东，公司由经理人掌握企业决策权。所以，伯利和米恩斯用股东“没有控制的财富所有”和经营者“没有所有的财富控制”来表现股份制企业所有权与控制权的分离。伯利和米恩斯因此指出，企业控制权旁落于管理者之手，管理者会利用企业控制权来最大化自身的利益，而这种利益往往与股东的利益不相一致，这就是现代企业中广为存在着的股东与管理者之间基于委托—代理关系产生的利益冲突。

1941 年，美国经济学家伯纳姆（Burnham, J.）出版《经理革命》一书，对现代资本主义企业制度和产权关系作了进一步分析，也提出了“经理革命”这一概念（Burnham, J. 1941）。他认为，经理对法人财产的控制，是一种由于权利转移而出现的社会变革。从某种意义上讲，企业真正的所有者不是股东和资本家，而是企业管理者。社会的统治阶级也已由过去的资本家变成了现代的企业管理者——“经理阶级”。他们由于接近生产手段和在产品分配时得到优先待遇而成为所有者。而大多数股票持有人则很少有接近生产手段的管理权，因而所有权对他们来说只有着非常次要的性质。伯纳姆认为，由于“经理阶级”既有经营权，又有所有权，所以，“经理社会”和过去的资本主义社会相比，经理们权利过于强大，成为社会的新的特权者，从而使压迫和被压迫、统治和被统治依然存在。

美国新制度学派（Neoinstitutional School）的代表人物加尔布雷思（Galbraith, J. K.）理论体系的基点是“权力转移论”。他认为，在现代公司中，权力已从过去的资本所有者手中，转移到了企业的经理人员和技术人员手中。他把这些人称为“技术结构阶层”。加尔布雷思从生产要素的稀缺性与经济权力分配之间的相关性出发，分析了发生经理革命的原因。他认为，在不同历史阶段上有不同的生产要素成为“最难获得”、“最难替代”从而是“最重要”的生产要素。谁掌握了这种生产要素谁就拥有了权力。生产要素包括四个方面：土地、资本、劳动和“专门知识”。人们会依据自已所掌握的生产要素的重要性或稀缺性的不同而获得不同的权力。在生产的各种要素中，技术要素具有决定性作用，即“权力转移”完全是由技术的性质决定的。他在《经济学和公共目标》一书中写到：“可以用来作为叙述全部发展过程的一个出发点是技术，和它的甚至更加重要的对应者——组织”（加尔布雷思，1980，第 44 页）。在他看来，经济演进的整个过程和经济生活的一切方面都是由技术的发展决定的。在封建社会，技术水平的低下使人们的生活主要靠土地，所以土地是最重要的生产要素。占有土地的地主就成为当时掌握权力的阶级。进入资本主义社会，技术的发展对用于投资的资本的需求越来越大，资本取代土地成为最重要、最稀缺的生产要素，权力也就由地主手中转移到了资本家手中。现在，工业和技术发展所需要的专门知识越来越复杂，科学技术和管理等专门知识又上升为最重要的生产要素。谁拥有科学技术、法律、经济方面的专门知识，谁就能使企业兴旺。因此，权力又由资本家手中转移到“技术结构阶层”手中。加尔布雷思将这一阶层又称之为“专家组合”。它是由某些专业技术人员组成的集体。这是因为股东人数分散和作出经营上的决定需要许多人的知识和经验的缘故。

随着公司规模的扩大和股权的分散，股东作为所有者对公司的制约关系更加疏远。加尔布雷思认为，现代公司的实际情况是，以企业为中心，向外依次是高级经理人员或“技术结构阶层”，基层管理人员，一般生产工人，最外层的一圈是普通股东。越是外围的人与公司的关系越疏远、越松驰，因为普通股东在公司有困难时会把公司的股票卖掉，转而投资其他公司。

加尔布雷思还对握有权柄的“专家组合”的行为目标进行了分析。他认为，专家组合不是以正统经济学所假定的公司利润最大化为目标，而是追求公司的发展，即以公司的稳健、增长，技术完善为追求目标。这是因为，技术结构阶层的收入主要是薪金和资金，而不是股息。如果他们去追求利润最大化，最大受益者是股东。所以，他们只是保持一定的利润水平，使股东不至于把公司股票卖掉。对于专家组合来说，他们的利益全在于公司的稳定发展和规模扩大。由于公司的稳定和成长需要积累，所以内部积累是其优先目标。这样可使公司能够更多摆脱工业界和银行界的牵制，并使“专家组合”的地位和权力更加稳固。“技术结构阶层”把动力(关心公司成长)、能力（决策）和压力（公司之间竞争）结合起来，推动着公司的发展。

加尔布雷思认为，公司是现代资本主义经济中最新的和最有意义的经济现象，“技术结构阶层”利用其对经济的支配力，成为现代资本主义社会的统治者。

3. 科斯的企业理论

1937 年，美国芝加哥大学法学院教授罗纳德·科斯（Coase，R.）发表了《企业的性质》一文，提出了关于企业组织的形成原因和规模扩张界限的理论，即科斯的企业理论主要回答两个问题：企业为什么会出现？企业边界是如何决定的？

科斯认为，使用价格机制来协调经济是需要支付成本的，这种成本即所谓的“交易成本”。科斯的交易成本概念指的是市场运作费用。它包括了解产品的质量和相对价格以便进行大量比较和选择的搜索和信息成本、就交易的细节进行讨价还价的谈判和签约成本、督促契约条款的严格履行和承担违约责任的检查、执行成本等。企业存在的原因就在于企业内部的管理协调成本低于市场交易成本。

科斯指出：企业与市场是两种不同的经济组织，是两类不同性质的配置资源的手段。在企业中资源的配置是通过权威关系来完成，由企业家来指导生产，即企业采用管理协调方式。而在市场上资源的配置是采用价格协调方式，两者之间可以相互替代，即人们会根据交易成本的大小，来选择是利用市场机制来达成交易，还是利用企业组织把交易活动内部化。所以，企业制度是市场制度的替代物。当企业比市场更有利于资源配置时，企业就会出现；反之，则市场会出现和存在；若两者相等，则管理协调与市场价格协调效果相同，企业的边界也由此决定。所以，企业的出现一定是企业的交易费用低于市场的交易费用，交易费用的差别就是企业出现的原因。

不过，企业替代市场而采取的规模扩张是有限度的，即“企业的规模必须到达这样一点，在此点上企业在内部组织一宗额外交易的组织成本等于在公开市场上完成这宗交易所需的成本”（科斯，1990，第43页）。“企业的扩大必须达到这一点，即在企业内部组织一笔额外交易的成本等于在公开市场上完成这笔交易所需的成本，或者等于由另一个企业家来组织这笔交易的成本。”（Coase，R.，1988）。这是因为，如果以企业内部化来配置资源的成本高于由市场协调来配置资源的成本，那么，资源的配置就会选择后一种形式。当企业规模扩大时，内部行政费用会上升，只要增加的管理费用小于市场交易成本，企业规模就会不断扩大。当市场交易成本等于企业组织费用时，企业的规模不变，市场制度与企业制度均衡。

4. 阿尔钦和德姆塞茨的团队生产理论

1972年，美国著名产权经济学家阿尔钦（Alchian，A.）和德姆塞茨（Demsetz，H.）在《美国经济评论》发表《生产、信息费用与经济组织》一文。在这篇文章里，他们考察了企业的起源和变迁的多种形式，并提出了团队生产理论。

阿尔钦和德姆塞茨把经济效率和财产私有制联系在一起。他们认为，企业的起源和协作群生产有关，其实质是团队生产。它同时使用几种类型的生产要素，是投入的一种联合与联合使用。但团队产出并不是各要素产出的简单之和，而是产出了一个比投入的分别使用所得到的产出总和更大的产出。在他们看来，资本主义社会的资源所有者通过专业化的协作（协作群生产）来提高效率，由此产生了对那种能促进合作的经济组织的需求。企业中根据不同层级和职能部门、不同工序或工种、不同流水线等形成不同的团队。如果经济组织的计量能力很差，报酬与生产率之间只有松散的联系，生产率将较低。但如果经济组织的计量能力很强，生产率就较高。因此，任何组织形式的企业都需要计量或测量投入与产出。而团队提供的是联合产品，如果仅仅观察总产出，很难确定单个人对他们联合投入的产出所作的贡献，这样也就不可能按照每个人的真实贡献去支付报酬，从而导致出企业成员的偷懒问题。这样，组织成员有可能偷懒而需要监督，监督者也可能偷懒。

阿尔钦和德姆塞茨认为，企业的存在有助于实现团队生产的激励和监督。他们主张赋予企业管理者以所有权和剩余索取权。由于剩余索取权与团队总产出呈正相关关系，所以这种产权安排是有效率的，因为他有动力去提高监督效率。所以，监督者应成为企业的所有者，所有者拥有剩余索取权是资本主义企业的显著特征。

阿尔钦和德姆塞茨分析了资本主义不同类型企业所具有的不同“偷懒—监督”机制，如合伙制和公司制。合伙制是指两个或两个以上的人共同投资并分享剩余，共同管理的企业。与单个企业相比，它是利用自我监督机制，而不是使用“雇主—雇员”合约。合伙制的功能是可以增进协作群生产或队生产规模，从而带来更多的剩余收入，但这只有在每个合伙人都很努力，并且可以相互监督、相互补充或相互信任的基础上才会发生。一般说来，合伙的人越少，越会形成监督、补充或信任机制。随着合伙人数的增加，在合伙人之间会存在着偷懒的可能性。而普遍偷懒，合伙制的成本就会增大，剩余索取量就可能趋于零，这样，合伙制势必瓦解。所以，合伙制一般只是适用于规模较小的企业，且以亲缘关系或朋友关系居多。

公司制的兴起是与进一步解决协作群生产规模与监督成本、与通过专业化的协作来提高生产率，从而与更稳定的剩余索取权联系在一起的。股份有限公司的兴起，适应了技术创新所引起的大规模的协作群生产所要求的大量资金筹措的需要。在股份公司中，资金的筹措是通过股东负有限责任和分享公司剩余物的机制来联结的。股东不参加公司的直接管理和协调，这就大大减少了监督权分享和监督责任分散所带来的巨大费用，消除了在行使监督权过程中的偷懒现象。股东把对公司的监督权外化为股票的存留和抛售上，由多规则的内部监督转化为单规则的外部监督，其有效控制是将决策权转给经理阶层来实现。它的主要功能是与队的其他投入进行谈判，并对它们实行管理（再谈判）。公司股东保有修正管理团体的成员资格和对影响公司结构与解散进行决策的权力。这种所有权和控制权的分离以及利益、责任、权利机制的制衡，极大地提供了经济活动的空间，促进了经济的进步。

5. 委托—代理理论

委托—代理理论最早可追溯到伯利—米恩斯命题。当代委托—代理理论自 20 世纪 70 年代产生以来，已成为经济学体系中一个快速发展的学术领域，其主要代表人物有阿尔钦和德姆塞茨、詹森和麦克林、格罗斯曼和哈特以及莫尔等。以所有权与控制权分离为特点的现代企业制度对两权合一的传统业主制企业的替代，是企业制度发展中的根本性变革。由于股份公司的实际控制权掌握在经理人员手中，股东作为掌握所有权的所有者，实际上是远离企业的。这样，在所有者和公司经营管理者之间就形成了委托—代理关系（principal—agent relationship）。詹森（Jensen, M.）和麦克林（Meckling, W.）认为，委托—代理是指一个人或一些人（委托人）委托其他人（代理人）根据委托人利益从事某些活动，并相应授予代理人某些决策权的契约关系。由于代理人与委托人是不同的经济利益主体，由此就产生了如何有效控制经营者这一现代企业制度的"基本问题"。

詹森和麦克林（1976）认为，由于信息不对称和所有者与经理目标函数的不一致，具有有限理性的经理人会采取有损于股东利益的机会主义行为，如经理人可以热衷于追求额外消费，得到全部好处却只承担一小部分成本，从而造成企业的价值小于所有者直接管理企业时的价值，给企业运作造成一定的代理成本。这种成本是由企业产权结构决定的，只要管理人员不是企业完全的所有者便会产生代理成本。因此，所有者就要想方设法监督和约束代理人的行为，以达到剩余损失最小。同时，经理也会以某种方式作出某些承诺，保证自己会按照有利于所有者的方式行事，以免被所有者降低支付。所有者和经理之间在经过监督和保证活动的调整以后，形成当时条件下最有利于所有者和经理的委托—代理契约。

6. 威廉姆森关于现代公司组织和治理结构的理论

美国经济学家威廉姆森（Williamson, O.）继科斯之后，对交易成本进行了详尽的论述，并运用交易成本的概念，对现代公司的组织结构与治理结构进行了分析。

所谓交易成本是由两个技术可分离单位之间货物或服务转移过程中所发生的费用。交易费用经济学所研究的基本单位是交易，而交易的达成要通过协约，协约的签订和修改则要通过一定的经济组织体制去贯彻。威廉姆森在《资本主义经济制度》（Williamson, O., 1985）一书中对交易费用作了更明确的规定，并将其区分为事前的交易费用和事后的交易费用两部分。所谓事前的交易费用是指起草、谈判、保证落实某种协议的成本。所谓事后的交易费用是交易已经发生之后的各种成本。所以，交易费用经济学着力于研究和比较什么样的经济组织体制更有利于节约交易费用，从而更有利于节约成本，提高效率。由于企业是一个法律实体，控制着一系列的资产，并以自己的名义完成（与其他企业或个人间的）交易，因而它有别于市场治理，其功能在于节约市场交易费用。

1981年，威廉姆森写到："我认为要将现代公司主要理解成许许多多具有节约交易费用目的和效应的组织创新的结果"（Williamson，O.，1981）。他分析说，企业的成长边界或效率边界在于总费用的比较。市场体制和企业体制（企业所需物品是通过市场购买还是通过扩大企业自身生产）均发生由生产费用和组织管理费用构成的总费用。生产费用是指生产单位从技术和产量方面考虑采用市场或企业机构的方法实现联系所形成的费用；组织管理费用是指两个生产单位从组织管理方面考虑采用市场或企业机构的方法实现联系所形成的费用。生产的某些环节是否要内化为企业的一部分需要进行总费用的比较。对于市场上可以大量购买到的生产要素，若将这些交易置于企业之内是不经济的。可见，一体化应该是有选择的，企业效率边界的扩张或收缩均应着眼于总成本最小化。市场在生产成本控制方面占优势，而企业组织则在交易成本控制方面占优势。

威廉姆森认为，市场交易费用来源于市场不确定性、资产专用性及其相关的机会主义行为。企业治理结构引起的成本的大小取决于交易所涉及的资产用途的专用性。所谓资产专用性是指当某项资产越是用于专门的用途，甚至专门化到一个唯一的用途时，就越不可能转移到另一种用途。威廉姆森曾将资产专用性划分为四类，即场地专用性、物质资产专用性、人力资产专用性和专项资产。按照威廉姆森的说法，当资产专用性程度较高时企业组织更具优势，即一项交易所涉及的资产专用性水平越高，该项交易由企业组织进行的成本就越低，企业对市场的比较优势也就越大，企业组织也就越有可能取代市场机制；反之，则由市场取代企业。他在解释人力资产的专用性时讲道：工作中有些人才具有很强的专用性。这可以指某种非常专用的技术专业，也可以是某种特有的信息拥有。在人力资产专用性很强的交易或协约关系中，协约双方都关心交易的长期维持，以保障共同利益。资产专用性原理的实质是要说明生产力中物的要素和人的要素，客观上如何影响或决定企业内部和市场的组织行为和交易行为，即生产力如何决定生产方式和生产关系。

威廉姆森从"契约人"的行为假定出发，分析人的有限理性和机会主义动机和行为，修正了主流经济学关于人是完全理性的行为假定，为正确研究企业治理结构奠定了某种客观基础。人的机会主义行为倾向是指人们常以不诚实的或欺骗的方式追求自身利益的行为。这种行为意味着交易—协约关系仅仅建立在承诺的基础上，那么未来的风险是很大的。例如，当事人会不守信用，并会有意发出误导他人的信息，或者是拒绝向别人透露他持有的而别人需要却又缺少的信息。所以，企业组织的内部结构安排要有利于克服机会主义动机。

威廉姆森认为，现代企业先后采用过三种组织结构：即控股公司结构（H型结构）、一元结构（U型结构）和多分支单位结构（M型结构）。他的这种分析反映了大公司组织管理体制的一种客观变化。H型结构较多出现在由横向合并而形成的企业中。这种结构合并后的子公司还保有较大的独立性，其缺陷是没有一个统筹机构。U型结构是一种高度集权模式。在企业内部，按不同专业职能来划分不同的管理部门，各部门的独立性较小，权力主要集中在最高层的经理手中。这种公司形式虽然有利于生产、销售、财务等各个部门的职能分工和最高管理者的控制，但也存在各职能部门可能偏离总体目标而追逐各自的小目标，以及因管理跨度太大而造成管理的累积性失控等问题。多分支单位结构的"M型"公司是一种分权模式，其优点在于：采用M型结构的大型企业组织的基层公司或经营单位非常灵活并提供明确的以客户为中心的服务，经营决策由独立的分部各自作出；在公司中，设立一个统筹机构，由直接附属于总部的所谓"精英集团"通过提供参谋和审计等方式而有助于总部对分部的控制；在高层，总部负责战略决策或长期发展规划和目标，只注意总体的绩效面不直接过问各部的绩效；事业部与总公司之间相互联系和协调，推动整个集团或公司向实现其战略目标迈进。由于M型公司克服了U型公司的缺点，直到20世纪60年代，这种公司组织形态一直是发达国家大公司采取的普遍形式。

7. 利益相关者理论（Stakeholder Theory）

利益相关者理论是20世纪60年代左右在西方国家逐步发展起来的。该理论的产生和发展得益于潘罗斯（Penrose）、安索夫（Ansoff）等人的开创性研究和弗里曼（Freeman）、布莱尔（Blair）、米切尔（Mitchell）等学者对其整体框架和实际应用作出的突出贡献。

该理论认为，与传统的股东至上主义不同，任何一个企业都有许多利益相关者，如投资者、管理人员、供应商、分销商、员工、顾客、政府部门、社区等。任何一个公司的发展都离不开各种利益相关者的投入或参与。他们都对企业的生存和发展进行了专用性投资并承担由此所带来的风险。企业的经营决策必须要考虑他们的利益，并给予相应的报酬和补偿。玛格丽特·M. 布莱尔（Blair，1999）主张，企业内的产权安排应该“将所有权的权利和责任赋予那些控制关键资产的人，并且它们将为那些投资于这些处于风险中的资产的集团提供某种保护”。所以，为了保证企业的持续发展，企业的经营管理者必须为综合平衡各个利益相关者的利益要求而开展管理活动。企业应该将其剩余索取权和剩余控制权在主要利益相关者之中进行分配，而不同的分配方式将会产生不同的绩效水平。该理论促进了企业管理理念和管理方式的转变。

8. “分享经济”理论

当代西方发达资本主义国家出现了所谓的“分享经济”（又称员工持股计划或雇员股份制）。它是指相当多的公司职工以所谓劳动财产权来取得对公司股份的持有，并分享公司的资产收益。具体讲是指企业职工买下本公司的全部或部分股票、拥有该企业部分产权或全部产权、共同成为企业的所有者来参与企业的经营、管理和利润分配，是通过产权的重新分配来达到企业收入的重新分配。

雇员股份制兴起于美国，其实践可以追溯到18世纪末。当时，被誉为职工持股之父的阿伯特·格来丁（Albert Gallation）曾主张，民主不应该仅限制在政治领域，而应当扩展到经济生活中来。20世纪20年代，美国曾掀起过所谓“新资本主义”的员工所有制运动，但这一运动随后被淹没在30年代的大萧条之中。

1958年，经济学家、公司法律师路易斯·凯尔索（Kelso，L.）与著名哲学家阿德勒（Adler，M.J.）合写了《资本家宣言》一书，把雇员股份制称之为“民主的资本主义”。他提出了“两要素论”（Two－factor theory），即生产要素只有两种：资本与劳动。财富是由劳动和资本这两个要素共同创造的。在正常的社会经济运行中，任何人不仅通过他们的劳动获得收入，而且必须通过资本来获得收入。由此，凯尔索希望能创造一种法律体系，使人们都有可能获得劳动收入和资本收入这两种收入，即劳动者应该通过持有股权、拥有一定的生产性资源来参与企业剩余的分享。

从研究资本主义社会贫富悬殊出发，凯尔索认为，自工业革命以来，随着科学技术的发展，劳动投入对产出的贡献急剧下降，资本已经变成产生财富的主要手段。如 18 世纪中叶，美国的商品只有 5% 是由资本创造的，而到 20 世纪 50 年代，则由 90% 以上是由资本创造的。这样，职工就由于缺乏资本所有权而不能分享资本收益，财富日益集中在少数掌握资本的人手中。在美国，职工拥有产权之前，企业中的产权、经营权和利润分配权均被资本股东所控制，即资本是获得财产分配的唯一要素，以至形成了“资本——董事会——经理——工人”这样的运行体制。虽然资本家按时付给工人一定的报酬，但工人在生产中既没有自主权，在分配时也不享有剩余价值。这样，依靠劳动收入的员工，生活水平很难有较大幅度的提高，这就造成了资本家与工人收入差距的日趋扩大，挫伤了工人的劳动积极性。如果这一趋势继续下去，必然会危害社会的稳定和资本主义制度的安全。政府在对财富的再分配过程中，税收被用于转移支付，结果导致了高预算赤字。凯尔索认为，为了促进社会公平，激励生产劳动，应该按照双要素财富观，建立民主资本主义经济。他认为，以财富的重新分配为目的的雇员股份制，使得普通百姓能够参加资本收益分享。这是一条有效地使劳动工人同时成为资本工人的道路。雇员股份制依据的理论假设是：一旦劳动者在法律上、经济上占有了企业的财产权，并以此分享剩余利润的一部分，他们出于自身利益得失的考虑自然会更好地工作，从而提高生产积极性和创造性。所以，工人为自己劳动的关键是在法律和经济双重意义上拥有所在企业的资产。

1967 年，凯尔索联合公司成立了“员工持股计划发展中心”，并创办了一家投资银行，为职工购买企业股票提供贷款。自此，美国的“分享经济”迅速兴起和推广。在实行雇员股份制的公司里，产权、管理权和分配权均属于本公司全体员工所有。公司成员按照“一人一票、不得转让”之原则，直接或间接地选举本企业的管理者，若干个管理者共同组成公司管理委员会，由管委会来聘请经理。在公司运行的全过程中，内部关系由管委会来协调，外部关系由市场来调节。员工一旦死亡或离厂，其股金可以被继承，但选举权和利润分配权不得转让。这样，“本公司员工——管委会——经理——工人”这一新的运行体制就取代了“资本——董事会——经理——工人”这样的传统运行体制。

作为西方倡导雇员股份制的第一人，凯尔索的“两要素论”揭示了员工阶层贫困的原因。他在保持私有资本所有制的前提下为员工阶层找到一条缓解或摆脱贫困的道路。但他的理论分析是资产阶级庸俗经济学生产要素分配论的翻版。

进入20世纪70年代，资本主义社会陷入高失业和高通货膨胀的“滞胀”。为此，美国麻省理工学院经济学教授马丁·魏茨曼（Weitzman, M. L.）又于1984年出版了《分享经济：用分享制代替工资制》一书。此书以寻求解决滞胀的途径为线索，表达了与凯尔索相似的思想。这对人们认识和接受雇员股份制产生了重要影响。

威茨曼认为，“当今的主要经济问题，从本质上看不是宏观的而恰恰是微观的行为、制度和政策问题”（威茨曼，1986，第2页）。停滞膨胀的根本原因不在于生产，而在于分配，在于资本主义现存工资制度的不合理，即“停滞膨胀……产生于一种特殊的劳动支付方式，即厂商对雇员的报酬是与某种外在的核算单位（典型的代表是货币或者生活费用指数）相联系的，而这种核算单位的价值既与厂商的经营状况无关，又与厂商所做或所能做的一切无关”（威茨曼，1986，第2页）。

威茨曼从分配领域出发把雇员的报酬制度区分为工资制度和分享制度两种模式，并分析了传统工资制度和分享制度的不同特点。他认为，在美国现存工资制度下，由于员工得到的报酬与厂商追求利润最大化的经营目标没有联系，这样就导致了美国经济中，“占支配地位的行为方式是稳定的工资和可变的就业”，而“一旦工资固定下来，厂商基于利润最大化的考虑，对需求变化作出的反应主要是在产品数量方面，而不是在价格方面”（威茨曼，1986，第31页）。因为价格一般是按照成本加成方法确定的，由于工资固定，劳动成本固定，成本不能变动，价格也就不能变动。所以，当市场需求收缩时，厂商必然选择维持既定的产品价格，削减产量，以便保持人工成本与劳动所得相等，否则会因人工成本不能变动时降价而亏本。这样，在市场收缩、产量减少时，必然会引发普遍的社会失业。为了帮助失业者摆脱困境，政府不得不实行福利政策，结果导致通货膨胀。这样，“高失业和高通货膨胀日益紧密地缠绕在一起。……高失业和高通货膨胀周期交替出现，并且经常同时发生”（威茨曼，1986，第1页）。

威茨曼认为，“停滞膨胀的最终解决需要通过改变劳动报酬的性质来触及现代资本主义经济的运行方式，并直接在个别厂商层次上矫正根本的结构缺陷”（威茨曼，1986，第2页），基本做法是把工资制度改变为分享制度。在分享制度下，“工人的工资与某种能够恰当反映厂商经营的指数

（比如厂商的收入或利润）相联系”（威茨曼，1986，第2页），并能自动按照这些指数的变动而调整。这样，工人和雇主在劳动市场上达成的就不再是固定工资的合同，而是“劳方和资方共同商议……分享比率”（威茨曼，1986，第5页）。在分享制度下，雇员的工资可能是“单纯”的，即完全取决于企业的业绩；也可能是“混合”的，即雇员的工资由固定的基本工资和利润分享两部分组成。工人的报酬和工人受雇的数量呈反比例。对企业来说，只要增加的收益大于人工的边际成本，它们就对劳动力有需求。当总需求受到冲击时，企业可以通过调整利润分享数额或比例来降低价格，扩大产量和就业。这样，分享经济具有兼顾保证充分就业和抑制通货膨胀的双重作用。“由于分享收入制度具有消除失业、扩大生产和降低价格内在倾向，因而工人的情况乃至整个经济情况在分享收入制度下会更好”（威茨曼，1986，第5页）。魏茨曼认为，要实施分享制，员工持股计划是一种有效的形式。他建议政府帮助企业成立专门机构，制定分享制度的标准，用减税立法等形式来促成分享经济的实施。

20世纪70年代中期后，在双因素经济理论和分享经济理论影响下，发达资本主义国家的雇员股份制发展很快，并成为一种普遍现象。这些国家广泛流行利润分享、市场价值分享、所有权分享和管理权分享等劳动报酬形式。各国政府通过一系列法案的制定，为职工的利润分享收入和职工持股提供减税待遇，以鼓励这一分配制度的推行。

在美国，20世纪70年代中期后，许多企业开始有计划地组织实施雇员股份制。政府和国会相继通过了一系列法案，为实行这一计划的企业及有关各方面提供税收优惠。其中影响较大的有参议员拉塞尔·郎提出并通过的《雇员占有公司股份财产计划》、1975年的《减税法》、1976年的《税制改革法》等。其后，美国有关员工持股计划的立法不断完善。如1980年通过了《克莱斯勒贷款法案》，要求克莱斯勒汽车公司建立ESOP（即雇员股份制），作为取得14亿美元联邦政府贷款的保证条件。1981年通过的《经济恢复优惠税法》中规定，如果雇主把一定数目的资本用于ESOP，可减征相同数量资本工资税的0.6%。1984年的《直接减税法》又规定，银行贷款给ESOP，利息所得税可减免50%。另外，1986年的《税制改革法》、1996年的《中小企业就业保护法》、1997年的《纳税人减赋法》和2001年《经济增长与减税调节法》等，也推动了员工持股计划得到进一步发展。美国的一些公司借助实行职工持股，来享受政府减免税收的优惠。目前美国推行的员工持股计划与退休计划结合，是一种福利计划。它将员工的收益与其对本公司的股票投资相联系，将职工的收入与企业的效益、管理和员工自身的努力等因素相联系。这样，工人就在一定程度上增强了责任感。据 ESOP 协会的统计数据显示，截至 1999 年年底，美国员工持股计划拥有的总资产达到 5000 亿美元，几乎覆盖了美国所有的产业。另据相关统计，实行员工持股计划的银行或公司，比没有实行员工持股计划的公司，其生产效率要高出 52%，营业额增长幅度要高出 46%。现在美国 90% 以上的上市公司和排名世界 500 强的公司都实施了这一计划。

美国的员工持股计划（Employee Stock Ownership Plans）在世界范围得到认同，英、法、日、德等国家纷纷效仿。英国的员工持股计划兴起于 20 世纪 70 年代，80 年代以后，在金融立法及私有化运动的双重推动下进入稳步增长时期。到目前，英国约有 1750 家公司、200 万员工参加了政府批准的员工持股计划。英国的 ESOP 不同于美国，它是作为一种雇员的利润分享方式，并享受政府减税的优惠。法国的 ESOP 开始于 20 世纪 60 年代末。它允许用利润分享所获得的奖金来购买企业股票，因而本质上是一种利润分享计划。自 1987 年希拉克政府实行私有化政策以来，法国约有 50 万雇员在本企业入股，工业部门企业员工持股率超过 50%，金融部门的员工入股率超过 50%，有的甚至达到 90% 以上。法国上市公司的2/3企业实行利润分享制。不过，法国的雇主由于担心资金失控，职工股所占比例都较低，一般为企业资本的 10% 左右。日本企业实行职工持股计划始于 20 世纪 40 年代。当时，由于解散财阀，大量股权优先售予了其内部职工。20 世纪 60 年代初，日本加入国际经济合作与发展组织后，必须实行资本自由化，放宽对外商直接投资的限制。为了有效防止股票被包买、企业被兼并，同时也为了增强企业职工的归属感和调动职工的生产经营积极性，日本积极倡导实行职工持股计划。据 1991 年《东证要览》统计，在 1989 年全部上市的 2301 家公司中，有 1877 家实施了职工持股计划，占 92.4%；从参加的人数来看，持股职工已有 228.5 万人，占这些企业职工总数的 45.4%。在非上市公司中，职工持股制度也非常普遍（梁爱云，2001）。日本公司员工分享的企业利润占企业利润的 42%—67%。德国把实施员工持股作为吸引员工参与管理、保留人才和促进企业发展的一项基本制度。

由上可知，西方主要发达国家的职工持股计划获得了长足地发展。它在缓和劳资关系、增加职工收入、提升企业经营绩效方面表现出了一定的积极作用。不过在实行 ESOP 的企业中，资本家的统治并未削弱。因为虽然一部分雇佣劳动者也拥有少量股票，但这并不能使他们拥有可以影响公司的股权。从少量股票中得到的股息收入与他们的工资收入相比，只占辅助地位，因而也并没有改变其无产者的地位。大垄断资本不仅控制着自己的资本，而且凭借股票的分散，可以用自己少量资本去控制和操纵全部社会资本。因而雇员股份制在当代发达资本主义国家的发展，不仅没有改变资本主义生产资料的私有制，反而加强了资本的统治。

2.2　西方现代产权理论

西方现代产权理论是在批判传统的西方微观经济学和福利经济学的一些缺陷的基础上，对新古典经济理论进行修正、扩展而逐步形成的。它以产权和制度为主要研究对象，着重分析现代市场经济中产权及其结构和安排对资源配置及使用效率的作用和影响，其主要代表人物有科斯、诺斯、威廉姆森、德姆塞茨、张五常等。

2.2.1　关于产权的定义

由于对产权本质的认识角度不同，西方产权理论中的“产权”是一个含义极不确定的概念。关于产权的定义有许多种，如：

德姆塞茨认为：“产权就是使一个人或其他人受益或受损的权利”（科斯等，1991，第 97 页）。这是现在西方经济学界普遍接受的一个定义。他还认为，实际产权越是接近于完整产权，则人们生产能力的成果归己所有的预期就越稳定，人们越会寻找更有利的方式来使资源得到更有效的利用。

阿尔钦认为：“产权是一个社会所强制实施的选择一种经济品的使用的权利”（阿尔钦，1994，第 97 页）。

菲吕博腾和配杰威齐认为：“产权不是关于人与物之间的关系，而是指由于物的存在和使用而引起的人们之间一些被认可的行为性关系……社会中盛行的产权制度便可以描述为界定每个在稀缺资源利用方面的地位的一组经济和社会关系”（菲吕博腾、配杰威齐，1991，第 204 页），即产权是一组经济和社会权利。因此，在鲁宾逊的一人世界中或在资源无限供给的社会中，产权不会存在。

英国学者 P. 阿贝尔认为：“我所说的产权含意为：所有权，即排除他人对所有物的控制权。使用权，即区别于管理和收益权的对所有物的享受和使用权。管理权，即决定怎样和由谁来使用所有物的权利。分享残余收益或承担负债的权利，即来自于对所有物的使用或管理所产生的收益和成本分享和分摊的权利。对资本的权利，即对所有物的转让、使用、改造和毁灭的权利。安全的权利，即免于被剥夺的权利。转化权，即所有物馈赠给他人或下一代的权利。以上尚未列举的一些权利：即不对其他权利和义务的履行加以时间约束的权利，禁止有害使用权利的权利”（P. 阿贝尔，1990，第 15 页）。在 P. 阿贝尔看来，产权是一个比所有权更为宽泛的，包括一切关于财产权能在内的经济学范畴，其内涵包括所有权、使用权、管理权、收益权、对资本的转让、重新获得权及其他一切相关权利。

诺斯认为：“产权本质上是一种排他性权利”（道格拉斯·C. 诺斯，1991，第 21 页）。

《新帕尔格雷夫经济学大辞典》中的定义是：产权“是一种通过社会强制而实现的对某种经济物品的多种用途进行选择的权利”。

另外，西方学者对产权所包括的具体权利有各种不同的解释，其中 R. 库特和 T. 乌伦的解释是较有代表性的一种。他们认为，这些权利包括占有、使用、改变、馈赠、转让和阻止他人侵犯其财产的权利（R. 库特、T. 乌伦，1991，第 124 页）。

综上所述，西方学者从各自的视角对产权的定义作出了不同的表述，很难找出一个既全面又精确的定义。巴泽尔对此曾有过相当中肯的评价，他说：“‘产权’这一概念令经济学家高深莫测，甚至时而不知所云，因此其解释权似乎非法学家莫属。但‘天下英雄，舍我其谁’的习气又使经济学家欲罢不能，而提出自己对这一概念的理解。这两类学者对产权的内涵各取所需，却又各得其所。假如当时经济学家能另造一个名词，与法学概念划清界线，局面应当不至于如此混乱；但因事倍功半，是以时至今日，仍在沿用旧词”（巴泽尔，1997）。

西方产权理论虽然对于“产权”概念有多种解释，但大体概括起来可以认为，产权不是指人与物的关系，而是由于物的存在及其使用所引起的人们之间的相互关系。它是一种由法律规定和实施的，由使用权、支配权、收益权等权能组成的排他性独占权，是在资本主义私人财产明晰的前提下，研究私人财产及其派生权利对市场交易中的资源配置效率问题而形成的范畴。在西方现代产权理论中，产权的内涵比所有权宽泛，其中，所有权是最根本的，其他权能是派生的。

2.2.2　科斯定理与产权明晰

科斯是现代产权经济学的奠基人和最重要代表。他开创了交易成本—产权分析的思路。科斯在 1937 年发表的《企业的性质》一文中第一次将交易成本范畴引入经济分析中，探讨了不同的制度选择与交易成本的关系。自此以后，交易成本成为现代产权理论中最基础、最重要的概念，它被定义为人们从事某种经济活动所付出的非生产性成本，即生产成本之外的交易过程中的费用，即交易费用。科斯在 1960 年发表于《法学与经济学杂志》第三卷上的“社会成本问题”一文中，又进一步提出了产权的界定和安排在经济交易中的重要性。该文被认为是现代产权经济学讨论的起点。科斯的产权理论现在通常被称为“科斯定理”。

有的西方学者认为，被称作科斯定理的命题，源于科斯 1959 年发表的《联邦通讯委员会》一文中的一句话：“权利的清晰界定是市场交易的基本前提”（Coase，R.，1960）。但对于什么是科斯定理，科斯自己没有解释，西方经济学界则众说纷纭。

第一次把科斯的命题命名为“科斯定理”的是乔治·J. 施蒂格勒。但他并未予以肯定，而是说：“我们这代老经济学家一直持有与此定理相反的观点，而那些年轻读者对此则习以为常。因此这一命题在老经济学家眼里比在年轻人眼里更为奇特”（乔治·J. 施蒂格勒，1992，第 113 页）。

在施蒂格勒之后，西方经济学家对科斯定理作了各种各样的解释。科斯定理研究者 R. D. 库特把科斯定理的多种解释分为三类：自由交换论、交易成本论和完全竞争论。

按照自由交换论，科斯定理是：只要产权明晰，允许私有者在市场上自由交换，交易成本就会降到最低，甚至成为零，财产的法定权利的最初分配就不影响经济效率。

按照交易成本论，科斯定理是：只要交易成本为零，财产的法定权利的最初分配就不影响经济效率。因为在这种情况下，即使产权的初始安排不合理，市场竞争机制也会通过产权交易自然而然地实现资源的优化配置。但科斯认为，实际上产权交易是有成本的。在交易成本为正的世界中，某种正式权利的明确界定或某种正式权利明确地赋予谁，对资源配置和经济运行效率是至关重要的。不同的产权安排，交易费用不同，从而对资源配置效率具有不同的影响。

按照完全竞争论，科斯定理是：只要能够在完全竞争市场上进行交换，财产的法定权利的最初分配就不影响经济效率。

科斯定理的三种解释表明，科斯产权理论试图提出并回答的中心问题是产权界定或产权清晰与经济效率的关系。他认为，传统经济学虽然深刻地分析了市场机制的缺陷，指出了国家干预的必要性，但他们没有从产权配置角度考虑和分析问题。市场运行之所以存在缺陷，其根源在于产权界定不清，导致交易过程的摩擦和障碍，因而提高了交易费用，影响了资源配置的效率。因此，解决市场缺陷问题的关键，不在于国家是否应该干预经济，而在于如何明晰产权以减少交易费用。科斯认为，明晰的产权制度是产权自由交易的条件，并有助于降低交易费用，从而有利于实现资源优化配置，达到帕累托最优。反之，如果产权不明晰，交易费用就会很高，甚至高到使产权交易不能进行的程度，从而阻碍资源配置的优化。

科斯关于产权与经济效率关系的命题，即只要私有产权清晰，资本主义市场经济总是有效率的这一命题，没有得到任何证明。资本主义市场经济的全部历史证明，这一论断无法成立。西方微观经济学的市场失灵理论也可以证明，科斯的这一论断是错误的。因为在各种市场结构中，只有理想世界的完全竞争市场有效率，而现实世界的垄断市场、寡头市场、垄断竞争市场尽管也都以私有产权为前提，但都不同程度地缺乏效率。至于理想的有效率的完全竞争市场，萨缪尔森说，从来就没有存在过。可见，“科斯定理”禁不住逻辑检验，也禁不住历史检验和实践检验。西方经济学家在研究和说明“科斯定理”的应用范围时，强调“科斯定理”的“应用范围有限”，“只应用于某些特定环境”，“它通常应用的领域并非是现实世界的常态”（Eric Elder，1991，pp. 303—304）。

可是，科斯的追随者力图扩大“科斯定理”的应用范围，竟然把“科斯定理”用来作为我国经济体制改革的指导思想。经过他们“中国化”、“本土化”后的“科斯定理”是：只要产权清晰，市场经济的一切问题都会迎刃而解。他们关于社会主义国家国有企业产权改革的基本观点和主张是：公有制产权不清晰，只有实行私有化，把社会主义公有制变为资本主义私有制，把社会主义公有产权变为私有产权，产权才清晰，经济才有效率。所以，如果我们的社会主义市场经济中的产权改革以科斯产权理论为指导，就必定实行私有化。果真如此，社会主义公有制就必定会变成资本主义私有制，社会主义公有产权就必定会变成资本主义私有产权，社会主义市场经济就必定会变成资本主义市场经济（吴易风，2007）。

下篇

股份制企业及其比较

第3章
美国的股份制企业

3.1 概　　述

美国是当今世界上股份经济最发达的国家，但其股份公司的出现和发育成熟却比欧洲国家要晚。1837 年，康涅狄格州颁布了第一部一般公司法。依据该法，公司的创办人向州官员呈交一份确切的事实资料即可，州政府仅仅起一个登记处的作用。之后，美国的其他各州也相继采纳了康涅狄格州的一般公司法。

美国实行的是典型而成熟的资本主义制度和市场经济体制，其经济基础为私有制。美国企业制度的基本原则是自由经营、自由竞争、平等竞争。每个人都可在依法注册登记、依法纳税的前提下，自由创办企业；在切身利益驱动下，在市场机制引导下，选择自己投资、经营的方向和领域，决定自己的产品和服务的价格，同时自己承担经营风险。只要企业活动是在美国有关法律允许的范围内发生，政府就无权过问或干预其在市场上的生产经营活动和人事管理。

美国的国有企业是发达国家中最少的。私人企业是其企业的主体，在国民经济中起着基础和主导作用。美国企业的制度类型主要包括单人业主制（独资）、合伙制、股份制三种。美国现有各类企业 2000 万家，其中最多的是个人业主制企业。在 20 世纪 90 年代，美国企业如果按户数计，业主制占 73.7%，合伙制占 7.7%，股份制占 18.5%。但是，如果按全美国销售收入计算，股份制占 90%，业主制占 6%，合伙制占 4%。2000 万家企业中有 500 家大公司。这些大公司经济技术实力雄厚，是美国当前最重要的企业组织形式，在社会经济活动中起着决定性作用，是国民经济的支柱，在世界上也占据重要地位。在美国，一般大型企业都是公司制企业，如美国《幸福》杂志公布的1995年世界500家最大公司中，美国就占了153家。美国公司自己决定股票是否需要上市。股票上市须按政府制订的严格的法律程序申请，上市的公司中以大型跨国公司为主，美国大多数企业股票不上市。

股份制是在业主制、合伙制的基础上发展演进而来的。美国公司制的主要特点是：公司享有法人地位，股东对公司债务承担有限责任，经营管理工作专业化，公司所有权与经营权的高度分离，公司发展资金来源广而分散，其中以直接融资为主，以间接融资为辅，自有资金达75%。

美国公司的法人地位确立于19世纪初。1816年，美国高等法院首席法官马歇尔在达摩斯学院一案的判决书中，对公司的法人地位作了明确描述。他写道："一个股份公司是一个人为的实体，看不见，摸不着，只能依照法律的意旨而存在。作为纯粹的法律创造物，公司仅仅拥有允许其成立的特许状所赋予它的那些特性……特性当中，最重要的就是它的永久性。由于它们，多人的永恒继承权被认为同个人的永恒继承权一样，可以作为单个人的权利来行使。这些特征，使得公司可以管理自己的业务，掌管自己的财产，并避免由于财产转让的不断进行而带来的错综复杂的事务及危险的、无穷无尽的困境"（Henry, S. 1963, pp. 221—222）。这样，公司在法律上就被看做是具有永久生命的法人，即公司获得了法律的人格，这就为公司的发展奠定了重要的基础，也解决了股东出资变化与公司延续之间存在的矛盾。当股东不愿继续投资该公司时，他可以将自己的股票转卖给他人，而不能撤回资本。

在有限责任原则确立之前，无限责任使公司筹资难度很大。在此压力下，马萨诸塞州于1830年、纽约州于1848年分别立法，准许股东对公司债务承担有限责任，即股东以自己所认公司股份为限，对公司的债务负责。到1860年，有限责任制已在各州普遍推行（Gary, M. and Ross, M. R., 1983, p. 259）。这一原则的确立，标志着美国公司法人产权的诞生，即法人财产与股东财产的分离。此后，股东不能挪用公司的财产以作私用，公司的债务也不必由股东承担无限责任。股东对公司的债务以所购股份为限，而公司对其债务则以自己的资产为限，公司真正成了自负盈亏的法人实体。

经营管理工作专业化即由个人式、经验式管理走向以科学为基础的机构治理。美国最初的公司规模大都偏小，管理也不复杂，普遍实行个人式的管理。从 19 世纪 40 年代开始，随着铁路业的发展进入高潮，铁路公司纷纷以机构治理代替个人式管理，明确规定各个部门的职权，使之各司其职，各负其责。领薪金的中层经理们通过按职能划分的各个部，监督下层经理的工作。最高管理层由副总裁、总裁以及董事会主席组成。依法组成的董事会所属行政委员会以及首席行政官监督下面各部门的工作，规定企业的总政策。大量下层和中层经理人员是经过专门培训后从学校里征聘来的（陈宝森，1997）。

在铁路公司建立现代管理机构的同时，美国工商企业的规模也在迅速扩大。它们也鉴于铁路公司的成功经验，开始着手建立现代管理机构。到 20 世纪 20 年代，各工商业公司都建立起以科学为基础的机构治理，使公司更能适应社会化大生产对企业规模扩大的要求。

所有权与经营权高度分离是指所有权属于全体股东，经营权则落到了经理阶层手中。美国建国初期，公司的经营者大多是公司的大股东。这主要是因为当时的公司规模普遍偏小，股东人数不多。但是，随着铁路公司的兴起，这种现象受到了强烈冲击。由于铁路公司所需资金数额巨大，不得不增加股东人数，在全国乃至国际范围内广泛筹款。据统计，1853 年，纽约中央铁路公司的投资者已达 2445 人（中国美国史研究会，1994，第 128 页）。这就使得各个股东在股份总额中所占比例越来越小，股权分散化倾向明显，股东凭借拥有大量股票而插手经营的可能性降低。到 1929 年，股权分散化已达到极高程度，所有权与经营权高度分离，这就意味着公司管理的职业化。因为，公司规模扩大使得公司的管理日益复杂，股东们的管理水平与知识已经不能满足需要，公司的管理权日益落入精通管理的经理阶层之手（程文进，2000）。

3.2　股权结构和公司治理

3.2.1　股权结构

1. 公司股权的高度分散

股权结构是企业制度的核心和基础，决定着企业制度的各个方面。具体讲，它是指公司股东的构成，包括股东的类型及各类股东持股所占比例、股票的集中或分散程度、股东的稳定性及高层管理者的持股比例等。从一个企业最大股东持股比例的大小，可以将企业分为两类，即股权分散型和股权集中型。按美国的有关规定，股权分散型企业，指不存在持股比例超过5%的股东，而股权集中型企业，指存在持股比例超过5%的股东。

在美国的股份制度中，从股权结构来看，公司股东主要有两类：一类是个人股东，另一类是法人（机构）股东。股权的拥有者最初是自然人，后来逐步演变为以作为“个人股东的变形”的机构投资者为主。在1990年以前，美国公司的股票还基本上由个人（家庭）持有。股份公司以股权分散和总经理持少量股份为特征（Fama，F.，1980，pp.288—307）。高度分散化的个人产权是美国现代企业制度的所有制基础。在美国成年人中，几乎人人直接或间接持股。美国公司有50%以上的股权分散在众多个人股东手中。

1990年以来，公司一般股东与企业的关系趋于淡化，法人（机构）持股发展很快。共同基金（mutual funds）、养老保险基金（pension funds）等这类机构投资者拥有公司的股权比例达到45%以上，成为公司最大的股东。以股票市场价值计算，在最大的100家美国公司中，机构投资者的持股水平为53%。美国的机构投资者除了养老金基金、共同基金外，还有投资基金、信托投资等非银行机构及慈善团体等。机构持股之所以发展很快，是由于经济规模的扩大，市场组织形式的复杂化，使得股市交易中的“信息不对称性”越来越明显，分散的自然人在市场竞争中处于劣势。为了尽量减少“信息不对称性”所带来的机会成本和损失，也为了直接降低交易费用，分散的自然人便委托共同基金等机构投资者，专职于包括股票市场在内的投资。这些基金形式的机构投资者仍然以具体的自然人为直接基础。它不以支配产权为目的，而是以目标企业的盈利性和有价证券的收益性为依据而进行投资与证券买卖。

不过，机构投资者的持股总量尽管很大，但在一个特定公司中常常最多只能持有1%的股票。人寿保险、银行和其他种类的大企业，基本上不持有其他公司的股份，也没有企业之间的相互持股现象。这就造成了美国大公司股权十分分散的状况：一个大公司往往有千千万万个股东，其中最大的股东拥有的股权也很少超过5%。这种分散的股权结构产生了典型的伯利—米恩斯效应，即“强势经营者，弱势所有者”（Mara，F. and Larry H. L.，2002，pp. 365 – 395）。

近些年来，美国的股权结构开始发生变化，公司高级职员和董事通过直接股权和大量使用的股票期权而被赋予股权和盈余激励，从而使得内部股权所占比重大大提高。机构投资者重要性的日益提高也意味着美国公司的所有权结构变得更为集中。这一发展意味着美国公司的股权开始向以内部持股和大股东为特征的欧洲公司的所有权结构趋同。

2. 公司股权高度分散的原因

（1）法律与制度的决定性影响。美国有反对金融势力集聚的传统。1863 年，美国国民银行法案曾把商业银行的业务限制在一个州的范围之内。1933 年，美国通过格拉斯—斯蒂哥尔法（the Glass—Steagall Act），规定商业银行与投资银行相互分离，商业银行自己不得直接持有工商企业的股票。如果商业银行持有公司的股票，必须事先得到美联邦储备银行的批准，而且还必须是一个“消极的”（Passive）股东，即不得参加投票和干预公司活动。这就基本上把银行从公司的股东队伍中排挤了出去。1996 年 12 月 20 日，美国政府宣布放宽对商业银行经营业务范围的限制，允许商业银行从 1997 年 1 月 1 日起申请经营股票、债券、保险、房地产以及以前从未经营过的一些业务。但仍禁止商业银行直接持有工商企业股票，银行的控股公司也不得持有任何非金融性企业 5% 以上有表决权的股份。另外，美国的反托拉斯法反对公司间相互持股，证券法也不鼓励任何投资者集中持有一家公司的股票。所以，尽管从总体上看美国公司的机构持股力量在最近的 20 余年增长明显，但由于法律与制度的限制以及强有力的司法保护鼓励投资者成为小额所有者，银行、保险公司及互助基金等金融机构在每家公司的持股比例都不大，从而并未引起公司股权的高度集中。

（2）美国的股权分散与金融机构本身的性质、偏好及能力相关。养老基金是为了未来支付公司职工退休基金，因此不能用于较大的风险投资，必须尽量地持有多家公司股票，以使风险降到最低程度。所以“雇员退休收入基金法”（ERISA）就要求退休基金投资必须多样化。如果退休基金在一个公司持有的股票超过 10%，就会在税收上受到惩罚。共同基金也是同样如此。它如果在任何一个公司的持股量超过 10%，也会受到重税的惩罚。由于美国金融机构受其资金来源性质的制约而投资分散化，所以它们的持股并没有引起公司股权分布的集中化。

(3) 美国的股权分散也和其政治、文化与历史等的影响有关。在美国，个体主义和平民主义思想较重，人们对权力的集中有一种持久的不信任感，股东与管理当局之间的关系很脆弱，股东一旦对管理当局的忠诚存有担心，就会在投资时分外谨慎，因此，分散的股权结构更加有效。另外，美国人向来反感财富过分集中，因而政治家总是设法迎合大众情绪，通过制定法律来控制财富的过度集中（Matthew Bishop，1994），对金融结构进行政治约束。美国政府故意拆散金融机构，使金融机构没有足够的财力去过多地持有公司股份（冯根福，1997）。

3.2.2　公司治理结构

公司治理（Corporate Governance）是现代企业制度的核心。它要研究和解决的问题是如何使资金的提供者按时收回投资并获得合理的回报（Shleifer and Vishny，1997）。

公司治理结构是指在所有权和控制权分离的条件下，为保障财产所有者利益而在所有者和代理人之间形成的一种契约关系和制度结构。它主要包括董事会的结构和职能、如何行使控制权、经理人员和职工的关系、如何设计和实施激励机制等内容。它是现代企业制度的重要组成部分，也是现代企业增强竞争力和提高经营绩效的必要条件和前提（李俊江、李晗、盛冰樨，2003）。

从历史上看，不同国家由于具有不同的政治和经济制度以及不同的社会传统和法律体系，因而演化出不同的产权结构、融资模式和要素市场，进而形成了各异的公司治理结构模式。

在发达市场经济国家，传统上将公司治理结构的主要模式分为三类，即以美英为代表的外部监控模式（又称市场导向型模式）、以日德为代表的内部监控模式（又称银行导向型模式）和以东南亚为代表的家族监控模式。

美国的外部监控性公司治理模式又称为新古典式公司治理模式，其特点主要有以下几个方面：

1. 以股东价值最大化为公司治理目标

美国公司融资主要是通过发行债券和股票的方式从资本市场上直接筹措，且股权分散，流动性强，较少依赖银行融资。由于融资结构以股权资本为主，股东是公司的所有者和剩余索取者，其公司治理就必须遵循

“股东至上”原则，更多地关注股东利益，即股东利益高于一切。公司治理的目标是保证投资者能够获取最大的回报。股东价值的最大化被视为社会利益的最大化，而公司的其他利益相关者如雇员、债权人等获得的仅仅是固定报酬，其利益难以体现。银行对公司治理的参与主要表现为通过相机治理机制来运行，即当公司破产时可以接管公司，将债权转为股权，从而由银行对公司进行整顿。当公司经营好转时银行则及时退出，无法好转时才进入破产程序。

2. 美国没有监事会，董事会（The Board of Directors）履行监事会的职责，是单层委员会制，并实行内部和外部董事混合的董事会模式

美国公司治理模式的框架由股东大会、董事会及首席执行官三者构成，其中董事会是公司治理的关键（如图 3－1 所示）。

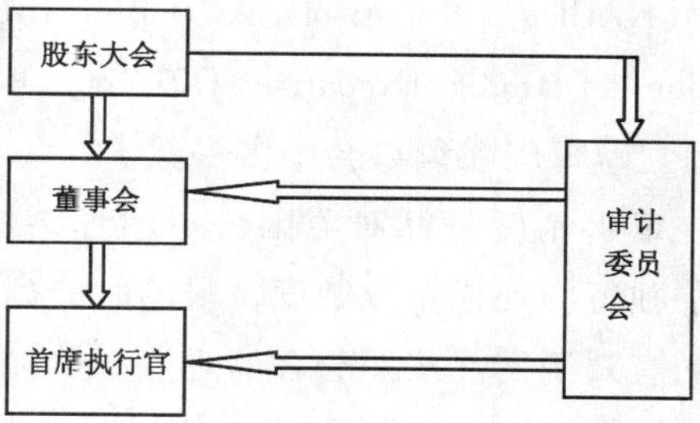

图 3－1　美国公司治理模式框架

从法律上讲，股东大会是公司最高权力机构。董事会由股东大会选举产生，受股东之托对公司大政方针进行决策，并对公司经营过程进行监督，是代表股东利益行使公司最高决策权的机构。董事会既是决策机构，又承担监督功能。它下设若干委员会，如审核委员会、薪酬委员会、提名委员会等，其目的是保持董事会的独立性和客观性。

尽管董事会代表公司全部所有者掌握着任命经理、重大投资、合并、收购等一系列公司重大决策的控制权，但现实中，由于股东人数众多，居住分散，不可能对每年股东代表大会上选出的董事进行真正的控制。董事实际上听命于内部股东，许多董事会只是“橡皮图章”，没有主见，对行政负责人没有起到真正的监督作用。企业的主要决策不是由董事会作出，而是由经营者制定。董事会有时不能有效代表全体所有者的利益。有些首席行政官狂妄骄横，独断专行，讲排场、摆阔气、滥用公款的事情常有发生。

20世纪70年代美国几家公众公司发生的丑闻事件，迫使法院要求公司的董事会结构须由大部分外部独立董事组成。美国证监会为阻止大公司的权力滥用，积极推动公司治理结构的改革。1977年经美国证监会批准，纽约证券交易所引入一项新条例，要求本国每家上市公司“在不迟于1978年6月30日以前，设立并维持一个全部由独立董事组成的审计委员会，这些独立董事不得与管理层有任何会影响他们作为委员会成员独立判断的关系。《1990年（美国）商业圆桌会议宣言》（BRT，“Statement On Corporate Govemanee and American Competitiveness（1990）”）正式提出：“大型上市公司的董事会应主要由不在公司内享有管理职责的独立董事组成。此外，董事会的一些重要组成部分，例如审计、薪酬、提名委员会，都应由外部董事担任”。1994年，全美企业董事联合会蓝带委员会（NACD）发表报告（NACD，“Report of NACD Blue Ribbon Commission on Performance Evaluation of Chief Executive Officers，Board and Directors（1994）”）强调：独立董事应在董事会中占多数。

由上可见，独立董事制度是针对美国公司治理结构中“一元制”的董事会而建立的一种独特的现代企业制度，目的是分离战略决策权与经营权，加强对经营者的有效制衡。按照詹森的观点，美国应保持较小的董事会规模，除了CEO为唯一的内部董事外，其余都为外部董事（Jensen，M. 1993）。20世纪90年代以后，机构投资者又发动了对董事会的改组和改革，其最重要的方针是保持董事的独立性，目标是保证董事会站在股东一方，提倡实现董事会的职业化，提高外部董事在董事会中的比重等。另外，所有董事的报酬必须来自于股权，额外报酬如养老金不应由公司开支，以免影响董事的独立性。董事会与经理人员定期会晤，听取汇报，加强会计和审计监督等等。米尔斯坦和麦考乌塞（Millstein，I. and Macavoy，P. W.，1998）通过分析154个美国大型公众公司样本发现，拥有积极发挥作用的、保持独立性的董事会的公司比那些被动的、缺乏独立性的董事会的公司会取得更好的经营业绩。

在完善公司内部监督制度方面，独立董事可以发挥以下作用：第一，因为独立董事已经具有一定的社会身份和地位，与公司没有直接的利害关系，既不拥有企业股份和资产，也不代表特定群体的利益，因此具有相对公正性，可以防止合谋行为和不正当的内部交易，保护中小股东的利益。第二，独立董事拥有的各方面专业知识和社会资源有利于企业作出更为合理的决策，实现公司经营效率化的目标。第三，独立董事不在企业任职，不仅可以在地位上对公司经营者形成更有效的制衡，还可以通过行使提名权、报酬决定权等，对经营者的业绩做出公正评价，约束经营管理者的行为。独立董事通过董事会的专业委员会和推选董事候选人，与董事会和高层管理人员一道发挥积极有效的作用。进入20世纪90年代，独立董事的作用更加处于支配地位。根据经济合作与发展组织（OECD）1999年的调查显示，美国独立董事在董事会的比例为62%（万希，2005）。

在美国，首席执行官（Chief Executive Officer，简称CEO）依附于董事会，负责公司的日常经营。韦斯班持（Weisbach，M.，1988）利用495家纽约股票交易所上市公司的首席执行官被解雇的案件指出，随着外部董事数量的上升，他们在控制了股权结构、规模和产业分类的影响之后，公司业绩和首席执行官被解雇之间的关系变得越来越强。

由于美国企业的运作有着高透明度和比较完善的立法体制环境，如要求上市公司按季度披露财务报表，严格限制内部人利用未公开信息从事公司证券交易；证券法还要求内部人必须定期向证券管理部门汇报其拥有和交易公司股票的情况。所以，美国公司治理结构中不单设监事会，其监督功能由董事会下的独立审计员和外部独立董事来承担。同时，还依靠社会机构如股票交易委员会来监督经理人员的行为（田银华、龙翠红，2004）。

3. 公司控制权市场发达，主要依靠外部力量对管理层实施控制

法玛和詹森（Fama，E. and Jensen，M. C.，1983）将公司控制权定义为支配公司资源的权利，包括雇用、解除高层管理者和设定他们报酬等权利。他们认为外界存在一个控制权市场，收购公司通过在“控制权市场”（又称接管市场）上收集具有控制权地位的股权或投票代理权，达到将目标公司控制权转移到己方的目的，进而控制目标公司的管理权。

美国股权高度流动，以股票市场为主导的外部控制机制高度发达，这即为公司控制权市场的约束。所谓公司控制权市场就是公司所有者通过拍卖或并购等方式进行公司产权交易。

美国公司股权的高度分散，使股东由于缺乏专门的知识和信息，而难以对公司经营提出意见。同时，众多分散的股东要相互取得联系并达成一致协议来监督公司经营者，也要付出高昂的监督成本。因此，美国的股东一般很少有积极性去监督公司经营者的动因，而是把兴趣转向关注股票收

益率的变化上。这些股份持有者都以获取红利和股价上涨所带来的收益为主要目的。由于持有这种纯粹的投资动机，美国企业股东经常根据企业的经营状况、红利的多寡和股价的跌溢而买卖其所持股票。其中产品市场竞争力是公司经营业绩最具体和最直接的表现。如果公司不能以有竞争力的价格提供高质量的产品和服务，消费者就会购买竞争对手或潜在竞争对手的产品和服务。如果股东对公司经营业绩不满意，他们一般不干预公司运转，而是在资本市场上出售股票走人。所以，单个股东对公司的控制主要是通过证券市场的"用脚投票"。机构投资者也不太愿意对管理监控，当他们不信任管理者时就会卖掉股票（"华尔街规则"）。机构投资者的这种行为在20世纪80年代常被指责为投资中目光短浅的管理。

股东大量抛售股票，公司股价下跌。这一方面减少了经理人员的收入，另一方面则可能引起资本市场上战略投资者的注意，使得并购者有机可乘，从而引发并购和接管活动，即"恶意收购"（hostile buyout）。因此，重组、兼并、退市事件频频发生。并购者大量买进股票，一旦达到控股地位，便会改组公司，最终导致公司董事会改组和经营班子变动。因此，企业产权市场上并购与接管的威胁，最终会促使公司经营管理者为股东利益而努力工作，并为自己积累商业声誉。如果公司经营管理者因经营不善或违反公司财务报告规则而被董事会辞退，失去的不仅仅是职位和薪金，更重要的可能会失去自己的商业声誉。法玛（Fama，1980）认为，当考核者（或外界）利用当期的产出调整对经理人能力的推断，而下一期的收入又与这一推断有关时，经理人员自然会考虑其职业生涯。此时，经理采取一些外界观测不到的行为来影响产出以影响外界的推断，而均衡时，外界又将考虑经理的这一行为而作出正确的推断（Fama，E.，1980，pp. 288－307）。美国这种股东主权加竞争性资本市场的外部模式，能对业绩不良的经营者产生持续的替代威胁，也使得通过控制权市场对公司管理者进行惩罚提供了可能，同时也对保护股东利益起到了很大作用。所以，"华尔街规则"是对经理层的一种外部制约，即"大棒政策"，收购者扮演了一个中心角色来替换业绩欠佳的美国经理。

在美国的接管实践中，经理人通常可以采取多种反接管措施来阻止公司被接管。这些措施从相对温和的公平价格修正案（The Fair Price Amendment）到威力巨大的毒丸（Poison Pill）。所谓毒丸指的是通过稀释股权、取消一些股票的投票表决权力，或强迫接管的发起人承担不情愿的财务负担等手段，使接管成本显著提高，以阻止接管发生的各种措施的总称。

由于企业的现期利润水平直接影响红利和股价的高低，所以美国企业经营者都以提高现期利润率作为经营的核心目标。但过于分散的股权结构和高度流动的股票市场，使经营者无法顾及企业的长远发展，导致公司和股东的短期行为，即过分强调企业的短期业绩。因为管理者过分担心来自市场的威胁，使其分散精力于反接管措施的采用，而不能集中精力于企业的经营管理。同时，敌意收购的现象较为普遍，收购成本较高，敌对性也较强。这些都往往使美国企业在同日本、德国等国家的竞争中处于不利地位。

进入20世纪90年代，美国的机制有了很大转变，“机构投资者行动主义”替代了“华尔街规则”。为了克服短期行为，美国形成了一种“关系投资”的新模式。它要求投资者在一家公司成为拥有长期利益的投资者，而不是赚了钱就走的短期谋利者，由此形成一种更紧密的利益共同体。这种做法多数是从一些机构投资者如养老基金开始的。就美国目前的股权结构而言，机构投资者（退休基金、养老基金、投资基金、互助基金、大学基金、慈善团体基金等）已成为公司的头号股东。他们大量买进一些公司的股票，成为关心公司的积极分子。他们或者在董事会中取得席位，同经理人员建立定期对话关系，向他们提出有关企业管理或经营战略范围的大问题，对经理人员的决策施加影响，或者通过履行选举权来影响公司经营战略和管理方式，特别是通过影响董事会的构成和运作（即“代理权之争”）来约束公司的经营管理者。美国证券和交易委员会（Securities and Exchange Commission，SEC）在1992年修改了关于代理权争夺的规定，降低了代理权争夺的实施成本，使得股东能够更方便地进行代理权争夺，无形中加大了对管理层的约束，促使管理层努力提高公司的业绩。这样，机构投资者在公司治理中的作用明显加强。20世纪90年代初，美国5家大公司的董事会（IBM、通用汽车、康柏、AT&T、美国捷达）在机构投资者的压力下，解雇了CEO，迫使公司领导班子从根本上改变了经营策略。

机构投资者参与公司治理，既解决了投资者的短期行为问题，使经理能够从长远考虑问题，又可以弥补个人股东在监督高层经营管理人员能力方面的不足，加强了股东对公司的监督，在一定程度上解决了因股权过度分散导致的股东监督经营者激励不足问题，也可以纠正个人股东在监督方面“搭便车”（free riding）的负面影响。美国沃顿商学院教授迈克尔·尤西姆把美国公司治理结构的这种变化称之为由“管理人资本主义”向“投资人资本主义”的转化。有一种观点认为，在美国的公司治理模式中，虽然公司内部控制机制是不成功的，但是外部监督机制（如资本市场、所有权市场、职业经理市场）对减少公司的代理成本产生了决定性影响。

4. 对经营管理者的激励性薪酬计划

这是整个公司激励机制的中心。报酬设计的目的是通过经济利益的驱动，促使经营管理者的决策行为更符合公司整体利益和股东利益。美国企业薪酬计划的核心是将管理层的个人收益和广大股东的利益统一起来，用高效的资本市场来激励和约束经理人员。这种激励约束机制把薪金报酬与管理者的短期和长期经营业绩挂钩，投资回报的多少和所有者权益是评价经理业绩的重要指标。因此，经营者就必须尽职尽责，通过提高公司业绩来回报股东。根据这一思想，美国公司管理层的薪酬一般包括以工作表现为基础的工资、以财务数据为基础的奖金、借助于证券市场而设计的激励股票期权制以及以服务年限为基础的退休计划。SEC1992 年要求上市公司详细披露高管的报酬情况以及和公司绩效的关联性，尤其是与股票价格的相关性。布莱恩·怀特和杰弗瑞·李普曼（Brian J. Hall and Jeffrey B. Liebman，1998，pp. 653 - 691）发现，在 20 世纪 90 年代美国公司 CEO 的报酬以股权数为基础的情况急剧上升。现在美国主要是通过行使股票期权等措施来协调公司经营管理者和股东的利益，通过增加公司经营管理者持有本公司的股票，让管理者在追求个人经济利益的同时，为公司和股东创造财富。据统计，1998 年，美国前 100 名大企业高层经理人员的薪酬中，有 53.3% 来自期权计划，而这一数字在 1994 年为 26%，在 20 世纪 80 年代中期仅为 2%。股票期权是对经理的内部激励，即“胡萝卜”政策。

5. 劳资关系

美国协调劳资关系的法律依据主要有 1935 年通过的《国家劳工法》（National Labor Relations Act）和 1947 年通过的《劳管关系法》（Labor management Relations Act），其中，《国家劳工法》主要是约束雇主，使员工在企业成立工会组织及通过工会维护自己正当权益合法化；《劳管关系法》进一步限定了雇主们非公平用工的行为，同时也对工会在劳资谈判过程中的不轨举措加以禁止。

最近十几年来，在西欧模式的影响下，美国在企业治理过程中传统上认为“势不两立”的劳资关系出现了一些松动的迹象，员工开始参与企业治理。工人参与决策管理以劳资合作型为主，即通过工会与资方进行集体谈判，达到劳资合作的目的。在美国，工人常常通过职工代表咨询会议形式参与公司部分决策管理。职工代表咨询会议每周定期举行两次，职工可将一些有争议的问题向公司咨询或提出建议。例如，美国纳尔科化学公司是个在国外拥有30家分公司的大型跨国企业。该公司通过职工代表咨询会议定期听取职工对企业生产、经营情况的意见和建议。一些好的建议，常常被公司采纳。同时，公司各级领导人每月至少走访职工家庭一次，了解公司经营管理中存在的问题，从而使公司活力倍增。

员工参与企业治理的另一方式是职工持股计划的实施。20世纪80年代以来，职工持股计划在美国得到了迅速发展。职工持股计划是指本企业职工通过贷款、现金支付等方式拥有本企业的股票，并委托给某一法人机构托管运作，该机构代表职工进入公司董事会，并按所持股份分享公司利润，从而使公司职工以劳动者和所有者的双重身份参与企业经营管理。职工持股计划的作用体现在两方面：一是帮助职工分享公司的营运利润，强化了对人力资本的激励与约束，有利于提高企业的生产率和产业民主化程度；二是改变了公司的股权结构，可以防止公司经营权被其他公司强行收购。

第4章
英国、法国和德国的股份制企业

4.1 英国的股份制企业

4.1.1 英国股份公司的产生

英国是现代股份公司的重要发源地，其最早雏形是16世纪末、17世纪初成立的特许贸易公司。促使当时企业制度公司化的主要因素是：海外勘探和远洋航海贸易、殖民扩张以及地理大发现等为企业创造了诱人的盈利机会，而业务的巨大风险以及大规模的资本远远超过了血缘家庭所能承担的范围。所以，企业投资主体多元化就成为企业制度创新的最大特征，并产生了通过销售股份来筹集资本的股份公司。该组织由政府特许成立，具有法人地位，资本由募集而来，初步具备了董事会、股东会、经理等组织框架。股份公司的决策权集中在董事们手中，股份能自由地从一个投资者转给另一个。这时虽然出现了所谓的经理人员，但往往由兼职人员充任，只起资产代管人的作用，经营职能并不突出。当时因为都铎王朝和斯图亚特王朝都不承认贸易自由，所以这些公司必须获得皇家公司特许状才可在特定的海外地区从事勘探或开拓殖民地，并将他们的进口货物在英国国内市场销售。所以，这些公司当时还不是真正的自由市场风险企业。

18世纪出现了一种更接近于现代公司制企业的“合股公司”。该种企业组织虽然不具备法人地位和有限责任制度，但已具有可以筹集转移资本、所有者权益易于转让、经营连续性和由所有者代理人而不是所有者本人来管理等优点。这种事实上的公司的成功，迫使议会在1844年通过了一部顺应历史发展潮流的《合股公司法》（The Joint Stock Company Act）。该法首次允许普通商人通过注册登记成立公司。1844 年《合股公司法》成为英国现代公司制度的起点。英国也较早成为由国家立法确认股份制的国家之一。1855 年，英国又通过了《有限责任法》。英国历史学家克拉潘说：从 1844 年立法到 1856 年，英国已经建立了“有效的一般有限责任制”。《合股公司法》和《有限责任法》所确立的有限责任、登记设立、（财务）信息披露等，构成了英国公司法的基本制度。到 1888 年，英国登记为股份有限责任公司的企业有 11000 多家。不过一直到 20 世纪 20—30 年代，英国大多数制造有包装、有品牌产品的大公司仍然是由一个或两个家族经营的。在经过调查的食品和化工公司中，80% 有家族成员参加董事会，并且在高级和中级管理层中占据重要岗位。

自 1844 年第一部《合股公司法》诞生以来，英国公司法已经历了多次的修改、补充和汇编。第二次世界大战后，英国曾分别于 1948 年、1967 年、1976 年、1980 年、1981 年、1985 年和 1989 年对公司法作了修订。但由于英国现行公司制度的主要框架和基本结构是在 19 世纪中叶奠定的，其许多内容已经严重落伍、不合时宜。所以，自 20 世纪 90 年代开始，英国开始全面改革公司法。2005 年 3 月，英国政府在 1998 年公司法审查意见和 2002 年政府白皮书的基础上，公布了《公司法改革白皮书》（Company Law Reform White Paper），提出了全面改革公司制度以适应现代企业需要的政府意见。据评估分析得出的结论，公司法改革后，每年至少可以给英国节省 2.5 亿英镑（石慧荣，2006）。

现在英国主要有三种公司，一种是由皇家特许的“特许公司”（Charted Company），它主要适用于学术团体和职业组织，如英国特许注册会计师协会（ACCA）、英国广播公司（BBC）等。第二种是议会通过法案授予法人资格的法定有限公司（Statutory company），它主要适用于提供公用事业的公司，如电气公司、煤气公司等。第三种是按照公司法要求注册登记成立的公司。这是现代股份公司的主体。

4.1.2　英国现代股份公司的股权结构和公司治理

1. 股权结构

在英国股份公司的股权结构中，英国机构持股者占主体，股权高度分散化。例如在英国 170 家最大的上市公司中，一个股东拥有公司 25% 以上股份的情况仅占16%。除了机构投资者外，为数众多的中小投资者多为间接投资者（indirect investors），即通过中介机构投资公司、间接持有公司股份的投资者。机构持股者中退休基金的规模最大，信托机构次之。到20世纪90年代，机构投资者持股比重已超过个人股东而居优势，在个别大公司中的持股率甚至高达70%以上。现在机构投资者集中起来的股份额度已占英国上市公司中股权结构的三分之二以上。虽然金融机构持有企业大量的股票，但几乎全部是以代理人的形式出现的，即从原则上讲，机构本身不拥有股权，股权应属于最终所有人——信托收益人，即间接投资者为公司股份的实际持有人，不过在形式上，其股份记载在中介机构的名下。这些间接投资者只能依合同约定，间接通过中介商从公司获得信息或向公司发挥影响。为切实维护这些投资者的利益，使其在公司经营中能够发挥更多的作用，2005年的《公司法改革白皮书》规定注册股东可以通过代理投票（proxy）的方式，指定间接投资者“代为”出席股东会议、发表意见、行使表决权。由于最终所有人通过信托关系授权机构行使股权，因此，机构投资者支配的资本大都是属于私人委托者的，机构代表所有者即股东的身份进行证券投资。这些代理人，如共同基金、退休基金、人寿保险基金和银行在投资组合规则和内部交易法的推动下，非常注重自己投资组合的流动性，从而拥有很多公司的少量股票形成投资组合，这就导致了公司股权分散和对经营管理监督的削弱。

另外，导致英国股权高度分散化的原因还有：英国对金融机构集中持有公司的股票存在着许多谨慎规则。例如如果商业银行在一个公司持股较多，或者承受的风险大于银行资本金的10%，都必须事先得到英格兰银行的认可。如果银行在一个非金融机构持有的股票超过20%，当计算银行的风险资产比率时，必须从资本金中把所有的股票投资扣除掉。这些谨慎规则有效地限制了银行对一家公司股票的集中持有。同时，英国的内部交易法也和美国一样反对投资者为了控制公司而大量持有该公司的股票（Prowse，S. D.，1995）。

分散型股权结构的特点是：股东持股量少流动性大，股权结构不稳定。不过，现在英国的机构持股者已占主体，而且具有相当的安定性。由于机构投资者手中持有股份多，股票抛售会引起股市大跌。这就客观上迫使机构投资者长期持有股票，逐渐向长期投资者转化，并借助投票机制参与公司决策以保证其权益不受损害。

20 世纪 80 年代以来，英国开始重视银行的作用，并逐渐放松对银行的限制。1986 年，英国伦敦证券交易所实施了一项改革，允许非会员可以取得会员行号 100% 的所有权，这等于允许商业银行直接参与证券业务。这次改革被称为伦敦金融界的“大爆炸”。1997 年，英国又撤销了英格兰银行监督商业银行的职责。

2. 公司治理

公司治理属于企业制度范畴，是企业长期发展演变的产物，受社会政治、经济、法律、历史和文化等诸多因素的影响，其中最为重要的是经济因素。在欧洲，判断一个国家公司治理体制的主要因素是：公司所有权的主导形式；公司市场控制程度；管理人员的薪酬是否与股东的价值紧密挂钩；股东与管理层的关系。根据以上因素划分，英国是“股东主权加竞争性资本市场”的外部控制性公司治理模式的典型代表（祖良荣，2004），其特点有以下几个方面：

（1）企业融资以股权和直接融资为主，较少依赖银行融资，资产负债率低。

（2）以股东价值最大化为治理目标。由于企业融资结构以股权资本为主，其公司治理就必须遵循“股东至上”逻辑，更多关注股东的利益，对其他利益相关者则很少关心。公司治理的目标是保证投资者能够获取最大的回报。由于以股东价值最大化为目标，因此对公司及经理的评价以利润为主。股东的投资回报来自公司的股息和红利分配以及在证券市场上股价升值中获得的资本增值收益。投资回报的多少和所有者权益是评价经理业绩的重要指标。迫于强大的市场压力，管理人员不得不以股东利益为宗旨而尽职尽责工作，并以股东的最大回报来获取信任和职位（赵芳，1999）。

2005 年的《公司法改革白皮书》中引入了“合理的股东价值”（enlightened shareholder value）的概念，要求董事为了最大限度地提升公司的竞争能力，并进而增加整个社会的财富和福利，应以股东利益的最大化为目标。但为了避免公司董事们仅注重短期的财务目标，忽视长期关系的建立，新法案开始要求董事在决策时恰当地处理好包括公司与雇员、消费者、供货商以及社区等在内的方方面面的利益关系。

（3）以股票市场为主导的外部控制机制高度发达。与公司融资的股权资本为主和股权高度分散化相适应，英国高度发达的证券市场及其股票的高度流动性，使得公司治理表现为由外部控制来实现。

广泛分散的股东因其持股份额相对过小与信息不对称，常无法对公司实行直接监管，而主要依赖资本市场的作用机制。所以，公司所有者重视短期利益，不直接参与公司高层管理，与管理层之间的关系不稳定，客观上成为“不在的所有者”。作为剩余索取权者，股东可以选择董事会，如果他们对管理当局不满意，就以“用脚投票”的方式对公司代理人施压，出售股票，替换管理当局。股票大量抛售导致股价下跌，当股价的市场价值低于其实际价值时，公司便成为被收购目标。所以，公司市场控制活跃，敌意收购成为管理失败的良药。一旦敌意收购成功，通过更换管理层，提高经营业绩，企业经营又步入正确规道。由此，股东“用脚投票”机制和资本市场上的敌意接管（hostile takeover）对代理人的经营失误具有很强的惩罚性。法玛在《代理问题与企业理论》一文中指出，股票市场同样是代理人外部约束机制的一种有效形式，企业经营业绩的好与坏，可以通过股票市场上广大股东的选择来体现。因此，建立和发展有效率的股票市场，就能有效地制约代理人的目标偏离行为。法玛还指出，即使仅仅是存在被接管的可能，低股价也会对管理层施加压力，使其改变行为方式，并且忠于股东利益（Fama. E.，1980，pp. 288—307）。所以，证券市场“用脚投票”约束机制，对业绩不良的经营者产生持续的替代威胁。这种模式不仅有利于保护股东的利益，而且也有利于以最具生产性方式分配稀缺性资源。但这种模式也有明显不足，如易导致经营者的短期行为，过分担心来自市场的威胁，缺乏内部直接监督约束，经营者追求企业规模的过度扩张行为得不到有效制约等。进入 20 世纪 90 年代以后，公司经理们通过采用“毒丸（Poison Pill）行动等方案公然反抗“恶意收购”，以此削弱股东“用脚投票”的能力。为了克服这些弊端，英国的公司治理也开始借鉴德日模式，注重“用手投票”的监控作用（青木昌彦，1994）。

（4）经营者薪酬。英国企业经营者的薪酬一般由基本工资、福利和浮动工资组成，是经营者业绩、能力、资历、学历和工作年限以及团队精神的综合反映。英国企业的基本工资制度有 14 级工资制和 4 级工资制两种形式；福利项目主要包括职务消费和养老金等，在其薪酬中的比重一般占总收入的 30%—40%；浮动工资主要指奖金和股票期权。股票期权制是将经理的利益和股东的利益与公司市场价值结合在一起，授予经营者能在今后10年内用给期权时的市场价格购买公司股票的权力。这样，如果以后公司经营业绩良好，股价就会上涨，经营者就能赚得现价与以后股价之间的差价。这是与证券市场"用脚投票"的外部约束机制相适应，为激励经营者努力为股东创造利润而借助证券市场设计出来的。由于股票价格波动在一定程度上反映了经理人员的经营绩效，因此对经营者实行股票期权的计划，可以将经营者的利益和股东的利益与公司市场价值有机结合，经营者报酬随其经营绩效浮动。经营绩效好，为所有者创造的财富多，经营者报酬就高。反之，经营者报酬就低。股东以此来克服经理的短期行为，使其能为公司的成长和股东利益负责。

（5）公司治理模式框架（图4-1）。英国公司治理模式的框架由股东大会、董事会及首席执行官三者构成，其中股东大会是公司最高权力机构；董事会是公司最高决策机构，直接对股东负责并且必须定期向股东汇报公司的运作情况；首席执行官依附于董事会，负责公司的日常经营。英国公司治理结构中不单设监事会，其监督功能由董事会下的全部由非执行董事（外部独立董事）组成的内部审计委员会承担（张其佐，2001）。

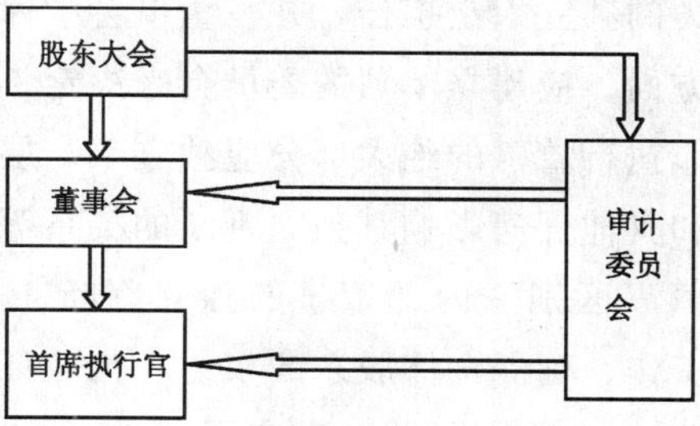

图4-1　英国公司治理模式框架

由于股权分散和"不在所有者"对代理人控制力的弱小，中小股东群体没有兴趣也没有能力直接监督和约束公司的经营者，他们仅关心股票的收益率，并采取"用脚投票"方式来迫使经营者改善经营，甚至驱逐长期经营不善的经营者。在股东治理能力弱化的情形下，从20世纪90年代起，为了保证董事会对股东尽责，英国在董事会内部设立独立董事制度（又称作非执行董事以与执行董事区别开来）。

1991年，英国伦敦证券交易所专门成立公司财务治理委员会，并发表著名的卡德伯里报告（Cadbury Report——Report of the Committee on the Financial Aspects of Corporate Govemance. December 1992）。以后，该委员

会又提出了公司治理《最佳行为准则》。卡德伯里报告建议，董事会内要有真正独立于执行董事会的非执行董事。他们要由董事会全体成员选举产生，而不能仅由董事长或经理挑选。非执行董事的能力和数量是以他们对董事会的决策有实质影响力为标准的，应该至少要有3名非执行董事，其中的两名必须是独立的。这无疑加大了非执行董事的作用。《最佳行为准则》认为，非执行董事应对公司的战略、业绩资源，包括关键人员的任命和行为等进行独立判断。除报酬和持股以外，大多数非执行董事应独立于管理层，与公司业务和其他有可能影响其独立判断能力的活动无关，报酬应反映他们为公司所花费的时间。

1998年，伦敦证券交易委员会又推出了公司治理的《合并守则：良好的公司治理原则和最佳行为准则》（London Stock Exchange Committee on Corporate Governance, The Combined Code: Principles of Good Govemance and Code of Best Practice. June 1998）。守则规定，董事会应在执行董事和非执行董事之间保持平衡，使任何人（个人或小集团）都不会在董事会的决策方面具有决定性作用；非执行董事应至少占董事会的三分之一，应由有足够威望和能力的独立人士担任，并在董事会中保持独立判断；在提名、薪酬及审计等方面，应建立单独的委员会来决定，在这些委员会中独立董事应占多数；非执行董事的绝大部分应独立于高层管理人员，并与企业无任何商业关系和其他任何影响其独立判断的关系等。设立独立董事的宗旨在于通过独立董事区别于内部董事的独立判断，来完善公司治理结构，监督董事会的工作，确保全体股东的权益。伦敦证券交易所要求上市公司在年度财务报告中披露他们是否遵守了《合并守则》的规定。根据经济合作与发展组织（OECD）1999年的调查显示，英国独立董事在董事会的比例为34%。不过，在实践中由于提名、任命董事的权利在董事会而不在股东手中，董事会通常会指定他们熟悉的人来任独立董事，结果是董事会事实上仍由执行董事来掌握和操纵。另外，由于非执行董事不参与日常经营管理，他们对公司事务所知不多，所得到的信息也全部是由执行董事提供的信息，因而，他们所能起的独立判断作用是有限的。2003年，尽管英国希格斯（Higgs）委员会在1998年的《合并守则》（Combined Code）的基础上又修改并通过了新的《合并守则》，其核心仍是加强独立董事的独立性，但新《合并守则》仍然不能解决因信息、时间等对独立董事作用的限制问题，因而仍不能确保对公司管理层的有效监督（曲丽，

2005）。

4.1.3 英国的国有化运动和国有企业

资本主义国家的国有化（nationalization）是指资本主义国家将某些私人企业或私人部门转归国家所有。

英国经济是以私人资本为基础，以企业为决策主体，以市场机制为资源配置主要手段的传统市场经济。从所有制关系看，虽然私人经济在英国经济中一直占据主导地位，但经过两次大规模国有化运动后，国有经济曾占有过很重要的地位。但从 1979 以来，英国政府由于竭力推行私有化政策，其国有经济的实力已经大为降低。

1. 第二次世界大战后国有化运动的原因

（1）"国有化"一直是英国工人运动的目标。1917 年，"全国铁路工人联合会"要求铁路由国家和工人代表共同管理。1918 年，"矿工联合会"通过决议："在煤矿业的历史中，为了全国的利益，把整个煤矿业由私人所有和私人管理转归国有，而由工人和国家共同管理和经营的时机已经到来"（马克斯·比尔，1959，第 329 页）。在工人阶级国有化要求的推动下，1918 年工党的新党章把国有化作为了其主要目标，并把生产、分配和交换方式的所有制关系视为政治经济权力的基础。国有化能被用来控制资本主义制度对人民的剥削（Stephen J. Bailey，1995，p. 293）。

第二次世界大战期间，工党理论家柯尔和拉斯基等人继续进行社会主义宣传。柯尔在《费边社会主义》一书中，论述了煤炭、银行和重工业实行国有化的必要性，并指出了国有化就是去占领经济领域的制高点。因为这些制高点具有掌握全局的战略意义（乔·柯尔，1984，第 50—51 页）。拉斯基在《论当代革命》一书中也论述了对基础工业实行国有化的必要性。他认为实行国有化不一定把全部工农业都归国家所有。但是，经济基础应该掌握在社会手里。运输、燃料和电力必须由国家控制，它们的运营状况已使国有化势在必行（拉斯基，1965，第 342 页）。

（2）工党认为，私有企业和私人部门国有化可以增进效率。第二次世界大战结束后，英国的基础工业大都处于衰败状态，经济效率急待提高。当时的工党领袖莫里森（Morrison）认为，国家垄断是一种理想的方式，有利于实现规模经济，消除无效竞争。他认为私人垄断是一种祸根，因为"私人垄断者具有谋取利润的强大刺激"（Morrison H.，1933， pp. 78—80)，国家垄断才能提高经济效率。因为政府对国家垄断企业不要求追求利润最大化，只要求其严格地履行法定的义务。工党的经济学家和领导人盖茨克尔在《社会主义与国有化》一书中也认为，“国有化是能达到更高生产力和更大效益以及防止垄断的最好的或唯一的方法”（盖茨克尔，1962，第 25 页）。所以，工党认为国有化是振兴经济的良策。

另外，工党还十分重视经济计划，试图通过生产方式的公共所有制有计划地促进经济效率，并实现收入和财富的分配，而国家所有制则是实施经济计划的重要工具。

(3) 现代西方经济理论认为，国有化可以解决市场失灵导致的资源配置无效率。按照现代西方经济理论，市场失灵导致资源配置无效率。解决这一问题的办法之一就是实行国有化，由政府来配置资源。斯蒂格利茨曾说：“面对市场失灵，政府可以干脆由自己负起责任来。例如，如果政府认为，在提供医疗保健方面存在市场失灵，它可以对医疗部门实行国有化，就像第二次世界大战以后英国所做的那样。如果政府认为，在空运和铁路行业中存在市场失灵，它可以对这些行业实行国有化，或者，对这些行业中令人不满的部分实行国有化，由政府来经营”（J. E. 斯蒂格利茨，1997，第 149 页）。

按照西方经济学家的通常说法，自然垄断是市场失灵的一个重要原因，自然垄断的存在导致市场配置资源的低效率。为了增进资源配置效率，政府可以考虑将自然垄断行业实行国有化。例如，政府可以考虑将电力公司、煤气公司、自来水公司等实行国有化。一向标榜社会主义的英国工党领袖 C. R. 艾德礼在 1937 年出版的《工党的展望》一书中论述社会主义目标时，曾在《公有制》的标题下写道：“土地将归社会所有，而不为私人所有，……所有较大的工业将由社会所有和管理，但是许多留给个人经营的较小的企业可以适宜地存在一个长时期”（C. R. 艾德礼，1961，第 83 页）。

在上述背景下，第二次世界大战期间工党政府建立了为数不多的国有企业，如 1926 年建立了英国广播公司（BBC）和中央电力委员会；1930—1940 年，对帝国航空公司实行了国有化，建立了英国海外航空公司（BOAC）。第二次世界大战后，英国工党政府上台执政，先后开展了两次大规模的国有化运动。

2. 第二次世界大战后的两次大规模国有化运动

1945年上台执政的艾德礼工党政府颁布了一份政策性文件《让我们面向未来》，提出对一系列关键工业部门实行国有化的计划，加强了对经济的干预程度。1945年7月至1951年10月，艾德礼工党政府掀起了第一次国有化高潮。1946年，英国议会一致通过了3个国有化法令：英格兰银行国有化法令、电缆和无线电有限公司部分转变为邮政总局及部分转变为英联邦电信局，建立英国海外航空公司。1947—1948年，先后颁布了煤矿电力、交通和天然气国有化法规。1951年10月工党大选失利，第一阶段的国有化运动宣告终结。1951—1964年保守党政府执政期间，除了将钢铁工业私有化外，其他国有企业的地位和性质基本上没有改变。

战后初期英国的这次国有化有两个特点，一是实行国有化的主要是基础工业，就整个英国的经济结构而言，这是部分国有化；二是对收归国有的私人企业给予优厚的补偿。

长期以来，工党一直认为，对私人企业给予公平合理甚至是优厚的赔偿，是国有化政策顺利进行的必要条件。盖茨克尔曾指出，由于道义上、政治上和经济上的理由，国有化时给予业主相当的补偿必须成为民主社会主义者的政策。如果是没收而不给予补偿，将会影响私营企业的积极性（盖茨克尔，1962年，第10—11页）。在此认识下，被国有化的企业的业主都得到了一笔可观的赔偿费。赔偿额根据多年来的平均利润计算，用利率相当高的国家公债支付，这些补偿额不受企业盈亏的影响。如支付给钢铁业主的补偿费为24300万英镑，是按照交易所被人为抬高的市价付给的。另外，在这场国有化运动中，往往是将亏损严重、技术落后、濒临破产的私人垄断企业收归国家所有，所以这实质上是垄断资本对国库的掠夺。

从1974年2月至1979年5月威尔逊和卡拉汉工党政府执政期间，掀起了第二次国有化浪潮，波及的范围由战后初期的燃料、能源、交通运输和钢铁工业等基础设施和基础工业方面扩展到制造业中的重要经济部门。国家把石油制造业和处境困难的制造业收归国有，还直接投资建立了英国国家石油公司以及具有国家持股性质的国家企业局。到1979年撒切尔夫人大选获胜以前，英国政府控制了主要的基础工业部门。如在煤炭、造船、电力、煤气、铁路、邮政、电讯等部门，国有企业的比重达到100%，在钢铁和航空部门达到75%，汽车制造和石油工业部门也分别达到50%和25%（Economist，Dec. 30，1978，p. 39）。国有企业产值占国内生产总值的10.5%，就业人数达200余万人，占全部就业人数的8.1%，固定资产达56.4亿英镑，占固定资产总额的15.3%（Crafts, N. and Woodward, N., 1991, p.405）。

3. 国有企业的分类和分布

按照英国设菲尔德城市工业学院首席经济学讲师彼德·柯温的看法，英国的国有企业因组织结构不同可划分为以下三类：

（1）政府部门（The Department of State），即政府直接管理的国有企业。如一些从事科学研究与设计试制工作的机构、造船厂、兵工厂等，最早采用这种组织结构的国有企业是英国邮政总局。

（2）公共公司（The Public Corporation）。公共公司的提法最早出现在克劳福德委员会的报告中，是具有独立法人地位的国有企业，即“国有公司”。这类企业主要是国有化工业公司，由国家负责制定总方针，聘请董事会成员，可以自行签订合同和处理日常经营事务（Peter J. Curwen., 1986, pp.37—38），其资产全部为国家占有或控制，政府向这类公司提供一系列优惠政策。

（3）混合股份公司（The Mixed Joint Stock Company），即公私合营型国有企业。在这些公司中，国家通常只拥有部分财产所有权，其法律地位和经营自主权均与私营企业相似。在英国属于这类企业的只有英国石油公司等为数不多的几家企业。

在《西欧公有企业》一书中，这三类企业分别被称为国家企业（State - Enterprises）、国有公司（State - owned Comparies）和国管公司（State - sponsored Enterprises）（Henry Parris, Pierre Pestieall and Peter Saynor, 1987, p.21）。

国有企业主要分布在以下几个领域：（1）私人不愿经营的最古老的部门。这些部门设备陈旧，技术落后，经营分散，只能由国家出资进行合理化改造，直至20世纪80年代初，这些部门的国有企业包括国家煤炭局、英国铁路管理局等。（2）基础设施和基础材料部门。这些部门投资大，回收慢，经营亏损严重，但又是现代经济发展不可或缺的产业，包括邮政、港口、机场、公路运输、民航、电力、石油、钢铁等部门。1979—1980年，英国最大的21家国有企业中，这些部门约占50%。（3）新兴产业。在第二次国有化运动中，在宇航、电子、机床和其他科技部门，出现了一系列新的国有企业（张敏，1996）。

4. 国有企业的治理结构

（1）内部管理。英国国有企业大多采用单一委员会制下的法人治理结构，即董事会领导下的经理负责制。企业的大政方针由董事会根据主管部大臣的意图决定，总经理负责具体实施。这样做的目的是想把董事会作为连接政府和国有企业之间的桥梁，既使政府的政策意图通过董事会得到贯彻执行，又给企业一定的经营自主权，使企业的日常经营活动较少受到政府干预。

董事会会议的召开及次数由企业自行决定，其主要职能有三个：制定政策和战略、债权评估及任免企业主要管理人员。企业的日常经营活动由董事会领导下的总经理负责进行。国有企业每年须就其业务活动向主管大臣提交年度报告，由主管大臣交国会审议。公司账目须每年检查。多数公司聘用私营企业的合格审计师进行查账工作。

英国国有企业的董事会由董事长、副董事长、专职董事和兼职董事组成。董事长、副董事长及董事会成员均由企业主管部大臣任命，任命期通常为五年，具体成员人数视企业规模而定，但一般不超过 20 人。兼职董事往往是与本企业有关的高级管理人员、工会上层人士等。董事长和副董事长的薪金由主管部大臣与财政大臣商定，年薪相当高，主要国有公司董事长的年薪甚至达到内阁大臣的水平。兼职董事一般不额外领取薪金。

（2）政府对国有企业实施管理的机构。英国国有资产管理机构是以中央各主管部和财政部相结合，并以中央各主管部为主的管理模式。首相全面掌管行政大权，财政大臣通过财政预算和确定对国有企业的资助额等，对国有企业进行财政约束。主管部大臣管辖其下属的国有企业。政府还以白皮书的形式规定国有企业的财政指标，包括投资回收率、资产收益、提高生产力的幅度、定价政策、减少补贴等，期限为 3—5 年。

英国政府各主管部大臣的职权主要有：（1）人事大权。部长有权任命所属企业的董事长、副董事长和董事会成员，当认为某个董事会成员不能够或不适宜工作时，主管大臣有权予以罢免。（2）英国有关法令赋予主管大臣有权决定所属企业的经营方向。当企业的经营涉及国家利益时，有权发布“原则性指令”，或通过所谓“建议”的形式，对企业施加影响。

在政府对国有企业的管理中，内阁和内阁下设的委员会也起着重要的作用，许多关于国有企业的重大决策，都是通过一个或多个内阁下设的委员会讨论后，由内阁批准的。而各个内阁下设的委员会管理国有企业的工作，通常得到一个“政府官员委员会”的支持。这个“政府官员委员会”的成员是政府各部中负责处理国有企业事务的公务员组成，该委员会的主席一般由财政部的官员担任。

(3) 议会对企业的监控。英国议会对国有企业的管理和控制主要是通过颁布的一系列法令进行的。首先，议会颁布国有化法令，“确定了企业的组织结构和管理模式，确立了企业的宏观经济目标和以合理的价格生产和供应一系列产品”（Crafts, N. and Woodwcard, N. W. C., 1991）。国有企业的建立、改组、废除以及非国有化等重大问题必须由议会通过专门的法令来决定，否则不具有法律效力。其次，国有企业的年度报告、借款限额等需由议会审核通过。

在对国有企业的具体管理上，议会授权给各主管部大臣，委托他们对国有企业进行管理。各主管部大臣必须对法律权力的实施和对其权力范围的决策向议会负责。对于有些问题，则由国有企业直接向议会负责。如法律规定国有企业要向议会提交年度报告和账目。议会通过经常听取企业的年度报告，监督和审核国有企业的经营状况。此外，英国议会负责财政、文官事务、公共会计等方面的委员会也审议国有企业的有关事宜（叶祥松、李建平、梁咏琴，1996）。

5. 对国有企业的评价

英国学界对国有企业经营状况的评价向来众说纷纭。多数专家对国有企业的实绩持悲观态度，认为国有企业的经济效率不如私营企业。少数专家对国有企业的发展前景抱乐观态度。事实上，对国有企业的经营实绩作出正确估价是相当困难的，因为部分国有企业属于自然垄断行业，没有竞争者，在经营过程中政府又为其提供贷款等多种优惠政策，因此找不到可以与之相匹配的比较对象。不过，从积极的角度看，国有企业曾经在英国经济生活中占有十分重要的地位。英国的国有化运动曾促使社会资源大量流向国有企业，国有化产业的资本密集水平显著提高。到20世纪50年代初，政府投资约占全英国投资的50%，而在政府投资中，国有化产业约占五分之二。从第二次世界大战结束到1980年间，国有化产业的投资在全国总投资的比重基本上保持在20%左右。表4-1是国有企业在英国经济中所居重要地位的缩影。

表 4－1　　　　1979 年英国的国有企业主要经济指标

经济指标	数　　量	在英国总数中的百分比
国内生产总值	180. 43 亿英镑	10. 5
职工人数	206. 50 万人	8. 1
净资本额	1041. 00 亿英镑	17. 2
国内资本形成额	56. 21 亿英镑	15. 2

资料来源：UK National Income and Expenditure（1984）。

英国国有化后，国有企业占主导地位的产业部门有：燃料、电力、交通、邮政、电信、自来水和钢铁等。除燃料和钢铁产业外，这些产业都属于自然垄断产业。通过对这些自然垄断产业的集中，改变了原来小规模分散经营的局面，为实现规模经济奠定了基础，从而促进了经济发展和社会、政治稳定，对国民经济发展具有举足轻重的作用。另外，国有化企业有利于企业扩大投资、发展科技和提高劳动生产率，如在煤炭工业中，20 世纪 50 年代，每人每班的产量没有什么变化。国有化后由于技术改革的结果，到 1971 年，劳动生产率迅速提高，每人每班生产产量已由 50 年代末的 1. 3 吨增加到 2. 4 吨左右（罗志如等，1982）。同时，国有化使私营企业得以享受较廉价的燃料、电力、石油、钢铁等基本产品和较方便交通运输，从而降低了生产费用。因此，国有化对于增进英国商品在国际市场上的竞争能力是有利的。

从消极角度看，国有化企业存在一些问题：

（1）国有企业生产效率低，亏损严重。国有企业经营效率低的问题，早在 20 世纪 50 年代就已暴露出来。1961 年政府第一次颁布关于国有化工业的白皮书，强调国有化工业应该获取足够的利润，此后国有化工业的盈利率有所提高。20 世纪 70 年代初，希思政府把压低国有化工业的价格作为反通货膨胀的重要措施，使国有化工业的盈利率急剧下降，1974 年亏损总额达 20 亿英镑，占当年国民生产总值的 2%。

（2）政府对国有企业的管理和约束，妨碍了国有企业主动性的发挥。如 1961 年、1967 年和 1978 年政府先后颁布了国有企业的白皮书，确定了国有企业的投资政策、价格政策和财政目标。1978 年的国有企业白皮书，规定了国有企业的最高对外融资限额，阻碍了企业再投资和生产规模的扩大。国家经济开发署的报告认为，国有企业的管理者和政府部门负责人之间缺乏信任和相互理解，国有企业董事会、主管部和议会间的作用是混淆不清的。

英国工党政府的国有化改革充分说明，在西方资本主义国家里，左翼政党的政治抱负与社会现实之间存在着无法克服的矛盾。

4.1.4 英国国有企业的私有化

英国保守党维护现行制度，相信私人企业制度，反对工党政府的国有化，竭力主张并积极推行非国有化即私有化，其原因主要有：（1）国有企业固有的一些弊端，如政府可以直接干涉企业的经营活动，企业缺乏决策权；政府把国有企业作为达到一定政治目标的工具，忽视企业的赢利性，导致不正常的财务状况等。（2）20 世纪 70 年代中期发生的高失业率和高通货膨胀率这两大并发症，打破了人们对传统凯恩斯主义实行宏观调控，达到供需总量平衡的信念。国有企业不断增长的投资需求使政府力不从心，觉得私有化很有吸引力。

所以，20 世纪 70 年代末保守党执政以后，出任首相的撒切尔夫人转向新自由主义思想，开始改革国有企业。她试图通过国有企业的股份制私有化运动，减少财政赤字、制止通货膨胀，建立繁荣的、自由经营的市场经济。她在其施政纲领中，态度鲜明地提出一套完整的货币主义主张，信仰市场机制而不是国家集中分配机制，反对国家对经济生活的过多干预，将私有化视为自然而然的政策。于是，从 1979 年 5 月起，英国即掀起了历史上规模最大、范围最广的改造国有企业的私有化运动。从英国开始的这股强大的私有化浪潮，很快波及一些主要资本主义国家并产生了全球性的影响。

“私有化”（privatization）即“非国有化”，这两个词的含义相同，都是指将已经国有化的企业恢复为私人所有的企业。开始时非国有化一词用的较多，后来则广泛使用私有化一词。

1. 撒切尔政府改造国有企业政策的理论基础

撒切尔政府改造国有工业政策的理论基础是“新右派”在 20 世纪 70 年代提出的新古典主义经济学思想，即以布坎南（Buchanan）为代表的公共选择理论和弗里德曼的货币主义。

公共选择理论认为，国家官员、议员以及工业管理局的官员们并不像韦伯所说的是抛弃了私利的政治家。相反，政府也是“经济人”，政府官员政治行为的目的和市场中的个人一样，也是追求个人利益最大化。他们口头上都声称追求“公众利益”，实际行动却受到了私利的驱使。作为公共选择理论代表人物之一的尼斯卡兰认为，官员可能追求下列目标：“薪金、职务津贴、公共声誉、权力、任免权、机构的产出、容易改变事物、容易管理机构”（Niskanen ，W. A. ，1971，p. 38）。官僚主义的行为方式通常是实现政府官员个人利益的最佳方式。政府官员会利用其特有的身份地位和掌管的权力，用提高公共服务价格、降低公共服务的质量等方式，变相地谋取更多的个人利益。他们甚至把任何一种可能给纳税人造成沉重负担的政策也说成是“符合民众利益”的，其目的在于争取更多的选票。这些官僚主义行为使社会资源的利用效率低于市场配置方式。公众选择理论认为，国有工业的管理正是在这样的情况下转向腐败的，特别是在面临着目标发生转变的时候。此外，国有工业也落入了压力集团（其中也包括工会）的影响之下。结果，国有企业的管理将因为人浮于事以及浪费资源而遭受损失（Nikanen，W. A. ，1971，p. 24）。这样的公有制在英国形成后，国有企业的生产力增长速度已经远远落在私营企业之后。国家拨款不但不能产生利润，反而造成了亏损（Pryke，R. ，1981，p. 3）。

货币主义的核心理论认为：控制货币供应量是抑制通货膨胀的最重要的手段。根据这一理论，英国政府决心改变过去那种在公共部门超经济分配所导致的通货膨胀，制定了消减公共开支，紧缩信贷的政策，私有化便是其中的政策之一。

另外，政府干预理论认为，公共部门的增长会最终导致生活水平增长缓慢。进一步说，如果存在一个庞大的政府，并按照自己的（而不是公众的）利益行动，那么经济就会失去发展潜力。这种理论也为英国政府采取“缩小政府边界”（rolling back the frontiers of the state）政策提供了理论基础。

英国的私有化便是上述理论的重大实践。

2. 国有企业私有化的最初目标和进程

保守党最初提出的私有化政策目标主要有五个方面：（1）借助私有化提高有关产业部门的运作效率；（2）促成股权分散持有，使英国成为所谓“大众拥有股份的社会”；（3）增加公共财政收入，以降低财政赤字——抑制通胀；（4）削弱工会组织在公共部门的力量，以消除这些组织“对国家的要挟”；（5）增强行业内部竞争，增加消费者选择。

英国国有企业私有化的进程采用了渐进方式，其内涵包括三项内容，即“财产或产权私有化”（出售国有资产）、“经营私有化”（国有企业租赁和承包）、“管理私有化”（以民营方式取代国营方式），三者结合，实际上包括了国有经济改造的几乎全部内容。

撒切尔政府推行私有化的进程可分为三个阶段：

第一阶段从1979年到1983年的大选前，为“特别出售”阶段。所谓“特别资产的出售”（special asset sales）是指规模很有限，平均每年不足5亿英镑。本着先易后难的原则，当时出售的国有企业主要是已经在在市场上与私营企业竞争的小型公司。撒切尔在出任首相的当年10月，曾选择英国石油公司作为私有化的对象，这是一个有子公司和联号达650家的大型石油化工公司。撒切尔政府最初只将该公司5%的股权出售给私人。按照西方私有化的分类，这属于部分私有化。后来，该公司股权出售给私人的比例逐步增大。继英国石油公司之后，撒切尔政府还向私人出售了多家国有企业的股权。“早期的民营化是很适度的，它只把注意力集中在有竞争力部门的公司上”。然而在这个适度的开端，整个方案就已经覆盖了电信、煤气、电力、水务以及铁路和“最终民营化”的煤炭产业等主要公用事业（Cosmo Graham，2006，p. 111）。

第二个阶段从1984年到1988年，私有化的步伐加快，群众基础不断扩大。1984年出售英国电信公司50.2%的股票。按照西方私有化的分类，这就不再是部分私有化，而是属于私有化。究其原因：（1）保守党在1983年的大选后巩固了地位。此前，保守党内部曾就国有工业的私有化问题进行过辩论，但因惧怕可能产生的政治后果而搁浅。自从取得议会中的优势以后，这种顾虑自然小多了。（2）撒切尔政府经济政策的重要目标是削减公共开支，但在第一任期中，公共开支占国民生产总值的比例却上升了3%，从1978/1979年度的40.5%上升到1982/1983年度的43.5%，因而把私有化作为从整体上削减公共开支的替代政策（Brittan，S.，1984）。（3）其他的一些偶然因素也起到了促进作用。例如1984年实行的英国电讯公司的私有化是第一个大型的私有化项目。最初政府根本无意出售。但当政府面临着该公司的财政困难时却发现将它出售给私营部门可以使公司自由地从资金市场上获得所需要的足够资金，所以私有化主张就变得特别有吸引力了。

以出售电信公司为先声，英国私有化涉及的部门越来越多，出售的国有企业资产的金额也日益增大，并集中到英国煤气公司、英国钢铁公司、英国航空公司等大型公共垄断企业。如1981年撒切尔政府出售了英国宇航公司51.6%的股票，总收益为1.49亿英镑；第二次出售英国石油公司的股票，使政府的控股比例由46%下降到39%；随后又出售了电缆和无线电公司9.4%的股票。1982年政府出售了阿默沙姆国际公司的全部股票和布里托尔石油公司51%的股票。1983年出售了英国联合港口公司1.5%的股票和国际航空无线电公司的全部股票。1988年，撒切尔在保守党年会上第一次向公众明确表示，私有化无“禁区”，并决心将这一进程推向电力、自来水等“自然垄断”部门。

第三阶段从1989年底开始一直延续到梅杰政府时期。这一阶段，在私有化无禁区的口号下，开始出售那些带有自然垄断性质的企业和处于衰落中的企业。继1989年11月出售10家自来水公司后，1990年3月又出售了英格兰和威尔士的16家电力公司和苏格兰的3家电力公司。1995年11月铁路公司开始了私有化。

1997年上台的布莱尔工党政府承接了前政府的改革成果并继续推动改革。布莱尔作为英国社会中产阶级利益的代表，他于1994年5月当选工党领袖后提出了建设“新工党”口号，并对工党的理论进行了重大修改。1995年工党特别党代会通过修改党章第四条款关于“生产资料、分配和交换领域实行公有制”的内容，正式以党章的形式完全放弃了“公有制原则”，这是工党历史的重要转折。布莱尔实际上是承接了保守党对社会改革的“遗产”。2000年初，英国政府对国家邮政进行了私有化改造。这一阶段改革的难度加大，国民怨言较多。

3. 私有化的方式

英国私有化的方式归纳起来主要有：（1）政府将整个企业出售给某一私营公司。如将英国造船公司、国家公共汽车公司、皇家军械厂等企业出售给私人。但对一些关键性企业，如对国民经济、国民生活或国家安全而言有重大关系的企业，国家出于总体利益的考虑，在某些公司里保留一定数量的特殊股份，被称为金股。“通常，对于一个黄金股权计划来说，其基础是公司的股本中将包含一种由政府或者他们的被提名者持有1英镑的特别权利可赎回优先股”（Cosmo Graham，2006，p.115）。这一“特别股”赋予了英国政府对企业的某些重大决策拥有特别否决权。如政府掌握了罗尔斯—罗伊斯汽车公司的“特别股”，使贸易部能够限制外国及个人投资者接管这家企业。黄金股权的主要目的是为政府提供否决权，对企业行使监控权，防止在未得到有关内阁大臣的同意就向外国公司或个人出售大宗资产，危及国家经济安全。（2）以固定价格把股票出售给本企业的经理和雇员。固定价格实际是一种优惠价格，它大大低于股票的实际价格。英国政府为了鼓励资金少的投资者购买股票，还采取了分期付款、赠送股票、打折优惠和给予忠诚奖励等方法。定价过低的股票使一些持股者通过转让获取了丰厚的收益，掀起了购买股票的热潮。（3）政府向银行招标确定某银行为承销商，由该银行负责通过股票市场公开出售公司股票。采用招标的方式出售股票，股票价格由投标者竞价决定，价位基本合理，市场炒作空间较小。还有一些企业出售股票时采取固定价格和投标价格相结合的办法（刘重力、武津辉，1999）。

从以上英国国有企业私有化的形式我们可以发现，英国国有企业的私有化包括国家控股、向社会公开发行股票的"股份制企业"，甚至将国家所有私人承包经营都纳入国有企业私有化的范围。

从1979—1988年，英国国有经济已有40%实行了私有化。国有经济在GNP中的比重从11.1%下降到6.5%。自1979年私有化开始到1995年私有化基本结束，15年中国有经济的比重削减了7个百分点。

4. 国有企业私有化的效果及问题

英国保守党政府实行大规模私有化的初衷主要是出于宏观政策调控和政治上的需要。政府在财政上无法维持对国有企业的巨额投资，希望通过强化企业的利润动机来提高经济效益，但私有化的效果总体上说并不尽如人意。据统计表明，部分私有化后的国有企业在经济效益方面有较大的改观。如英国宇航公司私有化后，在5年中利润从1981年的6260万英镑增加到1985年的1.27亿英镑。国家货运公司1982年私有化后，头两年利润翻了一番，到1986年利润增加了6倍。但私有化的总体结果在提高企业效率上并没有取得令人满意的成效。私有化甚至使得一些原来有优势的行业进一步没落了。如英国曾是海上霸主，造船业经历了长期的繁荣，但到20世纪世纪60年代陷入了困境。工党从1975年开始对其实行国有化，1979年保守党又对其实行了私有化。1983年首先通过了"英国造船法案"，重新规定了造船公司的法律框架和职责，为私有化作了法律上的铺垫。从1984年开始，造船公司的各公司，包括民品公司和军品公司陆续进行了私有化。在这场私有化过程中，伴随着大量造船工厂的关闭，除了力量有限的军用造船业外，英国的造船业几乎退出了历史舞台。

正由于此，英国各界对私有化有着不同的看法，如工党表示，只要再度执政，就将私有化的企业重新国有化。工会领导人认为，即使国有企业效益低，也会维系许多公共事业，但私人企业却会因不赚钱而不为之，或少为之。大多数知识分子认为私有化扩大了贫富差距。公众中许多人认为，私有化出售了国家的家底，使国家变穷了；私有化售出的企业多半是赢利性企业，留下的国有企业都是无法获利的企业；私有化声称要打破行业垄断，但私有化之后，许多产业的行业垄断并未打破，只不过是变换了方式——由政府垄断变成了私人垄断；私有化之后，英国公众失去了许多“公共服务”，因为私有化后的企业把商业利益，而不是把大众利益列为其头等经营目标，从而导致社会道德败坏，影响了人民生活。

事实也正是如此。国有企业在私有化后，变成了一个真正意义上的盈利性实体，必然会从成本收益的角度出发，追求利润最大化。为了提高经济效益，企业要增加投资、采用先进技术、改善经营管理，于是一些企业会实行减员增效策略。而且，所有权结构转变本身也必然要求企业放弃以前承担的社会义务，从而增加了社会矛盾，加剧了社会负担。一些私人企业出于自身利益的考虑，只顾眼前利益，缺乏长远目标，不会将企业资金投入职业培训，承担解决就业的社会职能。相反只能变得更加“唯利是图”。如国家公共汽车公司私有化后，不仅提高了票价，而且只开“热线”，只跑“高峰”时段，给人民生活带来了不便和负担，进而对社会和经济发展带来了一定的负面影响。英国公众对国有铁路私有化的后果也表示强烈不满。英国《观察家报》2001 年 2 月 4 日发表文章，把欧洲的国有铁路与英国私有化后的铁路作了比较，认为“欧洲的铁路服务令英国相形见绌”。文章说：“欢迎体验欧洲的国有铁路服务。在这里，舒适、便宜、准时与安全是服务的四大宗旨。对于习惯了铁路部门平稳运行的乘客，误点是根本无法容忍的。私有化毫无意义，安全才是第一位的”。英国国有铁路实行私有化时，“铁路乘客曾经以为，铁路私有化可以带给他们新型的快速列车，以及准时、安全、便宜的旅行，实际上，他们不得不忍受陈旧、肮脏、拥挤不堪的车厢，加上全欧洲最昂贵的票价”（乔安娜·沃尔斯特，2001）。

与 20 世纪 80 年代相比，20 世纪 90 年代英国私有化的难度大大增加了，其中一个重要原因是，在 80 年代所设定的一些私有化目标，进入 90

年代以来越来越难以实现，招致的批评也越来越多。客观地说，整个80年代，保守党最初提出的五个私有化政策目标在很大程度上鼓舞着英国公众的私有化热情。然而自进入90年代以来，最初目标中某些关键部分出现逆转，公众的私有化热情骤然降低。所以，英国经济学家汤普逊认为，“对国有化工业所有权的转换所产生的整体收益，目前并不清楚”（Thompson，G.，1986，p. 201）。约翰·维克斯、乔治·亚罗在《私有化的经济学分析》一书中认为，“由于政府在推行私有化的过程中过于急躁、步伐过快，因此它削弱了英国私有化计划在长期中所取得的成功”，同时他们还认为，“由于所有制、竞争和监管相互联系在一起，它们共同决定了企业的激励机制和行为方式，因此我们不可能对公有制和私有制各自所具有的优势作出定论”（约翰·维克斯、乔治·亚罗，2006，第512页、第508页）。

4.2 法国的国有股份制企业

4.2.1 概述

法国的公司立法始于1673年的《商事敕令》。1807年法国颁布第一部资本主义商法典，其中，第一编第3章专门规定了公司制度。法国后来又制订了包括各种主要公司形式的完整的商事公司法。

法国的企业组织形式大体分五种：个人公司、合伙公司、集体名义公司、有限责任公司、股份有限公司。其中，前三种属于无限责任公司，后两种是有限责任公司。根据法国统计局1986年的统计，法国有合伙公司21398家，合股公司3147家，股份公司256371家，有限责任公司445124家。因此，法国占主流地位的公司制度是股份有限公司和有限责任公司。股份有限公司和有限责任公司制度的共同特征是：第一，公司是从自然人人格中完全分离出来的法人。公司法人享有民事权利和承担民事责任的物质基础是法人财产。第二，出资者和公司只承担有限责任，即以其出资的份额为限，对公司债务承担责任，公司以其全部法人财产为限对其债务承担责任。第三，公司以股东会、董事会（或监事会）和执行会（经理）等组织结构来处理出资者和经营者之间关系，既明确界定了出资者和经营者各自的权利和义务，又构成了一套对经营者的激励和约束机制。

法国实行的是一种混合经济制度，其企业按所有制形式可区分为三类：国有企业、合作社和私人企业，亦即法国一方面是一个以生产资料私有制为主体的资本主义国家，工业、商业、服务等部门的大多数公司是私营的。私营企业自由决定其生产和消费活动，对社会资源的配置也是通过市场来实现的，私营企业的职工人数占就业总人口的 70% 以上。另一方面，法国政府为了维护其国家主权，保证市场经济更好地运行，加强了对经济的干预活动，其三要手段之一就是通过国有化运动，建立了一个庞大的国有部门与国有企业，并由此对关键性行业或战略性部门进行控制，影响和左右整个国民经济的发展。这里的国有企业是指政府当局可以凭借它对企业的所有权、控股权或管理条例，对其施加直接或间接支配性影响的企业。根据法国官方的划分标准，国家持有 30% 以上资本的企业均称为国有企业。在西方发达国家中，法国是企业国有化程度最高的资本主义国家。

法国国有企业的性质属于资产阶级集体所有制，实行股份制。国家是国有企业的股份持有者，控制企业的发展方向和影响企业的经营方针，但对企业的日常经营活动不加干预。这些实行股份制的国有企业不管其规模有多大，国家掌握的股份比例有多高，首先都是根据普通公司法建立起来的，无一例外地受法国公司法的制约。

4.2.2　法国国有企业的建立及原因

在发达资本主义国家中，法国长期实行“计划市场经济”（于安义，1995），是企业国有化程度最高的国家。

1. 国有企业建立的过程和方式

在资本主义发展的初期，法国就已建立国家所有制企业，如公路、运河、邮政和火器工场均属国家所有。国家还直接兴办某些手工业和商业。1878 年法国修建了第一条国有铁路。自拿破仑以来，法国一直实行中央集权，并对货币发行和银行活动严格控制，国有经济已占有一定地位，但当时国家所有制只具有简单的不完备的形式。

第一次世界大战期间，法国政府对军火生产、运输业和粮食业进行管制，战后又立即将德国归还的铁路、钾矿、国营氮工业局及大批不动产收归国有。为恢复经济，法国还建立了国营农业信贷银行、国营罗纳河开发公司以及一些国家和私人合营的企业。

第一次世界大战之后，法国经历了几次国有化运动的浪潮。

1936 年的第一次国有化浪潮主要发生在银行和铁路领域，国家通过收购或参股形式成立了一批国有或公私合营公司。政府先后对铁路和一些军火企业、飞机制造公司实行了国有化，统一了全国铁路网，建立了国营铁路公司。同时还改变了法兰西银行的法律地位，确立了国家在该银行中的决策权，为银行国有化打下了基础，但保留了私人股权。

第二次世界大战结束后，戴高乐政府进行了第二次国有化运动，使能源、交通全部实现国有化，保险行业部分实现国有化。法国全国抗敌委员会的纲领规定："大型国有化生产资料归国家所有"（弗朗索瓦·卡龙，1979，第 263 页）。1944—1946 年戴高乐临时政府通过没收或赎买政策，将能源、交通、银行、保险等行业的一些大型私人企业收归国有，其中包括法兰西银行、里昂信贷银行、通用银行、国民工商银行和国民巴黎贴现银行以及 34 家保险公司，成立了法国煤炭公司、法国煤气公司、法国电力公司、原子能总署，负责组织和协调能源开发，还建立了一些运输、通讯、领土整治方面的混合经济公司，将各飞机制造厂和各航空公司收归国有，组成单一的航空网。1946 年宪法宣布："所有一切已经具有和将要具有为全民服务或事实上具有和将要具有垄断性质的财富和企业必须全部成为全社会的财产"（弗朗索瓦·卡龙，1979，第 263 页）。经过这次战后大规模国有化运动，法国国有企业已占电力、机器制造、化工、军火、运输、邮电部门的就业人数和营业额的 45%。国有银行占存款总额的 59%，放款总额的 49%。国家控制了货币基金的 80%，保险基金的 60%。

1981 年，法国第一任社会党人总统密特朗上台后，在法国掀起了第三次国有化高潮。密特朗政府在 1982 年 2 月 11 日颁布《国有化法令》，决定在工业、金融等领域对大型私人企业实行国有化。在工业领域中，通过把国家债权改为国家股份或用其他控股方式，把五大工业垄断集团和北方钢铁公司、霍尼韦尔—布尔国际计算机公司、达索飞机制造公司和马特拉军火公司等收归国有。在银行业，把最后两家最大的金融公司以及 36 家存款在 10 亿法郎以上的私人银行全部收归国有。这次大规模的国有化运动大大提高了国有经济在法国经济中的比重。据统计，到 1982 年，政府控制的家用和办公用电子工业、基础化工、有色金属工业、军火工业、航空工业、公用事业的比重分别为 44%、54%、63%、75%、84%、

100%。国有企业的就业人数从 160 万人增加到 240 万人，占全国就业人口的比重上升到 11%。国有企业的产值在工业总产值中的比重上升到 21%，在固定资产中的比重上升到 35%。国有银行在注册银行的存款和贷款中的比重分别上升到 90.6%、85.2%。国家几乎垄断了所有中长期存款和贷款（杨祖功，1995）。

法国国有企业建立的方式有三种：一是法律形式，即对在战争期间同敌人合作的私人资本家的企业无偿没收并改变成为国有企业；二是信用形式，即国家向一部分私人资本家支付高额赎金，通过购买股份的办法把这些私人企业转为国有企业；三是契约形式，即国家和私营企业签订协议，向一些私人企业参股，把私人企业改造成为国私混合所有的合营企业。采取什么具体形式，主要根据市场经济运行情况和宏观经济调控的需要。

2. 国有企业建立的原因

国有企业建立的原因：一是满足战争需要以及战后医治战争创伤，克服经济危机，缓解社会矛盾，振兴法国经济；二是因为交通运输、能源、矿山等基础性产业，投资大、周期长、资金回收率低，私人资本不愿投资经营；三是建立涉及国计民生的、作为基础设施的国有企业，有利于防止在这些部门形成垄断及获取垄断性利润，保证社会公众生活和社会的稳定；四是战后科技革命的巨大推动力量和受国家干预经济思想的影响。

4.2.3　法国国有企业的类型、规模和结构

1. 国有企业的类型

法国的国有企业多数是规模大、实力强的大型企业。

按照企业所在部门的性质，法国国有企业分为三类：一是基础设施和基础工业部门；二是一般制造工业部门；三是金融部门，包括国有银行、保险公司和其他金融机构。

从组织形式上看，法国的国有企业可分为两类：公营企业和混合股份公司。公营企业是指国家掌握其全部资金的国有企业；混合股份公司是指国家掌握其大部分资本的国有企业。

根据企业作用和性质的不同，法国政府将国有企业分为三种类型：（1）非法人的公司事业及从事工商业活动的行政机构性质的公共事业机构，包括邮电局、国家印刷厂、存款银行等；（2）工商业性质的公共事业机构和国有企业，包括国营森林管理处、烟草和火柴工业管理部、法国

煤矿公司、法国电力公司、雷诺汽车公司和国有银行等，这类企业的资本全部由中央和地方政府占有；（3）中央政府或地方政府掌握部分股份的股份有限公司。

从竞争程度来看，法国的国有企业又可分为两类。第一类是垄断性部门。在1982年国有化之前，国有企业大多分布于能源、交通、宇航、金融和保险等部门。这些部门由于政府特许、规模效益和资本高度集中等原因而具有较高的垄断性，如法国电力公司、法兰西银行等。对于垄断性部门的国有企业，国家不仅控制着价格的批准权和决定权，而且往往给企业规定一些社会义务，企业经营管理的自主权相对较少，但企业内部的人事、劳动、财务和组织等方面仍由企业自行管理。第二类是竞争性部门。这类企业国家只掌握部分股份，在价格、市场、企业经营管理等方面均不实行直接干预，主要靠市场机制调节，拥有完全的经营自主权。一般制造工业部门和金融部门的国有企业都属于这一类（吕长江、王克敏，1995）。法国国有企业存在由垄断性部门向竞争性部门推移和扩大的趋势。对于竞争性企业，可以从它的盈利情况来评价；对于垄断性企业，利润就不是唯一的标准。这类企业往往要承担一定的社会义务，国家必须计量企业因承担社会义务所带来的经济负担和损失，并给以相应的补偿。垄断性部门的国有企业大多数亏损，但其中很多是政策性亏损或同国有化无关的因素所致（立世，1997）。

2. 国有企业的规模

法国与西方其他发达市场经济国家相比，国有企业一直处在稳定发展之中。后来私有化过程中虽然有所下降，但国有企业的原有规模和结构并没有发生根本性的变化。法国国有企业大多是大型企业，很多是集团公司。一些国有大银行不仅控制其他银行，也参与工业投资。按自有资本排列，法国最大的25家工商业公司中，国有企业有15家，包括头4家最大的公司在内。按职工人数排列，最大的20家企业中，17家是国有企业。国有企业数量虽不多，但在国民经济中占有相当大的比重，能影响和左右整个国民经济的发展。据统计，在法国各经济部门中，国有企业营业额所占的比重是：电力工业为90%，煤气工业为95%，铁路运输为100%，石油工业为35%，航空运输为90%，汽车工业为36%，银行为55%（孙鸿武，1992）。据法国经济部1994年3月提供的资料，到1993年初，法国国有企业数增至2750家，在法国境内雇用职工173.7万人，国有部门的固定资产总额达 1644 亿法郎。

3. 国有企业的结构

从结构上看，国有企业的分布很广泛，几乎涉及所有重要的部门和行业。

法国国有企业 40% 以上属于国民经济中的制高点企业，不仅在交通运输、邮政、军用品生产、公用事业及银行金融业等部门占有重要地位，而且在汽车、化工、医药等制造业，宇航、电子、原子能、信息处理等新兴工业中亦占有相当大的比重。政府除拥有中央银行和四个最大的商业银行外，大多数保险公司也都是国有企业。所有国有大企业都不是单一产品、单一经营，而是多种产品、多种经营，综合发展。政府的经济行为，不仅影响国有经济的发展，而且可以改变社会供求关系和经营成本，从而影响私营企业的利润与发展。国有企业在国际上的活动范围很广，大企业一般在国外都设有子公司。很多国有工业集团在国外的营业额和职工人数都占很大比重。

4.2.4　法国国有企业的公司治理

法国虽然是中央集权制国家，比较强调国家干预的作用，但在处理国家与国有企业之间的关系上其基本准则是：既要保证国家对企业的所有权和领导权，又要保证企业拥有比较广泛的经营自主权。

法国每个国有企业都有相应的中央主管部门，其中经济财政部是国有企业在财政方面的主管部门，所有国有企业的股东职能都由经济财政部的国库司承担，每个国有企业的董事会中都有该部委派的代表。国有企业一般都制订中长期发展战略计划。发展战略一般要受国家整体经济发展战略的影响，与国家所确定的目标一致，企业的经营活动围绕比目标来进行。国家参股 90% 以下的企业，其董事会三分之一成员必须来源于企业雇员代表，即使是完全国有化的企业，也同样实行企业自治，政府只是实行事前、事后监督和审计，日常经营活动完全由企业负责。

《法国公司法》规定，股份有限公司的治理结构有两种，即“单一委员会”制和“双重委员会”制。实行“单一委员会”制时，只设董事会，不设监事会；在实行“双重委员会”制时，同时设董事会和监事会，董事会负责公司的业务经营，监事会监督董事会所进行的公司管理活动。董事会每三个月应向监事会报告一次，董事会的重要决定必须经监事会同意。简单地说，就是董事会对监事会负责，监事会对股东大会负责。

法国国有公司制企业主要采取“单一委员会”制下的法人治理结构。单一委员会制又称董事会领导下的经理负责制，即董事会、总经理和各职能部（如总务、人事、财务、生产、分配）三级领导体制，决策权与经营权相分离，其中董事会是最高决策和管理机构，负责决定企业的发展战略、经营方针、人事安排和企业留利的分配。经理人员只有建议权、经营权，没有决策权。

具体讲，这种模式的特点主要有下述几个方面：

1. 法国政府是企业的股东

国家作为国有企业所有者通过人事安排参与国有企业的经营和管理，如通过参与企业董事会，控制企业的发展方向，使国家的经济政策得以贯彻和执行。

董事会是决策机构，负责制定企业的发展战略和经营方针，任免分公司董事长和总经理，决定红利分配等重大问题。

董事会实行“三方代表制”，即在董事会中，国家代表、企业职工代表和与企业有关的专家、知名人士代表各占三分之一。其中国家代表由政府任命，政府通常是根据持股大小任命代表的。企业职工代表是由职工们无记名投票选出来的。为了成为一名合格的候选人，职工代表除了要在母公司或子公司工作5年之外，还需要一两个工会提供担保，或者至少是职工委托人和联合生产委员会或相类似机构成员的10%提供担保。未经就业视察团的允许，不事先通知职工代表所在的董事会，不可把职工代表从所在企业解雇。由职工选举出来的董事是不付报酬的，但可享受脱岗工作的优惠，时间长度在每月15小时和法定工作时数的一半之间（黄新建、甘筱青，1998）。专家、知名人士代表一般是根据有关人员的技术水平或业务能力、他们对区域各种经济问题的了解、对各种公私经济活动的知识而由企业主管部门推选出来的，其中一些代表须经政府任命，一般是消费者或用户的代表。例如法国电力公司的董事长是政府总理任命的，董事会其他成员中的三分之一代表国家，三分之一是企业职工民主选举的代表，三分之一是由政府指定的消费者代表。企业董事会的组成是国家意志、公众意志和本企业职工意志的综合体现。三方代表各自代表着不同社会集团的利益。这就能够使重大决策体现出不同利益集团的意志和要求，防止决策中片面代表某些利益集团的情况发生。

法国政府直接任免国有企业的主要领导人。据调查，在法国 327 名国有企业主要领导成员中，有 119 名来自政府行政部门。在国家控股 100% 的企业以及国家控股 90% 以上的企业里，董事长、总经理由主管部长提名，经内阁会议讨论通过，总统签字批准，以法令的形式予以任命。国家股份在 90% 以下、50% 以上的企业，董事长虽然也需经股东大会选举产生，但政府可以影响萱事长的推选，提名权仍在政府手中。在国有股份占 50% 以下的企业，政府代表仅仅根据参股比例加入董事会或参与管理，而不一定担任董事长。

为了保证国家利益，政府和主管部门在任免和选择董事长时，一般都是挑选那些曾经或现在在该公司任职多年、熟悉公司情况和专业业务，同时在政治上亲政府的人担任。董事长在对公司业务作出重大决策时，一般要同政府有关部长磋商。如果董事长与政府发生严重分歧，董事长可以自动辞职或拒绝执行政府意见，政府也可以撤换董事长。他们都经过专门的训练和正规培养，具有从事企业经营和管理的专长与技能，这为提高国有企业的管理水平提供了保证。分公司和子公司的董事长，国家和主管部门不加干预，由总公司自行决定（高萍，1998）。除董事会成员外，国有企业人事管理自主权较大，企业可根据政府颁布的劳工法自主决定人员编制、培训和晋升，并有权解雇各级人员。

法国国有企业董事会的规模是不同的，最多是 18 名成员。每一成员任期 5 年，最多可连任 3 期。董事会日常会议由董事长召集，许多重大问题诸如企业经营方针、发展战略、财务收支计划、市场营销、新技术研究与开发、与国家签订的计划合同等，都须经董事会讨论方可通过。通常，董事会成员的三分之一就可以召集一次会议。

总经理是决策执行人，由董事长提名，经董事会讨论，报部长会议审批，由总理任命。副总经理由总事长与总经理协商提名，报董事会审批并任命。

2. 对国有企业严格监督，以防止国有资产流失

法国政府对国有企业的监督是通过事前监督、事后监督和议会监督来实现的。

事前监督是指由财经部和预算部向国有企业派出国家稽查员和主管部门代表，监督企业的经营管理活动，参与企业的重大决策，具有强制性。稽查员的主要使命是督促企业遵守各项财务制度和规定，检查企业

账目是否符合规定，向政府提供关于企业的各种信息，为企业经营提建议。他们对企业的重大决策可行使否决权，重要决定要由他们签署后才能报财经部长和预算部长审批。主管部门代表负责了解检查情况，向主管部门汇报。

事后监督是指财经部和预算部派出代表，负责监督国有企业的财务情况。国家对国有企业实行财务监督主要包括：（1）国家向企业派驻常驻代表，对国有资产的经营进行监督和核查，检查企业账目是否符合规定，督促企业遵守各项财务规章制度。（2）在企业内部设立专门的监督委员会，建立管理监督制度。企业都设有董事会和总经理领导下的财务监督机构。总公司设监察总局，负责检查和审核下属单位的会计账目。国家设有账目法庭检查企业账目和管理质量，对查出的财务问题，有权责令有关人员纠正或赔偿，甚至追究法律责任。国有企业的预算必须预先提交主管部门审阅。从事竞争性经营活动的国有企业的预算和会计制度是依照私人企业的一套标准和规定办理的。事后监督共有三个监管机构：（1）国家审计法院。这是一个专门的行政司法机构，通过对国有企业进行审计检查，核实政府对企业的监管是否严格有效，检查企业财务收支是否符合规定，并对企业经营效率和效益进行评估。（2）专门银行委员会。该机构实施对国有银行监管，控制银行经营风险的极限、监督银行结算等。（3）专门的保险监督委员会，实施对国有保险业的监管。

议会对国有企业进行全局性、政策性监督。法国议会分为参议院和国民议会，两院各设有六个专门的委员会。议会对国有企业经营拥有重要的监督权和发言权。它可通过对预算的审议（主要对非竞争性国有企业）或随时成立的专门调查组和常设的监督委员会（主要对竞争性国有企业）实施对国有企业的监督。

3. 法国政府运用合同的方式（即契约化）来确定企业的中长期发展规划，使之符合国家总体经济政策和国家计划重点

法国自第二次世界大战后以来，一直重视运用经济计划对国民经济进行干预和调节，而国有企业则被当作实施计划的重要手段。

法国先后使用过三种不同的合同书，先是《纲要性合同》，内容比较简单，时间跨度长，从20世纪60年代末到70年代初。后改用《企业合同》，实行期限较短，从1978—1980年，条款具体，其主要内容包

括国家向企业承诺的提供资金数额和企业偿还的期限，企业履行公共部门职责和应得到的补偿以及实行自主权的一般条件等。1982年以来，又用《计划合同》取代了《企业合同》，合同的内容和实施方式都有新的发展。

计划合同制是法国政府落实国家计划的重要措施和步骤，也是国家对国有企业实行计划管理的有效形式。签订计划合同制时国家和企业关系的基本原则是：保证国有企业财务收支平衡；国有企业以企业身份开展自己的业务；贯彻执行政府的经济政策；企业承担社会义务付出的代价，国家要给予补偿。

计划合同的内容一般包括：企业的发展目标、经营战略、就业保证、技术研究与开发、扭亏增盈、促进出口、职业培训等内容。国家对企业承担财政义务，提供预算资金；企业则保证合同的完成。

政府对国有企业是否签订计划合同，一般根据两个原则：一是看企业有无新的发展项目；二是看企业所处经济地位和经营战略性质。对于宇航工业、原子能工业等国家战略重点企业以及电力、铁路、邮电等基础行业，其经营战略选择与国民经济发展密切相关，政府就要求与这些国有企业签订计划合同。合同期限一般为3—5年。

法国的“计划合同制”具有四个特点：（1）计划的本质特征是指导性。对国民经济各个产业和大中型国有企业，国家计划对其运行或行为起着重大的导向和调节作用；它规定一定时期内各类产业或企业的发展战略和目标；规定未来产业发展的基本方向、总量增长指标、相应的配套措施。但这一切对各类企业只起参考作用，而不具有强制性。为保证企业的生产、调节方向与国家计划的要求相协调，国家主要是运用经济手段（如税率、信贷、补贴等），对各个经济单位进行诱导和控制，将各个部门和企业的经济行为纳入国家预定的轨道。（2）计划机制并不排斥市场机制。法国实行计划管理的原则是，在保证市场调节为主的前提下，让计划调节发挥重大的作用即采取市场经济基础上的双重调节机制，二者互不冲突，且各有分工。国家对市场进行广泛的针对性调节、干预和计划，从而使企业依从计划的指导。（3）计划是在充分协商的基础上形成的。法国政府始终未把计划建立在特权的基础上，计划的制订和执行都是在政府与“社会伙伴”（各行业代表、企业代表、社会各阶层代表）之间充分进行对话、协商的基础上进行的。因此，它能使计划尽量反映企业的要求，反映不同社会利益集团的要求，从而使计划变成国家与“社会伙伴”的共同行动。（4）计划必须经过立法程序。法国的经济计划要经过立法程序而确定其权威性。计划草案首先提交政府内阁会议通过，经过国民议会经济和社会委员会咨询、审查，最后由国民议会审议通过后，便以法律形式颁布、生效。

通过计划合同的执行，一方面使国家计划目标和优先发展项目在国有企业中得到落实和实施，确保了企业的发展战略和国家计划的一体化，另一方面也使企业在计划的框架内保持最大限度的经营自由（黄新建、甘筱青，1998）。

4. 国有企业内部的劳资关系

法国通过了企业委员会法案，每个国有企业都建立了企业委员会，负责管理职工的福利基金。法国全国有五大工会组织：法国总工会、法国总工会工人力量、法国劳工民主联合会、基督教总工会和管理人员工会。这些都是企业的对话者，它们在各企业中都有自己的分支机构。工会在企业中的主要任务是维护工人利益。如同企业谈判签署有关工资的协议；每年根据国家有关工资提高幅度的规定，讨论决定本企业的工资增长率及其具体增长的安排；讨论签署有关减少工时的协定以及讨论签署有关发放奖金的协定。工会还有保护工人就业权利的责任（立世，1997）。

4.2.5 法国国有企业的作用

一般说来，国有企业，特别是非竞争性国有企业经常出现亏损。有些亏损属于经营不善，效率不高，也有些是为了服从社会效益，如铁路、邮政等。但在法国有不少国营企业的经济效益并不低于私有企业。所以，企业效益与所有制无关，关键在于经营管理方式。

法国建立起来的强大国有企业，成为法国政府进行国家干预和宏观调控的重要形式，其作用有：

1. 弥补了市场经济的缺陷

那些投资大、周期长、盈利低的基础设施和公共事业单位，市场机制和私营企业都不能有效地发挥作用，但这些部门和行业又是整个社会经济发展中不可缺少的条件。所以，国家出面进行投资以弥补市场机制不足，保证市场经济健康有序地发展。

2. 推动了技术进步和产业结构的优化

国家通过大量投资，使钢铁、煤炭、机器制造等传统工业部门得到了技术改造。同时，国家还兴建和充实了具有重要经济意义的原子能工业、电子工业、宇航工业等新兴企业和尖端企业，从而提高了产业结构水平，保证了整个经济发展的后劲，为国家的经济进行宏观调控提供了物质条件。

3. 扩大了计划调节的范围

法国借助相当规模的国有企业，不仅可以调节社会投资规模和投资结构，改善投资环境，改变投资布局，而且能够调节公用事业和基础产品价格，还可以通过国有经济的计划调节和国有企业向私营企业的参股渗透，扩大计划调节的直接作用范围。

4. 保证了国民经济整体运行的需要

由于国有企业必须接受国家管理和计划指导，所以国有企业在运行中，主要考虑为其他经济部门提供基础设施和技术条件，这就保证了社会再生产的顺利进行。国有企业还经常为了反通货膨胀而不提高产品价格，或专门经营不盈利或少盈利的产品，以保证经济整体运行的宏观需要（戴天顺，1996）。

4.2.6　法国国有企业的私有化

1986 年，法国右翼政党在议会大选中获胜，希拉克政府内阁实行经济自由主义政策，大力推行私有化，其主要原因并不是由于这些企业盈利或亏损，而是出于全国经济和党派政治的需要以及受到全球私有化浪潮的影响。

法国国有企业私有化一般来说分为两个时期：一是从 1986 年 11 月到 1988 年 3 月。法国将一批经营良好的国有银行和国有工业公司私有化。法国国有企业私有化常常被叫做“资本开放”。在这次私有化过程中，4000 多家国有企业中有 1082 家企业实行了私有化，50 万国有企业职工转为私人企业雇员，他们分别占整个国有企业数和雇员数的 35% 和 18% 。

法国实行私有化并不是简单地转化一下所有权，化公为私。政府特别强调完善私有化的立法工作，以保证私有化工作有序进行。私有化前，政府制定了有关法律，采取各种措施，如通过公开招标，由会计师事务所对国有企业的资产进行科学评估。估价须参考股票在股市的价格、资产价格、实现利润、子公司的存在与否以及未来前景等，以防止国有资产流失。企业股份价格通过经济财政部根据委员会意见发布通令决定，并公开、分批出售，严禁垄断和投机。

一般来说，企业出售的部分占总数的30%—40%，并且设有“核心股”和“大众股”、限制外资股和大额股、优待本企业职工股等。法国政府为吸引外资，允许外国公司购买法国企业的股份，但外国个人或法人所占股份总额不能超过资本的20%。向公众出售股份之前，企业内部职工有权以优惠价购买本企业的股票，但职工持股不得超过10%。另外，个购股优先考虑10股以下的购买者。这就避免了资本流失，保证了社会稳定和企业的正常运行，受到民众的普遍欢迎。法国实施的私有化带有强烈的“法国化”特征。

1988年3月，希拉克政府内阁下台。以密特朗为首的新的左翼政府上台后中止了私有化运动，也未再坚持国有化，只是让国有企业完全到市场上去竞争，管理方法也日趋“私营化”。

从1993年7月开始，法国政府又一次掀起私有化高潮，颁布了为期5年的私有化计划，其对象包括著名的雷诺汽车公司。根据1993年私有化法案，21个集团公司要实行私有化。这些集团控制了1760家企业，就业人数高达668000人。到1995年中期，应私有化的21家企业集团完成了私有化程序，其中包括巴黎国民银行。1993—1994年度的私有化收入共达1000亿法郎，其中有680亿法郎直接用于国家财政，弥补预算赤字，减少发行公债。

进入21世纪，法国面对不少国有企业管理不佳、资金紧张、竞争力不强等弊端，决定继续有步骤地出让一些国有企业的部分产权及股权或逐步让企业上市。如英国《国际核工程》2005年3月刊报道，法国经济财政部部长赫尔韦·盖玛德（Herve Gaymard）公布了法国能源企业进行部分私有化的未来时间表，其中，法国电力公司（EDF）和阿海珐集团（Areva）将分别在2005年夏季末和2005年年底之前进行部分私有化。政府希望通过EDF（最多达30%的股份）和Areva（最多达40%的股份）的部分私有化来分别筹集约8—11亿欧元和10亿欧元（伍浩松译，2005）。

4.3　德国的股份制企业

4.3.1　概述

第二次世界大战结束以来，联邦德国一直奉行"社会市场经济"政策，而作为其重要组成部分和经济运行微观基础的企业制度，对经济稳定发展起了不可低估的作用。

德国的企业组织从法律形式上可分为个人业主制企业、合伙制企业和公司制企业三种类型。公司制度的形成虽然迟于英国，但至今也有 100 多年的历史。从法律规范上看，它分为两类：一是依照《1965 年股份公司法》设立的股份公司（AG），另一类则是依照《1892 年有限责任公司法》设立的有限责任公司（GmbH）。就设立原则而言，这两类公司并没有太大的差别，资本的股份化是它们设立的共同基础。在公司总数中，有限责任公司在德国是较为普遍的公司形式。据永道会计师事务所介绍，现在德国大约有 100 多万家有限责任公司，其特征是股东较少，一般是 4 个股东，股东仅以投入公司的资本额对公司承担有限责任。股份有限公司约有 4000 家，股票上市的约 200 多家。德国的大型私有企业、大型国有企业以及少数大型"公私合有"公司，基本上都是股份有限公司。大股份公司在企业总数中所占比重虽不大，只占公司总数的 2% 左右。但它的资本额却占全部德国资本额的 70%。股份公司的法律基础是股份公司法。该法规定，股份公司的注册资本必须达 10 亿马克方可建立，股票面额不能低于 50 马克，并且自有资本必须占 20% 以上。同时还规定，股份公司必须要有章程，章程一经制定，只有持股达 25% 以上的股东才能提出修改的议案，股额至少达 75% 的股东同意方可修改。

4.3.2　德国的股权结构和公司治理

在德国的经济发展中，其完善的公司制度作为经济运行的微观基础，对经济稳定发展起了不可低估的作用。

1. 股权结构

德国资本市场不够发达，企业融资更多地依赖负债。德国是实行全功能银行制度的国家，其主要特征是银行和公司间关系密切，银行以股东和放款人的双重身份对公司实行监督。银行是企业资金的主要供应者。在企业创建时，银行负责提供所有的资金需求：认购风险资本，帮助发行股票，认购债券，提供流动资本，或直接成为企业的股东。不过德国的这类银行与日本的主体银行的不同之处在于，当企业经营状况不善或陷入破产境地时，银行会把对企业的债权转化为对企业的股权，从而直接接管企业（李向阳，1995）。

德国股份公司的股权结构主要以法人持股为主，具有相对集中的特征，持股比例最大的是企业法人，占40%以上，其次是个人家庭。德国的股东通常是大机构，如银行、养老基金、贸易协会、供应商和债权人。如1986年，德意志、德累斯顿和商业银行三家银行共同控制了西门子32.5%、奔驰61.5%、大众7.9%、拜耳54.5%、巴斯夫51.6%和赫斯特63.5%的股票。1990年德国所有上市公司（Ags）中，大股东持股比重超过25%的公司高达85%，而这一比重在法国和英国分别为79%和16%（Nibler，1995，p.5）。这样，银行通过对企业进行集中性的高比重产权投资，获得了企业控制权。

企业间的相互交叉持股不仅决定了企业成为所有权结构中的主体占有群，也导致了公开资本市场的相对落后和发育缓慢。交叉持股的企业很少轻易或频繁地转移股份，甚至完全不上市交易，使股权的流动受到抑制。相对于一个更趋自由和流动的国际资本市场，德国的股权结构是稳定和长期的。和英国的一般股东相比，德国股东保留股票的时间更长，并且拥有一个公司股份的比重也较高。在德国，过去五十多年来敌对兼并的次数仅约十次。不过，近年来德国也出现了重视股票融资的迹象。在德国，大型银行和保险公司开始希望通过股票市场提高流动性，获取其美国竞争者那样的丰厚利润。

德国之所以允许银行和法人相互持股，是由多方面因素造成的。如长期以来，银行就一直是企业的重要股东。在俾斯麦时代，俾斯麦就曾通过银行持股促使经济增长；德国法律只规定银行对企业的控股投资比例不超过银行自有资本的50%，因此，银行参与企业的产权投资数额很大；德国的文化价值观更强调共同主义。钱德勒在1994年出版的《规模与范围》一书中就把德国的经济制度称为“合作的经理资本主义”（Chandier，A.，1994）。德国法律也不限制大股东成为企业中活跃且有影响的投资者，所以股东大会上投票权的集中拥有成为可能，这与德国的经济发展水平有一定的关系。

不过，沃杰斯克（Wojcik，2001）在检验了 1997—2001 年间德国公司所有权结构的变化后，发现德国公司的所有权集中度在这一期间显著下降，交叉持股开始解除，金融机构的重要性开始下降（李明辉，2006）。

2. 公司治理

德国的公司治理模式不依赖资本市场和外部投资者，而是建立在银行主导的金融体制之上。在公司治理结构中，以银行为主的金融机构不但提供融资，而且控制公司的监事会，凭借内部信息优势，发挥实际的控制作用。

德国公司制度最具特色的是其内部的权力分配。按照德国法律规定，股份公司和拥有职工人数 500 人以上的有限责任公司必须设立监事会，实行监事会、董事会双层管理委员会制度。所以，德国股份公司的组织结构分为三级，即股东大会、监事会、董事会。它们分别控制着公司的所有权、监督权和经营权，其中后两者被称为德国特有的双层董事会（two－tier boards）。依照法律，在股份公司中必须设立双层董事会，而有限责任公司则没有这方面的法律约束。双层董事会中的监事会相当于美国的董事会，是德国企业的最高管理机关。

（1）股东大会。股份公司法规定，股东大会是公司最高权力机构，由全体股东参加，定期或不定期举行股东大会，但每年至少举行一次。股东大会的权力只限于法律和公司章程的某些任务，如选任监事会成员，确定选举监事会的具体措施。但它只选任监事会中的股东代表，其他成员则由其他机关或劳资协议会来选任；修改公司章程；决定公司的扩大与缩小、合并与解散；决定和批准董事会和监事会的年度工作报告，如年度结算、资产负债表、年终分红等；企业经营方针的改变；确定年终报告的审计人和公司创建及经营的审计人；批准增加或减少公司注册资本、发行转换公司债和参与公司债。

股东大会只能以机构整体的形式来行使其职权，平时对公司日常的经营决策不得进行干预，一般只是在一年一度的股东大会上行使规定的职权，而且主要表现在批准董事会和监事会的工作报告和公司利润的分配方案上。如果董事会、监事会或者某位董事、监事的工作报告未被股东大会通过，则意味着其职务被解除。股东权益除了在股东大会上拥有表决权外，还有信息要求权和质疑权。但股份公司法规定，只有达到5%的股份或股额超过100万马克的股东，才有权提出特殊信息的要求。在遵守某些限制性前提下，股东可以向公司提出建议，要求作出与管理机关的建议相反的决议。股份公司法同时规定，股东有权对监事会和董事会提出质疑，公司董事会一般情况下有义务在一个月内给予答复。但是质疑者必须是股额达到注册资本10%的股东，才可以通过特别议案，对监事会和董事会成员提出质疑。股东大会的具体议事日程由监事会确定，只有股额达到注册资本的5%或股额达到100万马克的股东才有权提出议事日程改动的要求。股东行使表决权时，通常按照其股份比例进行表决，即"一股一票制"。不过，德国法律也允许在特殊情况下实行"一股多票制"，但必须先征得州政府主管当局批准。这主要用于国家在关系国计民生的重要行业的参股。另外，有些公司在有关法律制定之前自己已规定的"一股多票制"往往也可以延用下去，法律不予剥夺。如西门子公司在1896年由家族公司变为股份公司以来，规定其家族享有"一股六票"的表决权，尽管该家族目前只占有10%的股份，但实际上仍控制着公司的表决权。

投票权是公司股东参与企业决策的工具，其法律基础是产权。股东依其控制的企业产权在股东年会和股东特别会议上行使投票权，参与公司重大决策。在德国，由于很多公司的股票是不记名非流通的，而且与美、英两国的个人股东不同，德国个人股东主要追求的是长期利润，因此，他们平时不直接进入股票市场，而是习惯于将股票交给自己所信任的银行保管，而银行则能够代表储户用其在银行储存的股票投票（W. C. 凯斯特，1994，第203页）。

银行代理投票权的代理期一般为15个月。这是德国银行参与和控制企业的一个重要根源，它使银行在决策权意义上拥有的企业产权超过其本身的产权投资，即银行拥有了远远高于其持股份额的投票权（表4-2）。在这期间，如有股东大会，银行应通知相应股东其投票意愿，同时征求股东的意见。如果股东没有明确意向，银行就拥有了很大的代理投票权（Edwards，2000，p. 241）。联邦政府在20世纪60年代初所做的一项调查显示：代理投票权制度使银行对上市企业拥有超过60%的投票控制权，其中70%的代理投票权归属于三大银行。对1990年德国100家大企业中57家企业的研究表明，把银行自身所持有的股权与代理投票权加总之后，银行在45.6%的企业中拥有50%以上的投票权。对于这种投票权，银行之间还运用借贷机制进行相互间的转让（李向阳，1995）。保管银行作为大量分散的股东的代表，其表决权不受公司章程规定的表决权上限的限制，所以对公司具有相当大的影响力。

表 4－2　大股东控制的投票权的百分比：德国与美国（1994，%）

	0—9.9%	10%—24.9%	25%—49.9%	50%—74.9%	75%—100%
德国	3.2	6.9	16.7	31.9	41.3
美国	66.0	17.4	13.0	2.1	1.5

资料来源：Dietl，H. M. 1998，Capital Markets Corporate Gorernance in Japan，Germany and united states，Organizational Responses to Market Inefficiencies（London and New York），p. 124。

股东大会的决议一般只需简单多数同意即可通过。重要的决议，如变更章程、增减公司资本、罢免监事会成员、公司合并及解散等，则需要有四分之三以上的多数股东同意才能通过。

（2）监事会。德国股份有限公司的监事会是双层董事会结构中的上层，是公司的控制主体，负责监督董事会和参与决策，是公司股东和职工利益的代表机构，相当于日、美等国家的董事会。

监事会的主要职责是选举董事会成员；监督董事会工作，包括是否依法经营，是否按既定目标经营，是否有效地经营；审议、批准公司重大决策和年度报告；挑选审计员；审核企业关于盈利使用的建议；向股东大会报告审议结果等，通常不直接参与公司的日常工作。监事会主席是监事会的核心。他在特殊情况下拥有最后决定性的表决权，即当监事会成员之间出现严重的分歧，或相反意见比例相等时，监事会主席将拥有第二次投票权。一般而言，监事会的监事不能兼任董事会的董事。监事会主席由股东任命。

人事参与是德国银行控制和管理企业的直接手段，其基础是拥有的企业产权或债权。由于银行持有大量的投票权，所以，大银行的代表不仅占有大量监事会席位，而且还占据了企业监事会主要的席位。美国劳什等对企业监事会席位构成的统计显示，1988 年，在德国最大 100 家企业监事会中，银行在监事会中的席位超过 100 个（劳什等，1990）。银行通过在企业监事会中拥有大量监事和主席席位，直接控制和干预企业重大决策，监督董事会的工作，控制企业高级管理人员的人事任免权，形成以产权为基础的企业性银企关系制度。所以，德国银行在公司监事会中常常发挥着核心领导作用（王昭凤，2000）。

监事会由股东、职工和外部专家组成，人数依公司规模而定，一般至少有3名成员，最多不得超过21名成员，其中股东代表和雇员代表各占一半，并包括主席和最少一名副主席。监事会主席必须由股东代表担任。股东代表由股东大会选举产生，但公司章程也可以规定授予某些人或机构有一定的任命监事会成员的权力。雇员代表则由雇员投票选举产生，选举时通常有一定的法律程序，并将选举权按一定比例分配给蓝领工人、白领工人和管理人员。除劳资双方代表外，在大多数企业的监事会中还包括一名由双方一致推荐来的“中立的”监事。“中立的”监事从企业外部选聘，一般是有名望而公正的专家学者、著名企业家或退职的政府官员，其作用是协调双方意见。监事会成员的任期一般为4年，没有年龄限制，其报酬由股东大会决定，通常相当低。

监事会可以随时向董事会了解有关公司的一些重要情况，也可以自己或通过专家对公司账目和记录进行检查。监事会至少每半年召开一次会议，通常一年开会3—4次，会议至少要有半数以上成员参加才有决定权，但最少不得少于3人。雇员人数在2000人以上的公司，监事会的表决通常采取简单多数原则，如果表决票数相等，主席享有二次表决权。但在选任公司董事会成员时，第一次表决需要有三分之二的多数方能通过。如果不能取得此种多数，需待休会后重新表决。重新表决则只需简单多数即可通过。而雇员人数在2000人以下的公司，其监事会可以制定自己的内部规则，通常要求监事会的决定要有绝对多数才能通过。

（3）董事会。德国股份有限公司的董事会，即管理委员会，是双层董事会结构中的下层，是企业法人权力的所有者。从理论上讲，广义的产权包括所有、占有、使用和支配权，其中所有权是指最终的所有权，而占有、使用和支配权则是企业的经营权或法权。德国经济界及企业界人士认为，企业的法权地位是企业生命力的基石。

德国《公司法》规定，法人财产的占有、使用和支配权属于法人。法人的财产可以是工厂、车间、设备、资金、专利权等。企业的股东虽然对其作为投资的财产享有最终所有权，但是其投资的占有、使用、支配权必须移交给公司法人，股东个人无权直接处置企业的财产和收回股本，只能通过出售或转让其股份的方法中断投资。

董事会作为公司的法人代表，是执行监事会决议，负责公司日常运作的机构，相当于日、美等国家公司中的经理班子。它确定企业的基本目标，任免公司的总经理，检查和批准企业新产品、销售、人事方面变动，审批预算和收益分配等。

董事会成员的任命和报酬都由监事会决定，任期一般是5年，可以辞职，在其任期届满时应卸任，也可以被重新选任。在对公司进行管理时，董事会不受股东大会指示的约束，只是接受监事会的领导和监督。董事会必须定期向监事会报告企业的重大经营方针和绩效。重大的决策，如较大规模的投资、开发新经营领域、兼并其他企业等，必须由董事会共同决策。董事长享有2票，每位董事享有1票，按投票的结果进行最后裁决。如果监事会有要求，董事会还应对某一事务作专门的汇报。当公司结算报告表明公司亏损已达股本的一半时，董事会应立即召开股东大会作出说明。

董事会成员的组成，除煤、钢企业外，法律没有作特别规定，一般不少于7人，但是起码不得少于2人。董事会有数名成员时，监事会可以任命其中一人为董事长。董事会成员应包括主管生产、技术、财务、人事、销售等方面的经理人员。

董事会作为公司的法人代表，在对外代表公司进行业务活动时，实行集体代表制。但进行具体业务时，也可授权给个别董事或其他人一起代表公司。董事会在讨论公司内部决策时，一般实行一致通过原则，避免进行少数服从多数的表决方式。对章程或监事会规定的某些业务活动，董事会在公司内部关系上须征得监事会的同意才能进行，但在外部关系上则全权代表公司。

董事的薪金由监事会确定。除固定薪金外，还有随公司经营效果浮动的劳绩薪金。董事的薪金视企业的财力和各董事承担的任务而定，一般较为优厚。但如果公司财务恶化，继续按规定给董事支付薪金会给由公司造成严重困难时，支付给董事的薪金则可以减少。董事会的酬金总额必须在公司年度报告中载明，董事的薪金虽然优厚、但对其赚取其他收入有严格限制，如未经监事会许可，董事不得从事任何商业活动或与公司业务同类的个人交易，也不得成为任何其他公司或商号的董事或实际管理人。董事会成员对公司承担着特别的义务，如有失职或违背有关规则要承担个人责任，给公司造成损失时还可能被要求赔偿（李一宏，1997）。

（4）公司实行职工参与管理的“劳资共决制”。德国是实行“社会市场经济”的国家，“社会市场经济”理论的创始人阿尔弗雷德·缪勒—阿尔马克认为，社会市场经济的真谛是把市场自由原则与社会平衡原则结合在一起。在德国的现实社会经济生活中，具体表现为为社会居民争取达到较多一些的社会公正和社会公平。为此，德国提出并在一定程度上实行了“社会伙伴”的口号，旨在建立劳资双方合作和协商的机制，维护劳动关系的协调和社会稳定。所以，在德国企业中，除了股东，公司的雇员也被认为是主要的利益相关者，有权直接参与公司的管理，分享部分经济权力。

根据社会市场经济理论，职工的经济权力并不局限于工资福利待遇问题，企业的目标中还必须包含劳动者的利益。企业的经济管理中要保证雇员民主参与的权力。参与权在法律上的含义指：凡属涉及雇员切身利益的问题，没有经过雇员的同意，雇主不能单方面决定。所以，德国企业大多遵循专家决定管理与职工参与相结合的原则，实行职工参与管理的“劳资共决制”，劳资关系被称作“社会伙伴关系”。

现在德国保障雇员和工会参与企业决策的法律有四项：《1951 年煤钢企业参与决定权法》（适用于雇员 1000 人以上的矿业和钢铁企业）、《1952 年企业章程法》、《1956 年参与决策权补充法》和《1976 年参与决策权法》（适用于雇员 200 人以上的各类公司）。职工参与企业管理的基本形式有两种：一是企业职工的代表参与监事会；二是企业职工的代表组成企业职工委员会。企业职工通过选举职工代表参与监事会和职工委员会，来实现其参与企业管理的“共同决定权”。在监事会中，根据企业规模和职工人数的多少，职工代表可以占到三分之一到二分之一的职位。德国《共同决策法》规定：雇用超过 2000 名员工的企业应有二分之一的监事会成员由工会任命；雇用超过 500 名员工的企业应有三分之一的监事会成员由工会任命。监事会中的劳方代表可在监事会中代表职工的意见，就企业的重大决策发表他们的看法。企业职工委员会的任务是监督企业为职工利益而制定的规章制度、劳资合同的执行情况，维护职工的工资、福利、劳动安全等权益。这种公司内部的“劳资共决制”是德国公司治理的一个重要特点。有的学者将德国公司治理制度的精神称为“员工公司主义”。它在一定程度上缓和了劳资矛盾，使雇员能在法律许可的范围内为自己争取更多的利益。这不仅有利于激发雇员的积极性，参与企业管理，也避免和减少了因罢工造成的经济损失。德国平均年罢工时间远低于其他欧美国家（图 4 - 2）。

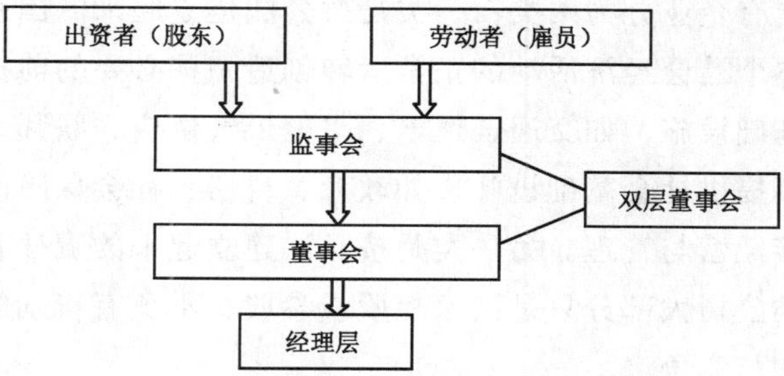

图 4 - 2　德国的公司治理模式框架

由上可见，德国企业制度成功的关键在于企业独立经营地位的确立、所有权、经营权和监督权的明确划分以及充分发挥职工在经营管理的积极作用。

4.3.3　德国国有企业及其私有化

1. 国有企业及其管理

第二次世界大战后，当时的联邦德国确立的“社会市场经济”模式，是兼顾于市场经济和社会保障的一种经济模式。它坚持以生产资料私有制为主体，同时保持国有经济的重要地位。战后原联邦德国国有企业的名义资产约占整个经济的 18.6%，固定资本投资占 14.8%，总产值占 11.1%，就业约占就业总人数的 10.1%。德国国有企业在基础设施行业中也举足轻重，如在供电行业中占 98.7%，煤气业占 97.7%，供水业占 99.2%，运输业占 90%，在公共信贷机构和保险业占整个行业的比重达到 74.2%。

德国政府创建和经营国有企业是发展和调控经济的重要手段，如提供重要的商品与劳务，稳定国民经济的总体环境；辅助政府实施经济政策稳定市场，平抑价格上涨；承担社会福利任务；促进结构调整，缩小地区差距；推进技术革新，提高科技水平等。

区分国有企业和非国有企业的标准是看企业的产权归属如何。根据德国财政统计上的定义，国家股份占 100% 的为纯国有企业，超过 50% 但不足 100% 的为多数参股企业，高于 25% 但低于 50% 的为少数参股企业。据 1991 年调查，原联邦德国有 3700 多家国有企业，其资本额占工业资本总额的 20%，占投资总额的 17%，总产值占国民生产总值的 10%—

12%，就业人数占就业总人数的12%。

德国的国有企业分为两类：一类是按公法建立起来的国有企业，其主要职能是为整个社会经济活动的正常运转创造一些必要的前提条件，尤其是提供经济基础设施，如交通、通讯、水电煤气供应、联邦铁路、联邦邮政等。另外还提供社会基础设施，如教育、科研、社会保障网等。这类企业由国家直接经营与管理。另一类是按私法建立起来的责任有限公司或股份公司。这类公司大部分只是国家控股或参股，不负有特别的任务，同私营公司一起参与竞争。

德国的国有企业大都采用公司形式独立经营。1965年颁布的《股份公司法》规定，无论是国有股份公司，还是其他类型股份公司，都依照这个法律设立和运行。所以，德国国有企业的领导体制包括股东大会、监事会、董事会。政府主管部（一般由财政部和主管业务部双重领导）只是在目标、方针及重大举措上进行控制，而控制的核心手段是监督理事会（简称监事会），即德国政府对国有企业的领导，主要通过企业监事会来实现。监事会体现国家所有权。德国财政部作为国有资产所有权的代表，在整个国有资产管理工作中处于核心地位。它不仅有权批准成立国有企业，而且企业的一切财政收支决策权都控制在财政部手里。

股东大会是股东控制公司的主要手段，但它一般无权干预公司的经营业务，只有董事会委托股东大会作出关于公司业务决定时，股东大会才能干预。股东大会的主要任务：任命监事会成员；审议红利分配；对监事会和监事的工作作出评价；聘请独立的会计、审计人员审查公司年度报告以及审核公司非现金财产；修改公司章程和决定公司在其他行业开展新的业务；决定注册资本的增减，发行新的股票；决定公司解散。股东大会一般由监事会召集（叶祥松，1996）。

监事会制度是德国的发明。财政部发布的《联邦参股管理条例》及其他文件，对监事会的组成、职权等作了具体规定。监事会是公司的决策机构，其基本职权是：任命董事会成员和主席，监督董事会的工作；监督企业是否依法经营、按规定目标经营、有效地经营；审查董事会向股东大会提交的年度财务报告、利润分配建议和经营报告；向股东大会提出对企业的年度审议报告；保护股东的权利不受侵犯；决定召开股东大会。涉及企业重大问题，监事会无权自行决定，必须事先报请财政部和主管业务部批准，才能作出决定。需报请批准的重大事项包括：放弃政府控股权、解散原有企业、重建新企业、合并、增资、拍卖、变更企业经营项目、改变政府对企业施加影响的可能等。为行使上述职权，监事会可随时要求企业领导汇报经营管理情况，调阅文件账册、找企业专家和审核员谈话、查阅审核员的审核报告等。

监事会设主席、副主席，成员最少3人。监事会主席由股东选择，但本人不是股东。根据《职工参与决策法》，拥有2000名职工以上的公司，监事会中股东代表和职工代表应各占一半。2000名职工以下的公司，监事会中职工代表至少占三分之一。这不仅符合民主管理的趋势，有利于调动职工的积极性，而且有利于充分实现职工因为熟悉企业经营状况而具有的信息优势，增强监督的广度和力度。监事会控制公司和得到公司信息的权力是很大的，因此要严格遵守其保密原则。

联邦政府通过派驻监事会的政府代表控制监事会。政府代表的人数视政府参股的程度而定。政府独资的国有企业的监事会，由政府官员、本企业领导机构的代表、外邀的银行家和专家共同组成，政府官员占多数。联邦政府部长不参加企业监事会，一般由相关主管国有资产的官员参加。派驻各类企业的监事会的政府代表都要及时向联邦政府反映本企业的重大事件，主要包括：①企业的重要业务和企业领导的重大举措，特别是那些包含较大风险的举措。②企业资产、财政、收益的重大变化和趋势。③经营范围的重大形势变化。④在市场上的地位。⑤人员状况。⑥监事会就重大问题表决时，解释政府代表在监事会投票的考虑和原因。同时接受联邦政府的相关指令。由此可看出，联邦政府对国有产权的控制，其核心手段是监事会。

在监事会与董事会的权力分配上，监事会大权独揽。董事会主持企业的日常经营与管理，对企业重大问题所作的决策需得到监事会的批准。需向监事会报请批准的重大事项主要有：①增加新的业务项目；②设立或撤销公司；③生产机构的设立、撤销与合并或迁移；④成立或收购另一个公司，收购或出售另一个公司的股权，改变参股额或增资；⑤超过监事会规定的巨额投资、借款、放款、重要经济担保；⑥买卖房地产；⑦指定企业全权代表；⑧重要法律诉讼；⑨职工工资、福利及其他补贴的规定等。董事会成员由监事会任命，任期年限可以延长。董事会成员的聘任合同中要注明：薪金、兼职、公私车辆使用办法、差旅费、搬家费等支付范围和其他待遇。董事会对公司的经营负有很大责任，要对监事会负责。

国营企业除了受联邦政府控制外，主要还受三方面的监督。①企业内部的监督。这主要表现在：监事会的监督和检查；企业要建立科学、合法的会计制度，能迅速提供企业的收支、成本、效益、计划等情况；严格执行会计制度和审计制度；大企业内部设审核所，直属企业最高领导，对企业的财政、计划、组织、效益进行监督；企业领导必须提出为期数年的中期计划，以适应技术进步、国内市场开放所提出的挑战，这一计划将成为检查监督的尺度；与私营企业竞争态势和对策。②企业外的监督。国有企业除了按股份公司法同私营企业一样接受检查外，还要接受是否遵纪守法的特别检查；联邦政府经济检查员对企业经营和执法情况的检查；接受主管部的管理和检查；联邦审计署的财政检查。③联邦议院和公众舆论的监督。国营企业花的钱是纳税人的钱，纳税人有权监督国营企业的经营。这方面监督的主要表现形式是议会质询和公众舆论。为增加透明度，主管国有资产的财政部每年都要向邦议院提交国营企业情况报告，内容包括每一个政府独资企业或国家参股企业的经营项目、资产、经营状况以及监事会、董事会成员名单；并且每隔一段时期还要提出相应的评估报告，对上述企业是否继续由国家经营提出评估，或提出出售产权，转让股权的决定。总的来说，德国国有企业受到的控制、监督、检查，远比私营企业多。

2. 国有企业的私有化

在20世纪50—60年代，原德意志联邦共和国便开始了私有化进程。当时的联邦经济部长艾哈德（Ludwig Erhard）在《来自竞争的繁荣》一书中奠定了其私有化的理论基础。他在此书中发挥了由原德意志联邦共和国新自由主义学派奠基人瓦尔特·奥肯创立的社会市场经济理论。该理论的基本原则主要有：生产资料私有制；“经济自由化”（既指竞争自由，也包括财产自由、个人消费自由、选择职业自由、价格自由、贸易自由、货币兑换自由、企业经营自由等）。

艾哈德认为，必须采用民营化的手段将国家与它的企业分离，使前者返回其应有的职能范围，将后者推入市场，并置于众多股东的监督之下，列入独立于政府的经理集团，在市场竞争中提高效率。民营化的企业由于自负其责而发挥主动性，谋求技术创造和经济增长，从而扩大资本、增加就业。艾哈德还认为，在民营化的同时，必须分散资产所有权，使低收入者也能分享生产资本。艾哈德的这些政策思想最终导致了国有企业的私有化和人民股份制的产生（顾俊礼，1994）。

在艾哈德私有化理论的指导下，从 1957 年至 1965 年政府开始把部分股票出售给民众。当时的政策目标是通过发行“Volksaktien”即“人民股”形成由德国公众广泛持有的股份所有权，使社会公众能够分享经济增长和企业发展带来的收益。此外，通过大型国有企业的私有化，可从私人投资者那里获得资本，弥补政府投资的不足。当时，普鲁萨克矿山公司、大众汽车公司和费巴能源公司等一些大型国有企业实现了部分私有化。1966 年大联合政府执政时期，私有化工作暂停。1982 年，以科尔为首的联盟党重新上台，政府继续开始贯彻私有化政策，其重点是放松监管和实行股权多元化。到 1990 年东西德统一，政府基本完成了“从工业撤退”的计划，完全出售了如大众、费巴和萨尔茨吉特（钢铁）等大企业的政府股份，使其彻底实现了私有化。从 1991 年开始，政府私有化计划已从工业企业转向交通和通讯等基础服务行业，并开始着力推进公益事业的外包或私有化，提出凡是民营实体能够承担的公益事业，政府即应当退出经营活动。

由上可见，德国国有企业私有化的过程经历了两个阶段：一是非战略性行业及竞争性行业。经过这个阶段，金融业、石油天然气、制造业等行业总体上已经完全放松管制，建立了竞争机制；第二阶段的私有化活动集中于一些受政府监管的国家垄断行业，主要是运输、电信和邮政部门。德国进行股份制改造的目的不在于出售国有资产，而是打破垄断，激励竞争，强化监督，提高盈利能力，并通过立法来规范政府对国有企业的监督和管理。

1990 年 9 月 12 日联邦政府制订的《私有化和联邦参股政策的总体方案》规定，“只有国家有重要利益，而联邦所追求的目标通过其他方式不能更好、更经济地达到时”，国家才能在企业参股。所谓“重要利益”，是指国家通过参股的办法去实现社会的或经济的重要任务，而不是单纯为了盈利目的。国家应根据国际、国内的经济和社会环境的变化，不断审查国家是否需要继续在某一企业参股，或是否降低参与的程度。该方案还规定了联邦政府领导国有企业的三项原则：①国有企业要有效益。企业如长期亏损，要限期整顿，国家财政不能无限制地补贴。②国营企业必须像民营企业一样经营和管理；国家的权力要同参股多少相适应；企业监督机构中要有专家参与。③企业经营中要体现诸如国际竞争、生态环境、培养青年等时代要求。

到 1995 年中期，德国联邦政府只对 405 家企业（各企业的名义资本至少为 10 万马克）还占有至少 25% 的股份。德国政府仍将采取进一步私有化方针，把联邦参股减少到最低限度，并尽可能使股权分散。2002 年连任的施罗德社民党—绿党政府实施并加速了德国的改革，于 2003 年提出全面改革经济社会的《2010 议程》，强调私有化进程。2005 年 11 月组成的联盟党—社民党联合政府，对前政府制定的《2010 议程》给予基本肯定。德国总理默克尔女士明确表示《2010 议程》对德国的经济社会改革具有重大意义。

第5章 日本的股份制企业

5.1 概　　述

日本实行的是资本主义制度和市场经济体制，它的经济基础是私有制，企业的主体也是私人企业。股份公司是当代日本大企业最基本的组织形式和现代化大生产最重要的运营载体，其中，股票上市的公司数量甚少，绝大多数是不上市的公司。

日本出现的最早的公司形式是无限公司，即“合名会社”。两合公司是一种介于有限责任公司和无限公司之间的公司组织形式，公司的资本不划分为等额的股份。继无限公司和两合公司之后产生的公司组织形式就是股份有限公司。

日本的股份有限公司制度是直接从欧美国家引进的，而不是由本国企业制度自然演变而来的。明治维新以后，日本为了同欧美资本主义国家相抗衡，提出了“富国强兵”的急速工业化政策。但由于其原始资本积累十分薄弱，明治政府不得不推行一系列促进资本积累的政策。而作为资本集中制度的股份有限公司制，正好适应了这一需要。明治政府在积极移植资本主义经济制度的同时，也大力移植股份有限公司和银行制度。维新政府把引进欧美国家的公司制度作为实现工业化的一项重要政策，先后制定了“立会略则”和“公司辨”，并于明治4年（1871年）由大藏省颁布执行，其中，前者由涩泽荣一负责执笔，主要内容是有关公司制度；后者是由福地源一郎翻译的芬兰经济纲目中的有关银行制度的条款，以作为日本银行股份公司化的主要参考文件。明治政府于1872年又制订《国立银行条例》。日本的第一家股份有限公司就是根据该条例并模仿美国国家银行的组织形式建立的第一国立银行。

股份有限公司移植到日本后称为“株式会社”。1874 年，明治政府制订了《股票交易条例》，从法律上开始推动股份有限公司的移植。在 19 世纪 80 年代后半期产业革命第一个高潮之后，株式会社制度开始从铁路、银行扩及电力、纺织和海运等各产业部门（万峰，1984，第 116 页）。所以，明治维新以后的日本资本主义经济没有经过充分的资本原始积累过程，而主要通过制度变革实现了急速的资本积累，其方式则是公债的大量发行及近代银行制度、股份有限公司制度的建立。

明治政府虽然积极引进了股份有限公司制度，但在法律上并没有得到统一。直到明治 32 年（1899 年）新商法的制定和颁布，才在法律上使股份有限公司的设立、运营更加规范化。新商法明确规定了股份有限公司设立所要遵循的准则主义原则，废除许可主义原则，即执行登记注册制，取消申请审批制；明确规定股份的转让无需公司的认可（除公司章程另有规定外），即提高了股份的可流通性；允许发行无记名股票，在增资的情况下允许发行优先股。新商法的制定和颁布，促进了日本股份有限公司的进一步发展（夏春玉，1996）。

从 20 世纪 30 年代起，日本财阀逐步向株式会社化演变，如在公司的组织管理上开始由公司控股型向金融机构调控型转变；在公司所有制结构方面开始由“资本与经营相分离”转向“资本与统制相分离”；在公司治理上也开始由资本家治理结构逐渐向法人治理结构演变。不过，第二次世界大战前日本支配企业和经济的还是“财阀资本家”。这些家族或个人通过作为控股公司的“财阀总公司”维系这种支配，其结果是仍保留了财阀家族对企业的绝对支配。“在日本帝国主义形成时期，这种以株式会社为基础形成的财阀垄断机构，实际上确立了财政资本支配产业资本的垄断体制”，“日本在近代资本主义形成过程中，不仅国家一开始就集中地垄断资本力量，而且在国家扶植财阀和集中社会上分散资本的过程中，也鼓励了私人资本的集中与垄断局面的形成”（万峰，1984，第 171—172 页）。

总之，同其他资本主义国家相比，第二次世界大战前的日本公司具有自身的特殊性，即先进的资本主义制度和落后的封建家族制度有机地交织在一起，大企业实行的是“资本与经营相分离”的组织管理体制，股权利益最大化和家族利益绝对化，是其体制的最核心内容。财阀家族通过控股总公司层层控制大批企业，形成了高度集中的“金字塔”式的股权结构。

第二次世界大战后，日本虽然经过“经济民主化”改革，解除了财阀组织，其企业摆脱了财阀家族的统制，但却依然被禁锢在战后续存的“战时经济体制”的框架内。在国家体制上，由于美国占领日本采取的是“间接占领方式”，使得战前的官僚制度和官僚体系几乎原封不动地被保留了下来，从而为政府主导型的“日本股份公司”体制的建立奠定了基础。同时，日本依然维持了以间接金融为主导的金融制度，使得战后以银行为中心建立起来的公司体制，既不同于战前的“家族资本主义”体制，也不同于一般的资本主义体制，而是“法人资本主义”体制模式（孙世春，2005）。

5.2　股权结构与公司治理结构

5.2.1　股权结构

日本在第二次世界大战后形成了“法人资本主义”，其股份制度是以法人相互持股为主体、个人直接持股和机构持股并存。

第二次世界大战后初期，日本实行“经济民主化”改革，解散财阀，摧毁了战前所形成的以财阀家族或个人所有为核心的“金字塔型”的企业股权结构，确立了以分散的个人持股为主体的多元股权结构。从 1950 年日本上市公司股票的分布状况来看，当时个人股票持有量占全部上市股票量的 61.1%，而法人股东的股票持有量仅占 35.5%。而在战后经济发展过程中，日本大企业的这种股权结构发生了重大变化，以金融机构为主体的法人占有所占比重迅速提高。到 1968 年前后，个人股东和法人股东的力量对比发生实质性变化，个人股东持股率已降到 41.9%，金融机构和企事业法人持股率上升为 51.7%。到 1992 年，法人占有比重仍高达 69%，其中金融机构持股比重为 45%，私人占有比重不达 24%。随着以家族为主的个人持股率的日益下降，日本最终形成了在整个资本主义经济体系中极为独特的股权结构，即股权相对集中，企业的资产主要来源于银行和其他非金融机构。具体讲，日本股权结构的基本特征主要包括以下几方面：

1. 发达的股权法人化

日本股市不很发达，公司资金的筹措主要靠银行贷款。据有关资料统计，战后日本企业的资金大约有60%以上是商业银行提供，25%产生于利润留存及资产折旧，只有10%—12%来自于股票和债券的发行。所以，日本公司制企业以间接融资为主，直接融资为辅，自有资本率较低，其法人股东大部分是金融机构。日本六大垄断公司的股东中，金融机构约占73%。法人股股份制是日本占主导地位的企业制度。

所谓股东法人化就是指各种法人（主要指企业法人）取代自然人成为企业股份最主要的持有者。1972年法人持股比例达三分之二，1986年按市值计算的法人持股与个人持股的比重是70.8%和22.2%。1989年上市公司股票持有者的结构如下：在股票总数为384422377千股中的比重，中央和地方为0.7%，金融机构（主要指银行和保险公司）为46.0%，事业法人（核心是大企业，也包括少数其他机构投资者）为24.8%，证券公司为2.0%，个人为22.6%，外国人（包括法人和自然人）为3.9%。1990年日本国内上市公司股票的71.4%被法人所持有，国内个人所持有的仅占20.7%。公司大股东基本上都是大法人企业。1990年日本企业前5位股东中89%为各种类型的法人企业或机构，其中企业的主力银行达47%。与美国不同，日本机构投资者持股的比重并不高，即使按照比重有所增加的1993年统计，年金基金占上市股份的比重只有1.4%，最具有机构投资者特性的投资信托所持股份的比重也只有3%。另外，现在90%以上的上市公司内部职工持股的比重已达到1%左右。法人股东与机构投资者有本质区别：机构投资者是为了确保受益人的利益而持有公司股票，股票所有权归受益人，而法人股东则是为了稳定交易伙伴之间的相互利益关系而持有其他公司的股票，控制证券，以防止被收购和吞并。

2. 稳定股东的比例高

一般说来，个人股东持有的股票属于“利润证券”的性质，是以取得红利和股票升值带来的“资本收益”为目的，并随股价的变动经常被买进和卖出，因而是不稳定的。法人股东持有的股票属于“控制证券”的性质，不以红利和“资本收益”为目的，而是为了在一定程度上影响被持股企业的经营，不随股价变动而抛售，因此成为稳定股东。据日本商事法务研究会 1990 年的调查，日本主要企业的稳定股东比例一般都高达 50%—70%，其原因是日本企业的主要股东基本上都是企业的主力银行以及企业集团内的其他成员企业。这些股份持有者主要不是以通过股票分红和股价升值谋取经济利益，而是为了和该企业长期维持多方面的交易关系。因而，这些股份持有者不会因分红率低或股票升值而抛售股票。

在欧美国家的资本市场上，资本为追求更高的利润，一般通过收购股票的方式兼并其他企业。如果一个公司的半数股票被包买，其经营权就被别人控制，随时都有被吞并的可能。1960 年，日本加盟“经济与合作发展组织”（OECD）。按规定，加盟国必须实行资本的自由化，外资原则上可以自由包买股票。当时，日本企业对资本自由化抱有很强烈的危机感，担心外国巨大资本进入后，日本企业会有被吞并的可能性。因为这些巨大的外国资本不仅能够通过控制股权来获得企业经营的控制权，而且还可以控制和支配市场。为了对抗外国资本的并购，保护民族工业，日本财界开始商议对策并采取了“稳定股东”的政策，大力发展法人相互持股，即大企业为稳定自己的股份而寻找与自己有关系的其他企业持有自己的股份，而自己企业则相应地持有对方企业的股份。这样，在企业之间就形成了稳定的法人相互持股。由上可见，日本的法人企业相互持股是在战后外国资本进入、其企业国际竞争实力还不强大的情况下而采取的一种自我防卫性的制度安排。

日本公司稳定的股权结构，在很大程度上减轻了来自资本市场的收买压力，有效地发挥了抵挡国外大公司通过收购吞并日本公司的作用，因而从制度上保证了企业经营的稳定性。公司经营者也因免遭失去耐心的股东的影响，能够追求公司的中、长期目标。

法人企业相互持股有利于稳定股东队伍和产权结构，防止外来资本的恶意收购，强化企业间的技术和经营合作，但也存在容易滥用资金来反复增资和乱用相互持股公司控制权等问题。对此，1981 年修订的日本商法规定：若 A 公司拥有 B 公司已发行的股票的 25% 以上，其超过的部分没有表决权；由母公司拥有半数以上股票的子公司不得持有其母公司的股份。

3. 法人企业的相互持股

相互持股是日本金融制度和企业制度中的重要特征之一。

在日本，大法人企业的最大股东一般都是金融机构，特别是城市银行与生命保险公司。而这些大金融机构的大股东又是其所持股对象的大法人企业，由此形成了金融机构和事业法人之间“你中有我，我中有你”的相互持股。而且，从银行持股主体的构成看，金融机构之间也互为股东，存在着相互持股关系，事业企业之间也相互持股。这样，在企业集团的范围内，金融机构、综合商社和大型产业之间的交叉持股就构成了日本企业股权结构的重要特征之一（奥村宏，1990）。控制公司股权的主要是法人，包括金融机构和实业公司。这样的交叉使企业之间的影响因相互依托而抵消，彼此无法干预企业的经营。个人股东由于人数更少，当然也无法干预企业经营。由于法人股东的权益行使是由法人企业经理人员实现的。所以，日本公司制企业的决策权、支配权归经营者所掌握。

由于日本的证券市场不发达，企业融资更多的是通过银行信贷等间接融资方式，而不是通过市场进行直接融资，所以公司对银行信贷融资的依赖，使得银行与企业之间的关系变得更为紧密。银行持有公司的巨额股票，形成了主银行制度。在此制度下，日本企业和银行之间不仅以金融交易为主，形成了长期而稳定的交易关系，而且还通过银行对企业的持股，在所有关系和人际关系的基础上，形成了日本企业特有的统治和治理结构。主银行虽然不直接干预公司的业务活动，但通过财务状况的变动来监督公司的行为，或当发现公司经理人员的不轨行为时，可通过表决给予惩罚。

日本企业的互相持股是为了稳定股东队伍，进行企业间的业务、技术合作。所以，法人股东倾向于维系法人之间长久的借贷与产销关系，而不是眼前的利润分红。法人之间已形成一损俱损、一荣俱荣的利益共同体。一旦企业不景气，各法人股东会彼此协调、互通信息、共渡难关，从而彼此成为所谓的“稳定股”。

法人相互持股从第二次世界大战之后开始发展，到20世纪60年代末至70年代初逐渐形成。但进入20世纪90年代以来，随着日本泡沫经济的破灭，相互持股表现出了逐渐解体的总体趋势，相互持股比率（the cross shareholding ratio，指相互持股股份的市场价值除以在股票市场上公开交易的股票的市场总值的比值）从1987财政年度的18.3%迅速下降到1999财政年度的10.5%。相互持股逐渐解体的原因有：（1）相互持股的低盈利性与日本经济低迷相结合，使得企业通过出售相互持股股份以减轻负担和获得资金补充。从1990年至1997年，在东京证券交易所第一部上市的工商企业持有的股份，每年的回报率仅为0.61%—0.99%。在这种情况下，相互持股就表现为“无收益资产”。为此，日本的工商企业和银行开始纷纷出售其持有的相互持股股份。(2) 日本经济低迷，导致相互持股风险增大，使得企业通过出售相互持股股份以降低经营风险。

相互持股的解体，使日本融资体制从以主银行制为特征的间接融资体制向以资本市场为主的直接融资体制转变。由于越来越多的股东关心资本、资产的效率，因此，资本回报（Return On Equity，ROE.）和资产回报（Return On Assets，ROA.）逐渐替代传统的销售额和增长率而成为日本企业经营管理绩效的新的衡量指标（高煜，2005）。

5.2.2　公司治理结构

若干稳定的大股东的存在和交叉持股形成了日本内部控制型公司治理模式。

法人代理制度是当今资本主义企业普遍实施的一种公司治理模式，其前提条件是股权控制下的“资本与经营相分离”的代理体制。而日本的法人代理制度却是股权失控下的“资本与统制相分离”的代理统制，自上而下建立的是以“社长”为中心的专制统制体制和管理机制。导致这一结果的重要原因之一，就是模糊式的环绕型交叉持股关系。在这种持股关系体系中，根本找不到最终的持股人，股权对其经营活动基本上失去了应有的监控功能。于是，公司演变成了不是资本家作为股东的“所有统制”，而是劳动者作为经营者的“占有统制”。这样就为经营者专制创造了可能，日本也就形成了内部控制型公司治理模式。

1. 公司存在的根本目标

日本社会长期以来，在长期雇佣传统的背景下，形成了公司从业人员与股东同样是收益人的思考方法。公司不仅仅是股东的工具，它还对更广泛的利益相关者负起责任。企业为利益相关者，特别是为从业人员而存在，不把企业当成私有财产仅为股东所有。如日本公司大多采用终身聘用制，高层管理人员如董事会成员都从该公司基层做起，他们对员工待遇及福利事项的关注，往往胜于对股东利益的重视。股东大会形同虚设，个人股东在权力体系中基本上不起作用。在这种企业观念的支配下，员工以企业为家，创造了战后日本的奇迹。

2. 日本企业的决策机构是以董事为中心的董事会，而董事会又是由

“社长”为核心的各事业部部长或分厂的领导等组成，股东代表特别少

从总体上来看，企业中具有股东身份的仅占9.4%（主要股东为5.7%，股东代表为3.7%），而在上市公司特别是大公司中，具有股东身份的仅占3.9%，其余绝大部分都是公司内部高、中层的经理管理人员等（蓝永蔚等，1989）。董事会几乎全部是内部董事，董事一般由企业内部产生，经过长期考察和选拔而得到逐步升迁。董事之间存在地位高低之分，有主席、总裁、高级常务董事、常务董事及一般董事等。同欧美国家的董事会不同，日本的董事会同时兼任经营执行权和监督权两大职能，而作为法人代表的“社长”又拥有任免董事和监察人员的特权。这样一来，法人代表的“社长”既是运动员同时也是裁判员。从董事会成员构成可以看出，董事会不是股东真正行使监控权力的机构。

另外，从表面上看，日本公司董事会也没有银行的代表。但实际上并非如此。在日本公司董事会中，有一名以上的董事常常是公司主银行的前任主管。这种任命是日本公司、特别是商业银行的通行做法（W.C. 凯斯特，1994）。这名担任董事的主银行的前任主管，主要职责实际上就是替主银行搜集信息，并对公司主管实行严密监控。

日本的监事制度是根据《商法》设立的。监事的主要职能是监督董事会成员履行职责的情况，包括财务审计和业务监察两个方面。由于现实与制度的差异，日本的监事并不能有效履行职责。20世纪90年代以来，日本一些著名的大公司、大企业不断暴露出贪污、贿赂等丑闻，更显示出监事制度有名无实。监事不能履行职责的重要原因在于，企业的监事事实上是作为企业内晋升的一个职位，是由董事长选任、解任的，由专业人士担任监事的情况非常少。

1974年的《商法》规定，大中型公司的监察包括财务审计和业务监察两个方面，小型公司只进行财务审计，监事的任期为两年。为了借鉴美国外部董事制度的精神，实现监察的有效性，日本于1990年修订了商法及商法特例法，对监事会制度作出三点修正：（1）将监事的任期从两年延长为三年；（2）将大公司监事的人数调整为三人以上，其中一人须为外部独立监事；（3）监事会制度法定化。

由于日本企业监事的主要职能是监察企业经营的违法性，在大公司中设立外部监事制度和监事会制度，被认为是改善企业经营监督迈出的第一步。但从实际效果来看，由于缺乏历史和社会基础，监事制度的作用仍不

能有效发挥（图 5－1）。

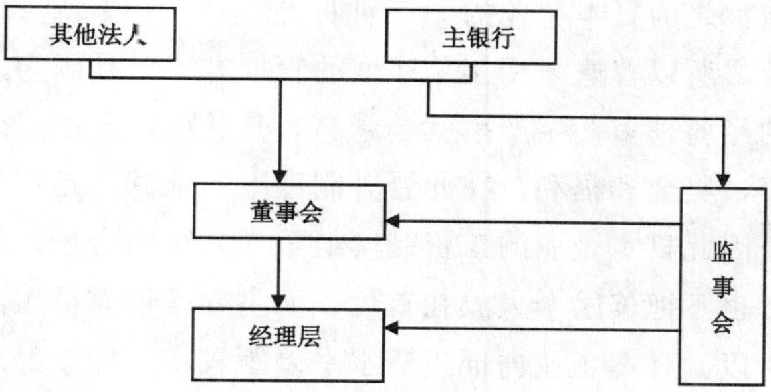

图 5－1　日本的公司治理结构框架

1998 年，日本公司治理论坛颁布《公司治理原则》（Corporate Governance Forum of Japan，Corporate Governance Principles—A Japanese View，May 1998.），提出了新的治理机构设置类型，规定不再同时设有董事会、监事会，并靠监事会进行监督，而是取消监事会，通过强化以独立董事为主体的董事会来进行监督，同时还对独立董事的比例、资格、作用、职责等问题做了明确规定，即“董事会由兼任执行官的社内董事和与企业无直接利害关系的独立的社外董事构成，其中社外董事应过半数（原则 8—B)”。

2002 年，日本颁布新《日本商法》，允许企业自主选择，或者继续保留监事会、或者取消监事会，改为在董事会中设审计委员会。

为了保持董事会的独立性，加强对公司经理层的控制和监督，维护股东的利益，日本 2002 年 1 月通过的《商法修正案》规定，大企业中导入外部董事制度以取代实行多年的监事制度。外部董事与内部董事不同，它不担当具体的业务工作，只针对企业的经营活动在董事会上发表意见，其有利之处在于可以从局外人的角度对企业的经营状况进行监督，防止经营者独断专行。外部董事可以由其他企业的经营者或者学者来担任。近年来日本导入外部董事制度的企业逐渐增加。截至 2001 年夏季，东京证券交易所（一部）上市公司中有 40% 的企业导入外部董事制度，另有 20% 的企业准备导入该制度（方晓霞，2002）。

3. 激励性薪酬计划

在经济高速增长时期，战时经济统制期间就已成型的日本式企业制度进一步发展和完善起来，其重要标志是以大企业为中心，全面形成了终身雇佣制和年功工资制，普遍建立起了企业内工会。终身雇佣、年功工资和企业内工会被称之为日本企业的“三种神器”。

日本企业之所以普遍采用年功序列的管理方式，是因为人们工作时间越长，积累的经验越多，生产率就会越高。其薪酬体系由三个基本部分组成：基本工资、奖金和福利。在此晋升制度下，强调的是资历和技术而不是工作业绩。因此日本企业的工资制度最重视公平和合理，不强调人与人之间的差异，也不把奖励个人放在首位，而主要是依靠员工的资历来确定工资多少。所以，日本企业内部工资水平差距较小，即使经理人员与普通员工的工资也相差不大。日本公司经理人员的报酬与英美公司相比较低。一般说，日本企业经理阶层的年收入，根据企业规模不同，大约是5—25万美元，而美国至少有85位最高经营管理者年收入超过100万美元，其中25位的年收入在230万美元以上[①]。日本企业经理主要通过事业型激励，包括职务晋升、终身雇佣、荣誉称号等。董事的薪酬是由股东大会通过一个总数，再由总裁分发给董事，每人的薪酬是保密的。

由于终身雇佣制和将工资与雇员资历挂钩的办法，造成日本企业人事结构超稳定态势，产生了铁饭碗、论资排辈的弊端。这不仅制约了日本众多企业经济效益的增长，也逐渐成为日本经济发展滞缓的一个影响因素。

自20世纪90年代以来，日本一些大企业的终身雇佣制和年功工资制已趋近瓦解，发生了“工资制度革命”，资历因素在工资决定中的作用减弱，能力和绩效因素增强，即根据工作因素来确定基本工资的企业所占的比例显著上升，传统上的那种资历工资制度适用的领域越来越小。日本企业目前正在探索新的工资模式，尤其是对非生产类员工的新工资模式。以索尼公司为先导，日本企业已逐步推广以能力晋升的年薪制，即企业根据员工的工作成果决定年薪的高低。

1997年5月，日本根据修改的《商法》于同年6月1日开始实施股票期权制度。该制度是指给与公司的经营者（董事、管理人员和从业人员）按指定价格购买自己公司股票权利的一种制度。当股价上涨到超过权利行使价格水准时，出售因行使权利而获得的股票，价格上涨部分成为报酬。1998年4月，日本在修改《租税特别措置法》时，规定行使股票期权获得的收益可以免于课税。导入期权制度的好处主要有：提高企业经

① 《商业周刊》杂志，1984年5月7日。

营者改善公司业绩的激励，给企业带来活力；使公司经营者的利益与股东的利益相一致，从而更加重视股东的利益，给股票市场带来好的影响；有助于资金缺乏的风险企业留住人才。不过，以资历为基础的工资制度的某些哲学，在日本社会是根深蒂固的，不会被轻易完全放弃。

4. 劳资协议型管理方式

通常情况下，企业应是资本所有者集团的组织实体，而战后日本的资本主义企业则是以劳动者（社员）为主体的社团法人实体，“会社主义”、“人本主义”和“会社即是一切”的企业理念，成了企业制度的资源和劳动者的价值观。这样，日本的“会社变成了一个村庄”（吉布尼，1985）。日本企业不遗余力地为员工营造一个友好、和谐和愉快的工作环境，积极地吸收员工参与决策和管理，使员工有充分的安定感、满足感和归属感。

公司采取劳资协议型的管理方式，职工通过劳资协议会参与企业决策管理，重大决策往往要经过雇员的集体讨论。日本的劳资关系或经理与雇员的关系表现为父子般的默认契约关系。雇主与雇员之间的关系不能用明确的契约条款来解释，雇主不会轻易地解雇雇员，雇员也不会随意地离开企业。它是在“终身雇佣制”基础上建成的一种封闭的社会共同体。所以，日本的劳资关系属于合作性，劳资矛盾较缓和。企业强调雇员对企业的忠诚和雇员之间、雇员与企业之间的合作。企业不仅是获取利润的经济实体，而且是企业所有成员的生活共同体。一般而言，劳资协议会由中高层管理人员和工会执委会两方组成，主要任务是商讨经营方针、生产计划和劳动条件等问题。对一些重大问题，劳资协议会还实行自上而下集体讨论，待大多数职工同意后方可决策。同时公司与劳资协议会还鼓励雇员发挥自己的个人能力，献计献策。一旦公司采纳便给予重奖。由于公司职工的紧密合作，使得工人参与公司决策管理的意识很强烈，形成了一种独特的制度即员工参与制（张锐，1996）。

日本的企业内工会是调解劳资双方关系的中介机构。与美国的工会多属于行业或产业工会不同，日本的绝大多数工会属于企业型工会，工会成员只包括本企业的雇员，其活动范围仅限于本企业。这与日本的劳动力市场内部化特征相适应。日本的企业经营者并不是和某一大的行业工会组织签订契约，而是在没有外部干涉的条件下和本企业的工会组织签订契约。与行业工会相比，企业工会所签订的契约更重视维持较高的就业水平，且不要求过多地增加工资，这样有利于维持企业的稳定，使工会与企业的利益统一到就业得到保障和利润率提高之上。在日本，“企业内工会是日本厂商的附属机构，通过这一机构，准终身雇员的不同利益可以得到调解并转达给管理部门”（青木昌彦，1994）。正由于日本这种特有的企业工会制度，使工会不仅是调解劳资双方关系的中介，也是直接阻碍企业重建的一股重要力量。

5. 公司控制

日本企业和银行的交叉持股和稳定持股的盛行，使得管理者受到保护，公司控制权市场极不活跃，敌意并购很少发生，有限的兼并也都是在协商一致的基础上进行的，管理者可以对投资采取长期观点。银行股东经常审阅公司的业务计划，在公司业绩欠佳时，进行直接干预或选出新领导层，甚至提供额外资金支持以渡过难关。银行股东的角色被认为是取代了购并的功能，使公司治理结构“内部化”。有学者将之称为“契约型治理结构”（杨胜刚、安青松，2003）。

5.3 国营企业及其民营化

日本的国营企业又称为公企业或公营企业，是在第二次世界大战后建立的。它包括中央政府或地方政府拥有全部资本或一部分资本的企业，数量很少，只占企业总数的1%，主要集中于基础设施部门和基础产业部门，其固定资产总额占全部企业固定资产总额的16%。但由于它掌握着全国金融、交通通信以及水电煤气等关键性领域，对国民经济的高速增长起了重要作用（陈建安，1996）。

5.3.1 国营企业建立的原因

1. 满足公益事业建立和发展的需要

公益事业主要是指为社会提供所需要的公共物品。这单纯依靠市场调节无法达到社会所需要的最佳水平。所以，政府提供公共服务的理由是“市场失灵”。

所谓“市场失灵”是指市场经济中资源配置达不到帕累托最优的各种情况，其原因主要是由于外部性的存在、公共产品的存在、不完全竞争性市场结构及不完全信息的存在、市场机制本身不能够解决社会目标问题等。

在市场机制不完善、难以发挥应有的调节功能的情况下，资源无法实现最佳配置，这就需要政府组织和干预公共物品的生产。正由于此，第二次世界大战后初期的日本政府一方面以廉价的价格把曾经服务于战争经济的公营企业拍卖给私人垄断资本，迅速扶植私人垄断资本的成长；另一方面靠国家的大规模投资建立起一批新型的国营企业。

2. 适应资本迅速积累，促进经济快速增长的需要

日本是后发展国家，为完成经济快速增长，尽快赶超发达国家的任务，单靠私营企业缓慢的资本积累是根本不够的，这就需要政府一方面给私有企业税收等方面的各种优惠，另一方面通过建立公营企业，加速资本积累（黄泰岩、王晓明，1995）。

5.3.2 国营企业的分类及管理方式

1. 分类

按经营体制的不同，日本国营企业大致可划分为三大类型：（1）政府企业，由国家或地方公共团体全额出资并直接经营，其所有权和经营权由国家或地方公共团体统一掌握，不具有独立法人地位。这种企业的典型代表是邮政。（2）公共法人企业，是由国家全额投资并按特别法律设立的特殊法人经营的企业。但政府并不直接经营，而是委托给企业独立经营。企业具有独立法人资格，独立核算，其典型代表是原来的日本电信电话公社。（3）由国家和民间共同投资的公司制或称特殊法人企业，是“公私混合型”的公营企业，采取股份制形式，国家是最大股东并拥有最终决策权，其代表是日本烟草产业股份公司和日本电信电话股份公司。

战后日本的公有企业体制被称为“三公社五现业体制”。“三公社”是指日本专卖公社（JT）、日本国有铁路公社（JR）和日本电信电话公社（NTT）。“五现业”是指邮政、林业、印刷、造币及酒类专卖。

在日本，不同类型的国营企业分属中央和地方。中央所属企业只占国营企业数的1%，但资产总额和就业人数却均占国营企业资产总数和就业总数的70%，多从事与国民经济直接相关的基础行业。

2. 管理方式

日本对国有企业实行中央集权的管理办法，主要权力集中在国会或政府手中，即日本的国营企业是在国会或有关政府机构的监督下，由有关部

门直接管理，包括人事安排、财务收支、业务经营、劳务管理等。日本的国有资产管理机构以大藏省为主。日本的《国有财产法》明确规定：普通财产的管理处置机关原则上为大藏省；行政财产的管理机关一般为各有关省，如机场由运输省管理，国有林野事业设施由农林水产省管理，邮政事业设施由邮政省管理等。

不过，由于国营企业体制的多层次性和经营的多样性，日本对国有企业实行分类管理，如政府对直接经营企业实行直接管理、监督、审查。由国家直接管理的企业有五个行业（邮电业、造币业、印刷业、国有林区业和酒类专卖业）以及地方政府的七项法定事业（自来水事业、工业用水事业、铁路事业、汽车运输事业、地方铁路事业、电气事业和煤气事业）。对股份制的国家参股企业给予较大的经营自主权。对特殊法人企业，管理和干预程度介于两者之间。

日本国有企业自主权很小，主要领导成员的任免权大都在国会和政府手里。企业的人事大权、财权以及生产经营及其发展的重大决策权也基本由国家控制。如国有企业的业务范围、投资范围、业务方法、事业计划、业务的废停，都被置于议会或政府的严格管理和控制之下。

日本政府对国有企业的管理主要靠法律手段，如《特殊企业法》等。日本中央政府所属的国有企业多是依据特别法律建立的。这些法律代表国会的意志。政府只是受国会委托，根据有关法律规定对国有企业实行管理。

5.3.3 公营企业的民营化

欧洲国家的“国有企业私有化”在日语中被译为“公营企业民营化”（吴易风，2006）。从20世纪80年代年开始，日本以中曾根康弘为首的自民党政府迎合世界各国国有企业私有化的潮流实行了“公营企业民营化”，即国营企业通过股份制改造，将所有权逐步转到纳税人手里，并逐步减少各种法定的限制，促进公平竞争，发挥市场机制的作用。

公营公企业民营化具体包括两种形态：一是将公营企业改造为股份公司，即将公司的一部分股票出售，政府仍然持股，甚至控股。这类企业仍属于公营企业。二是将公营企业完全民营化，政府不再持有任何的股份。

1. 国营企业民营化的原因

（1）国有企业一味地依靠政府的财政支援和补贴，加重了政府的财务负担。由于日本政府对国有企业的管理过分集中，行政干预过度，国有企业效率低下，亏损严重。企业如亏损或资金短缺，可以向国家申请补贴，这就使国营企业产生依赖心理。1985 年，政府仅对“三公社”的补贴就达 8900 亿日元。日本国铁（JNR）从 1964 年始，经营状况逐渐恶化，每年均需依赖高额借贷以渡难关。日本政府从 1968 年开始扶助国铁，到 1986 年时，国铁累计的长期债务高达 25 万亿日元。所以，国营企业民营化就成为消除庞大的财政赤字、减轻政府财政负担的必然选择。

（2）国营企业大都是上游的一些重要基础产业。这些产业因缺乏竞争和效率而导致产品低品质、高成本。这不仅影响下游产业产品的品质和成本，而且还会极大地制约生产最终产品企业的国际竞争力，或诱发对某些关键性资源的长期进口和对某些国家的政治经济依赖。

（3）妨碍了企业界合理竞争。日本国营企业在各自行业中居于合法的垄断地位，享受政府的种种优惠和特权，超脱于民营企业的竞争之外。国营企业资本金由国家拨付，对此政府采取保护措施，形成了特殊法人企业不得破产倒闭，也不能被兼并的保护体制。这种国营企业的保护性制度妨碍了企业间的合理竞争，损害了广大中小企业的竞争力，也使国营企业高枕无忧，丧失了活力和效率。

（4）国营企业也要求减少政府干预，扩大企业经营自主权。虽然一些国营企业在某一行业中拥有垄断地位，但其僵化的预决算制度、不能自主的用人制度、多重的限制等，使得国营企业受国家的控制和监督过于严格，自主权太小，造成经营者积极性不高。

除此之外，日本公营企业民营化，还有世界变革的影响和市场经济自由化的冲击等方面的影响。

2. 国有企业民营化的过程

日本的国营企业一般都比较庞大且大多在垄断行业，有的国有企业还负债累累。日本政府认为，国有企业如果一举实行民有民营，无法找到有如此强大实力的民间受让方，容易引起经济秩序的混乱。因此，国营企业改革是渐进式的：第一步，建立国有控股公司，实行国有民营。国有股占控制地位，但又积极吸收民间资本，将所有权和经营权切实分离，通过资产重组，引进市场竞争机制，提高国有企业的经济效益，从根本上改变日益恶化的财务状况。第二步，为从根本上解除政府财政负担，使企业获得完全的经营自主权，在时机成熟时，出售股票，逐步调整产权结构，实行完全的民营化。

国有企业民营化主要涉及部分公共法人和公私混合股份公司两类企业。公共法人改革的代表是将电信电话、国铁、烟草专卖（三法人）改组成股份公司；公私混合股份公司改革的代表是日本航空公司。该公司的所有国家股份已被出售，成为纯民营企业。

为使改革有法可依，日本国企改革的实施方案最终都是以法律的形式予以规范的。日本企业的基本法是1899年制定的《商法》。1938年又制定了《有限责任公司法》，专门确立了有限责任的公司法人。为了适应改革的需要，1983年制定了一个补充法案《民营化法》。经国会正式批准的相关法案保障了改革程序的明确性和可靠性。

在1984年2月、1985年2月、1986年1月，国会先后通过了烟草专卖改革法、电信电话改革法、国铁改革法。1985年1月专卖公社（JT）改制为日本烟草股份有限公司。同年8月，电信电话公社（NTT）改制为日本电信电话股份有限公司。1987年4月，日本政府正式宣布国铁解体，实施资产分割。国有铁道被分割改组成7个客、货运股份公司（即JR各公司），其分割的原则主要是按地域划分的。

日本国有企业改革的基本形式可以概括为体内改革和民营化改革。体内改革是把公有企业最初组织形式的政府企业改组为特殊法人企业。第二次世界大战后的三公社（日本专卖公社、日本电信电话公社、日本国有铁道）属于这种类型。民营化改革则分为以下3种情况：（1）国有国营转化为国有民营；（2）国有国营转化为公私合资合营；（3）国有国营转化为民有民营（李玉珍，2005）。日本国有企业民营化的形式是多种多样的，有的伴随着所有权的改变，有的实际上和所有制无关。

3. 国营企业民营化的效果

民营化后的日本国有企业，作为国家参股的公司已基本脱离了政府直接控制和管理。国家和企业的产权关系，表现为以清算事业团为代表的国家机构对各公司的持股关系；国家对企业的经营管理表现在有关重大问题的决策上，如总裁人选、企业经营目标、长期借贷安排等。这些按市场原则组建的新公司，形成了新的经营权威和新的激励机制，能较好地适应市场需求。在新的体制下，经营状况发生了显著变化：

（1）提高了公有企业的竞争力和经济效益，财务收支状况好转，政府财政负担减轻。通过对国有企业的股份制改革，实现了经营权和所有权的分离，下放企业经营自主权，从而提高了经营者的积极性和创造性以及竞争能力。如国铁，与改革前相比，客、货运量稳步增加，年增长率分别达 5% 和 10%，收益明显增加，还部分地偿还了原有债务，减轻了国家负担。国铁改革到 1994 年为止，每年平均对国家和地方政府的财政贡献达 310 亿日元。

（2）经营多样化，引进竞争机制。公有企业在民营化前，由于受到有关法律等限制，无法开展相关业务。民营化后公司为了在竞争中求生存和发展，不断调整经营战略，拓宽经营领域，引进了竞争机制，销售额和利润额都有了大幅度的提高。

但国营企业民营化也带来了一些问题：

（1）失业率的提高。这些年来，日本失业率居高不下，虽有“泡沫经济”破灭的原因，但与民营化改革也直接相关。

（2）民营化仍没有改变垄断的市场结构。在市场活动中，一方面因垄断造成的扭曲成本难以改善，另一方面垄断企业的供给行为在响应市场需求变动时，更多的是提价而非增产。

（3）政府调控经济的能力下降。调控经济和实现社会目标很大程度上是日本国营企业存在的理由，大量国营企业的民营化，使政府缺乏实现社会目标的手段，对经济的调控能力无形中减弱了。

第6章 俄罗斯的股份制企业

6.1 国有企业的股份制改造

6.1.1 国有企业股份制改造的理论背景

20世纪20年代末，前苏联开始实行计划经济体制，以指令性计划组织生产和分配剩余产品。1991年年底前苏联宣告解体后，独立后的俄罗斯宣布放弃计划经济体制，急速地向以私有制为基础的自由市场经济过渡，其具体形式即为通过“休克疗法”对国有企业进行的股份制改造。这场改革给俄罗斯带来了巨大的灾难。

前社会主义苏联演变成今天的俄罗斯，先是从意识形态领域开始，然后进入经济领域和政治领域。在意识形态领域，先是一些作家、艺术家、新闻记者等攻击社会主义，后是一些经济学家、政治学家、社会学家、历史学家、哲学家等攻击社会主义（吴易风，2006）。

误导俄罗斯这场改革的经济理论是西方的特别是美国的新自由主义经济学，是新自由主义的“华盛顿共识”。

新自由主义是20世纪30年代形成的与国家干预主义相对立的经济自由主义。在国家干预主义盛行时，新自由主义长期处于非主流地位。它鼓吹市场万能论，不承认存在“市场失灵”（market failure，又译为“市场失败”），认为市场是实现资源合理配置最有效的方式。在市场经济中，界定清晰的私有产权会自动带来有效配置资源的强烈激励，相比之下国有企业的效率不如所有者与经营者合一的古典私人企业、私人企业，所以，只要把国有企业的国家所有权改变为私人所有权，企业的效率就可以提高。由于市场会为这种有效的资源配置提供最佳的信息结构，国家应尽量减少对经济活动的干预。所以，新自由主义反对国家干预，主张自由放任。现在，新自由主义一方面是西方国家诱导社会主义国家和平演变的理论武器，另一方面是西方国家对发展中国家推行新殖民主义的理论武器。

"华盛顿共识"（Washington Consensus）具体内容很多，美国克林顿总统经济顾问委员会主席、世界银行前副行长斯蒂格利茨把"华盛顿共识"的主要内容归结为"三化"：政府角色最小化、快速私有化和快速自由化。由于新自由主义理论家在俄罗斯和东欧国家掌握了媒体，"华盛顿共识"的错误改革理论和政策主张得到了广泛传播和全面推行。美国原驻苏大使小杰克·F. 马特洛克在他写的《苏联解体亲历记》一书中说：1989年12月美苏首脑在马尔他会晤时，"在有关苏联经济问题的会谈中，布什和贝克都为戈尔巴乔夫对市场经济知识的贫乏而深感吃惊。例如，他辩解说，在西方，许多财产归集体所有，股份公司即是明显的例子。事实上，戈尔巴乔夫对资本主义经济的认识非常模糊，有时也不准确。但是，布什忽略了他所说的公司所有制是集体的这句话的意旨。戈尔巴乔夫正在试图对'社会主义'产权重下定义……准备把持股人拥有的公司看做是一种可以接受的'集体所有制'形式。如果他能够使这一定义站住脚，必将为国有大型企业的私有化开辟一条道路"（小杰克·F. 马特洛克，1996，第315页）。从马特洛克的这段话可以看出，戈尔巴乔夫给西方资本主义股份公司戴上了社会主义公有制——集体所有制的桂冠。对此，马特洛克这个以瓦解苏联社会主义制度为目标的苏联通，从戈尔巴乔夫的这个论断中得到了戈尔巴乔夫要把社会主义国有大型企业私有化的信息。马特洛克看出，戈尔巴乔夫把西方资本主义股份公司定性为社会主义集体所有制，就是为社会主义公有制重新下定义，即他在社会主义公有制与西方资本主义股份公司之间画上了等号。这样一来，他就可以在这个重新定义了的"社会主义"幌子下，把社会主义国有企业变成以资本主义私有制为基础的资本主义股份公司。所以，俄罗斯经济转轨不是要改善现有政权的经济业绩，进而证明既有政治制度的合理性和先进性，而是要从根本上彻底摧毁既有的政治制度和经济制度。恰如叶利钦和盖达尔在当时所称，俄罗斯经济转轨的根本任务就是使已经启动的社会转型进程不可逆转，即通过经济自由化和国有资产无偿私有化来彻底摧毁原有的社会主义国家制度和计划经济体制（麦德维杰夫，2000，第35页）。所以，对庞大的国有经济实行私有化，是俄罗斯经济体制转轨过程中居于核心地位的重要内容。

正是在上述理论的指导下，美国哈佛大学的著名经济学教授杰弗里·萨克斯受聘为俄罗斯的经济顾问。在俄总统叶利钦的大力支持下，他与激进改革派和自由派主流经济学家一起共同制定了俄罗斯激进改革战略——“休克疗法”方案。1991年10月俄罗斯第五次人代会批准了叶利钦的经济改革原则，其中包括“休克疗法”（shock therapy）——放开价格、实行私有化和实现宏观财政稳定。1992年初，当时的盖达尔政府宣布实施这一激进改革方案。当时之所以采取这种激进式的改革方案的主要原因有：

（1）戈尔巴乔夫改革社会主义渐进战略的失败，给主张实行渐进改革战略的提倡者和拥护者带来了很大阻力，而必须迅速采取激进改革措施的观念完全占了上风，即向市场经济的过渡必须采用激进的方式，人们不可能两步跨越一道鸿沟，渐进改革是不可能取得成功的。激进改革派主张“长痛”不如“短痛”，要“尽可能最大限度的自由化，尽可能最快的私有化，并且在财政、金融方面采取了强硬的措施”（科勒德克，1992）。

（2）“休克疗法”也是俄罗斯独立之初急迫情景下的紧急应对策略。正如盖达尔所言：“到了1990年秋天，很明显一场危机就要爆发了……一场革命就要来临……在这种背景下，有秩序的改革是根本不可能的，唯一剩下的就是如何应付危机”（丹尼尔·耶金，约瑟夫·斯坦尼罗斯，2000，第397—398页）。在某种意义上，“休克疗法”的适时推出，是一种无可奈何的危机应对策略。

（3）西方力量的影响。俄罗斯在改革过程中，经济大幅度滑坡，急需外国资金的援助。国际货币基金组织和西方一些国家正是以不断援助为诱饵来促进其作出激进式改革方案的选择。在俄罗斯实施激进式改革方案之初，西方国家制定了大约240亿美元的一揽子援助计划。其中，60亿美元是稳定基金，25亿美元是延期支付，45亿美元是国际货币基金组织和世界银行的贷款，110亿美元是“七国集团”提供的贷款（丁汝俊，2005）。

6.1.2　国有企业股份制改造的过程

俄罗斯的股份制改革是伴随着“休克疗法”执行过程中私有化运动的开展而进行的。1991 年 7 月 3 日，俄罗斯联邦最高苏维埃批准了《俄罗斯联邦国有和市有企业私有化法》，随后，又陆续颁布了《1992 年度俄罗斯联邦国有和市有企业私有化国家纲要》、《新私有化法》及其他一系列法规和总统令等，形成了一整套法律体系。自此，俄罗斯政府推进经济转轨，实行“休克疗法”，决定把单一的公有制经济改造为多种所有制形式的混合经济，进行大规模的私有化运动。

俄罗斯私有化主要分小私有化和大私有化两大类。

1. 小私有化

小私有化是指将国有小型工商业、服务业和建筑企业采取公开出售、拍卖、租赁等方式进行转让。俄小私有化从 1992 年起，至 1993 年底基本完成，对象是职工人数在 200 人以下、1992 年 1 月 1 日固定资产账面净值在 100 万卢布以下的小型企业。1992 年上半年重点是在以往国有小企业租赁合同的基础上通过赎买来实现私有化，下半年重点是通过拍卖和招标来出售小企业，直接目的是把国有小型企业变为私人所有。到 1993 年底，70% 的小企业已转变为私有制；到 1996 年初，该比例上升到 84.3%（对职工人数和固定资产账面净值在小型和大型企业之间的中型企业，允许选择拍卖或股份制）。

2. 大私有化

大私有化是指对大中型国有企业进行私有化，对象是职工人数在 1000 人以上、1992 年 1 月 1 日固定资产账面净值在 5000 万卢布以上的大型企业，直接目的是把国有大型企业改造为股份公司。职工人数在 200 人以上、1000 人以下、1992 年 1 月 1 日固定资产在 100 万卢布以上、5000 万卢布以下的中型企业，既可以招标拍卖，也可实行股份制。

为了加速大中型企业的私有化，加快对它们实行股份制改造，1992 年 7 月 1 日，叶利钦签署两项总统令，即《关于国有企业及国有企业的自愿联合组织改变为股份公司的组织措施》、《关于国有企业商业化并决定同时改变为公开型股份公司的条例》，要求自即日起，除不准实行私有化的企业外，俄罗斯的其余大中型企业一律私有化，限期改变为公开型股份公司。自此俄股份制改革全面推开。

俄罗斯大私有化的具体办法分为无偿转让和有偿转让，采取的主要形式是股份制。大私有化开始于 1992 年 7 月，共经历了三个阶段。

(1)“证券私有化”阶段（1992 年 7 月—1994 年 6 月）。这一阶段的特点是通过发放私有化证券无偿地转让国有资产，开始将国有资产私有化或非国有化。这一时期，俄罗斯政府给每个俄罗斯公民（从老人到小孩）免费发放了 1 万卢布（按当时汇率计算相当于 32 美元，或相当于俄职工 4 个月的工资）的国有资产私有化证券，作为每个公民持有的将要私有化的无固定对象的国有资产的股权，再在私有化过程中，折股到具体国有企业身上。

1992 年 7—9 月，根据俄总统令，俄不准私有化的主要的国有大中型企业改造成开放型股份公司，其股份暂时全部属政府所有。最初的公司董事会没有外界代表。俄罗斯政府发放“私有化证券”后，在国有企业折股过程中，制定了三种股份制改革方案供职工选择。一是企业职工可无偿分得 25% 的赠送股，另外低价购取 10% 的优惠股，企业管理层还可优惠购买 5% 的股份，其余的股票在市场上公开出售。二是企业职工可优惠购买 51% 的股份，另外管理层还可再优惠购买 5%，其余 44% 提供给社会。三是企业职工可优惠购买 20% 的股份，另外如有人愿意担保企业不破产或停产并负责改造企业，则在取得企业职工大会同意的条件下，他们可以再购买 20% 的股份，其余 60% 的股票自由出售。

由于俄广大职工曾经长期在社会主义制度下生活，他们已习惯于捧“铁饭碗”，特别担心企业被外部人控制，自己遭到解雇，因而在实行私有化的企业中，77.8% 的企业选择了第二种方式。因此，有将近五分之四的企业不愿向社会出售控制性股份。据统计，1993 年和 1994 年两年，俄建立股份公司 2.34 万个，发行股票 18.24 亿股，其中，向职工分配的股份占总股份的 42.9%，公民用私有化证券购买的占 13.9%，国家掌握的占 42.9%。俄罗斯人口的 96% 领取了私有化证券。证券私有化是快速私有化与缺乏原始资本的矛盾的产物。鉴于证券私有化无偿性带来的问题，1994 年 6 月底结束了证券私有化。

(2)“现金私有化”阶段（1994 年 7 月—1997 年 6 月）。俄罗斯政府为了获得充足的资金，加速对原国有大中型企业的改造，决定公开竞争性地出售已改组成股份公司的国有企业股票，有偿转让国有资产。所以，从 1994 年 7 月开始对国有资产“改分为卖”，实施现金私有化，即采取现金出售国有资产，也称货币私有化。这一阶段从原先主要以私有化证券无偿转让国有资产过渡到按市场价格出售国有资产，其最大特点是把私有化同投资活动结合起来，并允许投资者获得企业股票的控制额。俄罗斯政府采取授权私人商业银行、进场交易（抵押拍卖）、发行短期债券以及国有股份托管等方式，把大型国有企业的资产或股份，或低价抵押给寡头私人商业银行换取现金，或委托私人管理经营。所谓授权银行方式，即国家中央银行把预算拨款、税款等“委托”给有关关联公司或寡头银行管理，被授权者便可利用国家资金进行投机、放贷或在资本市场炒作；所谓进场交易，即抵押拍卖，俄罗斯政府以抵押拍卖形式处理大型企业，由寡头银行贷款给政府以弥补预算赤字，政府以国有企业控股权作抵押，3年后政府还贷，即可收回控股权，否则股权归贷款者；所谓国有股份托管经营，即国有及国有控股企业中国有股被以类似承包制的方式由私人等托管经营，由于缺少监管和考核机制，这种方式也成为某些私人资本成长的便利途径之一。上述三种方式的结果是，大量未被私有化的优势国有企业的资本被转移到了少数人手里（张克利等，2006）。

俄在实行现金私有化的第一年即1995年，共组建股份公司2770个，法定资本5830亿卢布，发行股票8.54亿股，其中1/3在职工中分配，1/3固定为国家所有，1/3自由出售。至1997年，俄在整个大私有化中共建立股份公司约2.7万个，其中国家控股的4849个，占18%；国家参股的10200个，占37.6%；完全私有化的股份公司12000个，占44.4%（许新，2001）。

（3）个案私有化阶段。1997年6月大规模私有化阶段基本结束后，进入对大型和特大型国有企业按单个企业进行私有化的阶段，即个案私有化。这一阶段的特点和政策变化是：由大规模私有化转为有选择地、个别地进行国有企业的股份制改造；私有化的重心从数量转向质量；强调增加投资和提高企业的管理水平；把私有化对象扩展到不动产，包括股份制改造企业所在的地段；加强对私有化过程的监督等。政府告诫企业“经营要透明”、“应向社会做出更多回报”，彻底治理和整顿其国有资产私有化过程中出现的种种不良现象，如“寡头私有化”等，维护国家政治和经济安全，防止国有资产流失。

俄在前两个阶段共建立2.7万家股份公司，只有20%是开放型股份公司，80%是封闭型股份公司。截至1995年底，总账面财产价值为1.6

万亿的118797家国有大中型企业实现了多种形式的私有化，约占俄罗斯国有财产56.7%。1996年在整个工业中，非国有工业企业占企业总数的95.6%，占工业产品生产总量的89.6%，占工业职工总数的84.7%。

6.1.3 对国有企业股份制改造的评价

俄罗斯的股份制改革是在私有化的浪潮中进行的。俄通过建立股份制，大量无偿分配或有偿出售国有企业的股份，改变了公有资产在社会总资产中的优势地位和国有经济的主导作用，使所有制性质发生了根本性变化，国有企业在各种所有制企业中的比重由95%迅速下降到10%。截至2002年1月1日，共有13万家国有企业实现了私有化，占私有化之前全部国有企业总数的66%。国有成分从1990年的88.6%下降到10.7%，私有成分从1.2%上升到75.8%，集体与其他混合成分从10.2%变为13.4%。所以，俄罗斯对国有企业的股份制改造是国有企业产权的重新分配，它从此结束了国有企业的绝对统治地位。

俄国有企业的股份制改造总的来讲是不成功的。由于私有化目标的政治性、进程的激进性和方式的无偿性，使得整个所有制改革严重脱离国情，违反经济发展规律，产权改造流于形式，企业治理缺乏创新，加之宏观经济环境恶劣，私有化企业微观经营效率并未立即显著提高。伴随着私有化及其他一系列改革，俄经济出现了连续7年的滑坡，GDP总量下降达42%，居民收入下降约60%。具体讲，俄国有企业的股份制改造的负面影响主要有以下几个方面：

1. 导致20世纪90年代的经济大萧条

在这场大萧条中，俄罗斯的生产猛降，失业人口猛增，生产力遭到巨大破坏，生产组织解体，经济纽带断裂，生产效率骤降，财政状况恶化，通货膨胀加剧。1997年，俄罗斯工业产值是1990年的48%，农业产值是1990年的59.2%，固定资本投资是1990年的23.4%。1992—1998年，俄罗斯国内生产总值累计下降40%，工业生产下降50%。俄罗斯的预算赤字最高曾达GDP的10.7%。为弥补赤字，政府又不得不发行高息短期债券，导致国家负债累累，从而使政府财政收支状况陷入恶性循环。1992年，俄罗斯的通货膨胀率曾高达2510%，之后虽然逐渐下降，但从未低于两位数。自1992年到1999年，俄罗斯消费价格上涨6168倍，导致居民实际货币收入下降60%并出现了大量的贫困人口。

2. 国有资产严重流失，全国人民公有的生产资料被剥夺

国内的剥夺者依靠新自由主义改革政策剥夺了全国人民公有的生产资料，剥夺了全国人民公有的社会财富。俄罗斯在激进的经济转轨战略的指导下，在很短的时间内以惊人的速度对原国有大中型企业进行股份制改革。在当时的行政命令下，俄股份制改革一哄而上，计划不全，考虑欠周，以私有化为目的，对国有资产保护考虑不多。在“证券私有化”时期，因缺乏透明和竞争机制，无偿转让的比重高达 75%。企业经理层与官员相互勾结，利用法律和管理漏洞攫取国有财产。从无偿股份化转入有偿股份化，即从“证券私有化”转入“现金私有化”后，在对企业资产进行评估时，是按国家统计委员会提供的系数，而不是根据市场价格，国有资产价值被普遍压低。企业一度出售股份时不是按市场价格，而是按所谓低于市场价格的“账面价值”、“标准价值”出售。不少企业都是在效益不好的情况下以极其低廉的价格仓促卖出股票，国家损失惨重。政府官员腐败充斥于俄罗斯私有化过程，犯罪性质的官商勾结和官商交易现象相当严重。据 1997 年 6 月 11 日的《真理报》载文指出，俄罗斯以低价出售国有资产而导致的损失至少 1 万亿美元。另据俄国家杜马听证会公布的资料，国家私有化造成的损失相当于 1996 年国内生产总值的 4.2 倍，相当于第二次世界大战期间苏联损失的 2.5 倍（许新，2003，第 390—391 页）。

俄罗斯的这场私有化运动把生产资料和社会财富集中到了少数人手里。私有化的直接受益者和最大受益者是私有化运动组织者、顾问和合伙人。私有化的受害者是全国人民，特别是劳动人民。他们被剥夺了公有的生产资料和社会财富，重新沦为一无所有者，等待他们的必然是贫困、失业、被剥削和被压迫的命运。

3. 官商结合产生腐败现象

在无偿私有化阶段，企业内部人用私有化证券购买企业股票并不受市场需求的影响，而企业外部人要通过拍卖购买股票。当他们购买那些效益较好的企业股票时，其价格比卖给企业内部人的价格要高出几十倍，有的甚至上千倍。在有偿私有化阶段，由于俄社会权力与资本日益紧密结合，在大笔国有资产竞卖中出现了腐败现象，社会阶层分化加剧，职工所获得的私有化企业股票在重新洗牌过程中落入经理层囊中而形成了“新俄罗斯人”和垄断寡头，俄基尼系数从 1989 年 0.24 上升到 1995 年的 0.48。

俄罗斯的穷人阶层占70%，富人阶层仅占1.5%，收入低于最低生活费的人口也占30%以上。因此，这场改革既没有提高企业效率，增强竞争力，进而促进整个国民经济的增长，也没有实现社会公正和平等，消除严重的两极分化，反而促使俄罗斯特色的、金融资本与工业资本相互渗透的金融工业集团迅速崛起，造就了一小撮成为国家资产继承者的寡头资本家，社会两极分化日益严重。正由于此，俄罗斯的私有化被称为“官员的私有化”、“经理的私有化”、“影子经济的私有化”和“掠夺的私有化”。

4. 民族资本被剥夺

面对大规模低价处理国有资产的股份制改造，西方资本不会坐失这一赚取巨额利润的良机。“华盛顿共识”即是新自由主义改革理论家和实践家在俄罗斯实行私有化的意识形态基础，同时又是这些理论家和实践家在俄罗斯实行经济殖民化的意识形态基础。根据“华盛顿共识”制定的俄罗斯改革纲领，一方面是为国内寡头集团谋取利益，另一方面是为国际资本谋取利益。这样，俄罗斯的经济私有化和经济殖民化密切相关，经济殖民化是经济私有化的自然延续。俄罗斯私有化的掠夺形式不仅在于把国有企业卖给本国私有主，而且在于把国有企业卖给外国资本家。俄罗斯和东欧的一些国家向外国投资者出售国有资产，造成了本国国有资产的巨大流失。在西方资本所收购的国有资产中，绝大部分是以原有资产价值10%的低价收入囊中的。这意味着约有90%的国有资产价值作为利润流入外国收购者的腰包，白白地被外国所有者占有。

通过以上对俄罗斯微观基础改革的分析我们可以看出，对于转轨经济来说，私有化并不必然带来效率的提高，健康、稳定的宏观经济环境是保证企业取得良好经济绩效必不可少的条件。产权改革是手段，不是最终目的。

6.2 “后私有化”时期的公司治理

俄罗斯的私有化改革不仅结束了国有企业的绝对统治地位，而且使企业组织形态也出现了多样化的趋势。俄罗斯现有四种主要的企业组织形态：独资企业、业务合作企业、业务公司和生产合作社，其中业务公司可具体分为三种形式，即有限责任公司、追加责任公司和股份公司。

股份公司按照股份能否自由转让又可划分为“开放式股份公司”和“封闭式股份公司”两种。前者是指股份可以自由转让并能够通过发行股票募集资金的公司；后者则是指股份只能在公司发起人以及其他出资者之间分配和转让的公司。俄罗斯在私有化后的公司治理过程中主张建立开放型股份公司，以便吸引外部投资者和形成广泛的私有者阶层。但实际结果并非如此。从大私有化的前两个阶段（证券私有化和现金私有化）看，封闭型股份公司占到所改组的 2.7 万家股份公司的 80%（开放型股份公司仅占 20%）。截至 2001 年 7 月 1 日，俄罗斯约有 6 万家开放式股份公司，而封闭式股份公司的数量则为 37 万多家。封闭式股份公司之所以数目众多，原因主要有：（1）直接原因是企业领导人唯恐失去对本企业的领导和管理权。多数大企业的领导人为达到防止外部股东控股和减少政府监控的目的，为了使私有化后的企业仍在自己的控制之下，人为地通过各种手段将企业变为封闭型股份公司。他们所采取的手段和途径包括：选择内部控制模式的私有化方案，如 70% 以上的企业都选择了改革的第二种方案，即企业职工可以购买占法定资本 51% 的有表决权的股票。这些企业的领导人还动用企业资金来购买本企业大部分股权，以掌握绝对控股额；企业领导人通过各种关系竭力把自己领导的企业定为“资合不上市公司”。到 1993 年年底，90% 的公司都是职工多数股权公司，许多公司尚无外部股权；玩弄种种手段抵抗外部“渗透”来控制公司。（2）在私有化改革的初期阶段，许多国有企业及地方公有企业遵照政府指令直接过渡到封闭式股份公司。随着俄罗斯经济进入“后私有化”时期，俄罗斯政府于 1996 年 8 月 18 日颁布法令，规定国有资产比例达到 25% 以上的企业必须于该年内转为开放式股份公司。但由于没有同时颁布有效的惩罚措施，该法令实际上成了政府对企业的劝告性要求，绝大多数的封闭式股份公司仍然没有转变为开放式股份公司。

根据俄罗斯官方公布的统计数据，截至 2002 年 10 月 1 日登记在册的企业约有 300 万家，其中业务合作企业和业务公司在数量上占多数，为 243.8 万家，约占 81.3%（股份公司为 44.3 万家，约占 14.8%）；独资企业为 7.8 万家，约占 2.6%；其他形式的企业为 48.5 万家，约占 16.1%。股份公司在俄罗斯工业企业中数量占多数，比例达到 87.8%。如果以职工人数作为衡量企业规模的标准，则股份公司的职工是独资企业的 1.6 倍，是有限责任公司的 3.9 倍。这说明，尽管在企业类型中股份公司数量不占优势，但在决定一国整体经济实力的工业领域，股份公司已经是非常普遍的企业形态了（孙雅娜、边恕，2004）。

俄罗斯私有化后，其公司所有权与控制权的状况发生了很大变化，主要表现为所有权的分散化，控制权的集中化，其中控制权主要集中于内部人手中。相应地，公司治理结构也呈现出独特的内部人控制的特点，即在法律体系缺乏和执行力度微弱的情况下，经理层利用计划经济解体后留下的真空，对企业实行强有力的控制，在某种程度上成为实际的企业所有者。俄罗斯的公司治理结构兼具英美模式和德日模式的某些特征，是一种转轨经济中特有的、尚不成熟的综合型治理结构。

6.2.1　公司的股权结构

在俄罗斯，企业的股权结构随着私有化的进展也经历了一个动态的变化过程。私有化开始时，73%的公司采取了第二种改革方案，即51%的股份可以售给职工，剩下的49%将拍卖或由国家持有以待今后出售。这样，当私有化第一阶段（即“证券私有化”）结束时，俄罗斯基本上形成了“股份资本结构分散化”的所有权结构，其主要特点是企业内部的职工掌握了多数股份。据俄罗斯联邦经济部在1995年、1997年、1999年对工业企业所做的调查资料，1994年第一季度，在实现私有化的大多数企业中，全体职工拥有多数股权，所有外部股东大约拥有这些企业五分之一的股票，国家仍拥有大约十分之一以上的股票。1994年，俄罗斯全部大中型股份公司所有制结构中，内部人、外部人和国家持股的比重为：60—65、15—25、15—20，外国投资者基本上没有参与第一阶段的私有化。

第一阶段的大规模无偿私有化运动并没有给私有化企业带来发展所必需的资金，职工尽管拥有大量股权，却难以承担有效所有者的责任，这一切使得企业在私有化后仍难以改善效益。为了克服前期的缺陷，1994年7月以后，俄罗斯政府实施了新的私有化方案，进入了现金私有化阶段。政府希望通过这一方式筹集资金弥补财政赤字，并加强外部投资人在公司治理结构方面的作用。这一阶段私有化企业的股权结构发生了明显变化，总体趋势是内部人拥有的股票份额下降，外部人持股比例上升，国家掌握的股票持续稳步减少。到1999年，这三者的比重大致保持在46%、42%、7%的水平。截至1997年，国家只拥有全部股票的6.5%，而且在74%的股份公司中已不再拥有任何股份。这说明，近四分之三的俄罗斯大中型企业已经完全私有化了。

总之，证券私有化之后，俄罗斯企业的股权结构发生了变化。这主要体现在：私有化企业内部职工持股逐渐降低，而外部投资者的股份逐渐增加，出现职工股权向管理者和外部投资者手中集中的趋势。外部股东持股的增加促进了企业治理结构的完善和管理效率的提高。

6.2.2　股份公司的内部治理结构

私有化初期，在大中型企业股份制改革过程中，俄罗斯的激进改革派为了缓解企业领导人对即将失去控制权的恐惧和“赎买”工人对私有化的阻力，选择了“证券私有化”，经理人、职工、金融外部人、非金融外部人和国家都成为俄罗斯最为主要的股份公司的所有者。这种“无偿私有化”虽然加快了私有化改革的进程，但由于企业内部人持有多数股份，其利益得到了强有力的体现，在新形成的股份公司中出现了“内部人控制”的局面。美国斯坦福大学教授青木昌彦把这种“内部人控制”定义为：“在私有化的场合，多数或相当大量的股权为内部人持有，在企业仍为国有的场合，在企业的重大决策中，内部人的利益得到有力的强调”（青木昌彦，1994）。在证券私有化结束时，俄罗斯“私有化”企业的绝大部分股权被控制在“内部人”手里，其中国有股份在董事会的代表是政府委派的，他们往往被经理们所“俘获”；职工集体的股权比重很大，但职工和工会的代表大多数被经理们从董事会排挤出去，职工股权被经理们强行代理，结果是经理们控制着一切。根据俄罗斯政府的调查，1994年，这些企业中 65% 的股权为内部人所掌握，13% 仍在国家手中，而外部自然人与法人总共只控股 21%。所以，在私有化初期，俄罗斯公司治理结构的基本特点是：剩余索取权和控制权结合失当（委托人和代理人一体），经理们自我委托，自我代理，导致内部人控制。一方面，经理和职工（内部人）本身就是大股东，他们集委托人和代理人的二重身份于一身；另一方面，长期以来俄罗斯的外部股东没有得到足够的发育。有关数据表明，在 1992—1996 年期间，虽然有大约 33% 的大中型企业更换了董事长，但是其中 80% 的企业是由公司内部的其他经理替代原董事长。这样，事实上形成了管理人员对企业股份和经营权的控制。正是由于大部分所有权转移到了本企业的经理阶层和职工手中，使得转轨中事实上的内部人控制合法化了。根据委托代理理论，给代理人足够的剩余索取权

(比如股票期权)是最有效的激励。但是俄罗斯的公司具有“人造”的性质，私有化的无偿赠送性特点使公司有股东而无资本，其技术装备没有变化；企业的董事会和经理处实际上还是由原生产单位的领导人把持，他们不懂市场经济条件下的公司运作。惟一能够威胁经理们的委托权和代理权的是外部投资人，于是，经理们为了自身利益最大化，与本企业职工一起设置种种障碍阻止外部投资者的股份资本进入本公司。由于内部人控制，私有化初期大多数私有化企业的资产数量和质量、经营机制和效率都没有得到明显的改善。

为了解决“内部人控制”问题，俄政府于1996年和2002年先后出台了《俄罗斯联邦股份公司法》和《股份公司法》。

1996年的《联邦股份公司法》规定：(1) 每个公司要在规定的时期内依法律制定它的公司章程，否则公司章程无效。(2) 职工在50名以上的公司的股票必须进行公开交易。但是在交易过程中许多经理人员对他们股票的购买施加了严格控制。(3) 有10%以上的股东对现有决策不满意，他们可以自行召开一个特别股东大会。(4) 在股东人数超过1000人的股份公司，选举董事会时必须累计表决；同时规定高级经理不得在董事会占多数。(5) 公司法还对公司的股东提供了反对接管者的保护，规定当获得公司30%以上股票时必须向公司通告并且以公平价格购买其他股东的股份，购买20%以上股票时必须公开公布消息。(6) 严格规范新股发行。新的公司法还规定拥有公司2%以上股票的股东有权向股东大会提交计划，并且提名董事会的候选人，如在新股份的发放上，针对以前公司普遍把新股以低价格卖给内部人，或者买回股票重新出售给经理和其他工人这一现象规定新股份的发行必须要有一半以上具有投票权的股东参加，股份必须按市场价值出售，购买者必须在一年内付清款项后才有投票权。

2002年1月1日生效的新的《股份公司法》主要是以更有约束力、更有效的安排来保护小股东的权利。如有关公司重组(拆分或合并)的条款更加符合所有股东的权利；使以控制公司的股份结构为目的的新股发行变得更困难了；董事会将独立地行使权利。按照2002年股份公司法的规定，俄罗斯标准股份公司必须设立5个权责明确、相互制衡的机构，以对日常业务及重大事项进行决策和监督。这5个机构分别为股东大会、董事会(监事会)、独立执行机构、合议执行机构以及监察委员会。股东大会、董事会(监事会)、执行机构三者构成俄罗斯股份公司的核心，基本上属于英美模式。

1. 股东大会

股东大会是公司的最高权力机构，一般每年举行一次，负责选举董事会成员（包括董事长）和监察委员会成员。除年会外，应大多数经理会议成员的要求或占公司普通股东总数不少于 10% 的股东的要求，还可召开股东特别会议研究任何问题。一般而言，二分之一以上的股东参加的股东大会拥有下列权利：（1）确定公司高级职员及其报酬水平，如任命监察委员会成员，选举经理会议成员，任命公司总经理。（2）批准资产报表、盈亏核算、经理会议年度工作报告；批准支付普通股票股息额；批准契约；经四分之三以上的股东投票表决同意，方可修改和补充股份公司章程；改变法定资本；通过关于出售、出租、交换或占公司资产 10% 以上的财产支配的决议；通过关于公司合并、加入、改变为另一种组织法律形式的企业的决议；通过关于撤销公司、建立撤销委员会的决议。（3）股份转让及个别股东表决权。在限制股份转让方面，根据股份公司法第 7 条第 2 项的规定，禁止开放式股份公司在公司章程中规定，公司股东有享受优先购买权的条款；而允许封闭式股份公司可将股份转让的信息以书面形式通知全体股东，由他们确认是否要行使优先购买权。一般而言，俄罗斯股份公司将个人股东所拥有的最多股票金额规定为占总股本的 0.5%—1%。

2. 董事会与执行机构并立的“双头”公司治理结构

董事会由公司总经理（或其代表）、财产基金会代表、劳动集体代表和地方政权机构代表等组成，主要职能是执行股东大会的决议，决定执行机构的人事变动，确定经营战略，负有对公司经营进行全盘指导的责任。公司总经理（或其代表）拥有两票，所有其他董事会成员每人一票。

执行机构（独立执行机构和合议执行机构）负责向董事会和股东大会报告业务经营的情况。独立执行机构一般指公司的高级经理部门，合议执行机构则是由具体负责经营活动的部门经理组成，两者共同承担公司日常经营业务的管理责任。总经理严格按现行法律和本章程开展自己的活动，按俄联邦法案享有一切必要的权力执行这一任务。股份公司法在业务经营领域赋予执行机构广泛的决定权，并且也赋予其类似董事会的权力。

董事会与执行机构的“双头”并立会导致两者在业务执行上发生冲突，董事会对公司的实际经营状况难以获得准确的信息。针对立法时没有考虑到的这一情况，俄罗斯立法当局多次强调执行机构必须承担如实告知股东大会及董事会的义务，但实际上仍无法杜绝执行机构隐瞒经营状况的现象。

3. 监察委员会

在俄罗斯股份公司中，除了董事会（监事会）以外，有权对执行机构进行监督的，还有监察委员会以及监察会计师。监督委员会组成不少于3人，由持有公司股票超过50%的人选举产生。股份公司法规定，监察委员会可定期对股东大会提交的财务报表进行审查，并且可以应股东大会、董事会及拥有十分之一持股比例股东的要求对公司财务状况进行临时审查；监察委员会还享有召开临时股东大会及董事会的权力；监督委员会不迟于股东年会前10天内向董事会提交关于公司财务和会计核算的年度检查结果报告。另外，为确保监察委员会的独立性，当公司股东被董事会和执行机构聘为监察委员会成员时，暂时中止其股东表决权。一般而言，股东大会希望监察委员会能够承担公司财务及业务监督的主要任务。但是，现实中监察委员会在股份公司中的作用并不大，有效性不高。

另外，俄罗斯的股份公司法还对一些特殊情况作出了具体规定，如当拥有表决权的股东未满50人时，股东大会可以代理行使董事会的职能；是否设置合议执行机构可由公司自主决定；对董事会最少人数的规定可随拥有表决权的股东人数的变化而不同等。

为确保执行机构与监督机构的独立性，俄罗斯股份公司法对兼职作出了规定，即独立执行机构成员不兼任董事长职务；合议执行机构成员原则上不得兼任董事，如确须兼职则最多不得占董事总数的四分之一；禁止监察委员会成员担任董事及公司的其他职务。

在《股份公司法》的指导下，内部人控制私有化企业的局面有了一定的改观，公司董事会中外部投资者的代表有所增加。例如，1995年外部人在董事会中平均拥有14%的席位，1996年上升到31%。1995年只有64%的大中型企业的董事会中有外部股东代表，到1996年，超过四分之三的企业中有了外部人董事。典型的董事会不再由高级经理组成，而是由两个外部代表、一个国家代表以及四个经理组成（约瑟夫·R. 布拉西等，1999，第106页）。董事会中外部人代表的增多，一方面是由于更多的公司开始按照法律规定的累积投票原则选举董事会，更为重要的是外部投资人的股权在后私有化阶段显著增加。例如在私有化初期，外部人仅拥有 20% 左右的股票，但到 1997 年，其持有全部股票的比例就上升至 40% 左右，并在 48% 的公司中拥有了多数股票。经验性调查也证实了外部股权的上升与外部股东当选为董事之间存在着紧密的正向联系（约瑟夫·R. 布拉西等，1999）。

通过后私有化阶段的公司治理，俄罗斯内部人控制企业的状况虽有所缓解，但并没有得到根本改观。俄罗斯的多数私有化公司至今仍由原国有企业的厂长、经理等管理者控制。据报道，1995 年、1997 年和 1999 年，内部人控制企业的比例分别为 59%、53% 和 48%，而外部人控制企业的比例相应为 36%、39% 和 45%，国家控制企业的比重为 5%、8% 和 7%。

第7章 我国国有企业的股份制改革

7.1 国有企业股份制改革的历程、原因和效果

7.1.1 国有企业股份制改革的历程

早在19世纪末，股份制就在洋务运动的影响下被移植到了中国。当时中国出现了一批官办与官商合办的股份制企业。1873年成立的轮船招商局，发行了中国最早的股票。1905年，在上海产生了中国第一个股票交易所。1914年，中国北洋政府颁布证券交易所法，1917年成立了北京证券交易所。到抗日战争前，上市股票已达百余种。新中国成立后，股份制随着政权的更迭逐渐退出了历史舞台。

国有企业改革是从计划经济到社会主义市场经济体制最重要的改革之一，是国民经济微观主体的改革。当今我国的股份制是经济体制改革的产物。国有企业的体制改革，是从扩大企业自主权开始的。为了实现政企职能分开，使国有企业的所有权和经营权分离，我国经济学家先后提出了诸如行政性分权、放权让利、利改税、承包制、租赁制等种种改革方案。这些改革措施都取得了一定成绩，初步改变了企业与国家、企业与职工的关系，使企业成为相对独立的商品生产者和经营者。1984年，中共十二届三中全会在《中共中央关于经济体制改革的决定》中规定，今后各级政府部门原则上不再直接经营管理企业。

上述改革措施虽然都取得了一定成绩，但政企不分现象依然很严重。所以，自1983年起，也有人通过对行政性公司的反思，陆续提出了股份

制改革的方案。1983年7月，我国出现第一家股份制企业——深圳市宝安县联合投资公司。1984年5月，国家体制改革委员会印发的《城市经济体制改革试点工作座谈会纪要》中提到："允许职工投资入股，年终分红"，"为推动经济联合，广辟资金来源，经过批准，可选择少数企业试行跨部门、跨地区发行股票或债券"。这是政府文件中第一次出现"发行股票"的提法。此后，股份制试点在北京、上海等城市开始。1984年7月，北京市天桥百货股份有限公司成立，这是全国第一家商业股份公司。同年11月，上海市人民银行批准上海飞乐电声总厂向社会和本厂职工公开发行股票50万元，成立了上海飞乐音响股份有限公司。这是我国新中国成立以来第一家比较规范的向社会公开发行股票的股份公司。1985年，广州、沈阳、重庆、武汉等城市也纷纷开始组建股份制试点企业。同年3月，国务院办公厅转发全国经济体制改革试点工作座谈会纪要的通知，提出："试点城市可选择少数大企业试行吸收本企业职工入股"、"部分小型国营企业，可通过发行股票方式，转为集体所有"。

1986年5月，国务院批转国家体制改革委员会、商业部等单位《关于1986年商业体制改革的几个问题报告的通知》，第一次提出股份制概念，即"企业为扩大经营，可以向店内外集资，实行股份制，按股分红"。同年12月，国务院又颁发《关于深化企业改革增强企业活力的若干规定》，指出："各地可以选择少数有条件的全民所有制大中型企业，进行股份制试点"。

1987年10月，党的十三大报告中肯定了改革中出现的股份制形式，即"改革中出现的所有制形式，包括国家控股和部门、地区、企业间参股以及个人入股，是社会主义企业财产的一种组织方式，可以继续试行。"

1988年4月，七届全国人大颁布的《中华人民共和国全民所有制工业企业法》第34条规定："企业有权依照法律和国务院规定与其他企业、事业单位联营，向其他企业、事业单位投资，持有其他企业的股份"。这是在法律中第一次明确规定国有企业可以成为股东。同年9月，为抑制通货膨胀、把过热的经济运行速度降下来，党的十三届三中全会提出了对国民经济进行治理整顿的方针，此后两年中各地的股份制试点工作处于踏步状态。

1990年5月，国务院批转国家体制改革委员会的《关于在治理整顿中深化企业改革强化企业管理的意见》，文中强调要区别三种情况继续搞好股份制试点。一是积极试行企业间参股、持股的股份制；二是不再扩大内部职工持股的股份制试点范围；三是向社会公开发行股票的股份制限制在上海、深圳两市进行配套改革的试点。1990 年 12 月和 1991 年 7 月，上海和深圳的证券交易所先后成立并开业。这两个交易所的建立，标志着新中国的证券市场开始脱离银行体系独立发展。

1991 年 4 月，国务院批转的国家体制改革委员会《关于一九九一年经济体制改革要点》中提到："继续稳步地进行以公有制为主体的股份制试点"。

1992 年 2 月，邓小平南方谈话后，股份制试点工作得到迅速发展。邓小平在南方谈话中专门谈到股份制问题。他说："证券、股市，这些东西究竟好不好，有没有危险，是不是资本主义独有的东西，社会主义能不能用？允许看，但要坚决地试"，还说："社会主义要赢得与资本主义相比较的优势，就必须大胆吸收和借鉴人类社会创造的一切文明成果，吸收和借鉴当今世界各国包括资本主义发达国家的一切反映现代社会化生产规律的先进经营方式、管理方法"（邓小平，1993）。

以邓小平南方谈话为标志，中国股份制思想的发展进入一个新阶段。1992 年 3 月，《政府工作报告》中指出："实行股份制是筹集建设资金和监督企业管理的一种有效方式，有利于促进企业机制的转变。要积极进行股票和证券交易市场的试点工作，抓紧人员培训，完善规章制度，健全交易秩序，使股份制经济为社会主义建设服务"。同年 5 月，国务院 13 个部门共同制定颁发了《股份制企业试点办法》、《股份有限公司规范意见》、《有限责任公司规范意见》等 11 个全国性法规，开始对各地的股份制试点进行规范。这在我国第一次有了全国性的具有法律效力的部门规章。同年 10 月，国务院证券委员会和中国证券监督管理委员会成立。

根据邓小平重要谈话的精神，1992 年 10 月，中共十四大确定了我国经济体制改革的目标是建立社会主义市场经济体制。中共十四大报告还指出："股份制有利于促进政企分开，转换企业经营机制和积聚社会资金，要积极试点，总结经验，抓紧制定和落实有关法规，使之有秩序地健康发展"[①]。这就为股份制在中国的进一步发展提供了市场环境的保证。

1993 年 6 月，大型国有企业青岛啤酒厂在香港联交所公开招股上市，发行境外上市外资股（H 股）31760 万股，募集资金 88292 万港元。这是我国经批准的首家国有大型企业在境外募集股份并上市。

1993 年 11 月，中共十四届三中全会通过了《中共中央关于建立社会主义市场经济体制若干问题的决定》（以下简称《决定》），明确提出要转换国有企业经营机制，建立以公有制为主体的现代企业制度，着力进行企业制度的创新，即首次明确了国有企业的改革方向就是建立"产权清晰、权责明确、政企分开、管理科学"的现代企业制度。《决定》说："现代企业按照财产构成可以有多种组织形式。国有企业实行公司制，是建立现代企业制度的有益探索。规范的公司，能够有效地实现出资者所有权与企业法人财产权的分离，有利于政企分开，转换经营机制，企业摆脱对行政机关的依赖，国家解除对企业承担的无限责任，也有利于筹集资金，分散风险"。《决定》特别指出："生产某些特殊产品的公司和军工企业应由国家独资经营，支柱产业和基础产业中的骨干企业，国家要控股并吸收非国有资金入股，以扩大国有经济的主导作用和影响范围"。《决定》还指出，"实行公司制不是简单更换名称，也不是单纯为了筹集资金，而要着重于转换机制。要通过试点，逐步推行，绝不能搞形式主义，一哄而起。要防止把不具备条件的企业硬行改为公司"[②]。

1993 年 12 月 29 日，《中华人民共和国公司法》正式颁布，并于 1994 年 7 月 1 日起正式实施。至此，股份制试点进入依法设立和规范发展的阶段，股份制企业在中国获得了法定地位。随后，一系列规范国有企业股份制改造的法律、法规先后颁布与实施，继《中华人民共和国公司法》之后，《公司登记管理条例》、《股票发行与交易管理暂行条例》、《中华人民共和国证券法》等也先后颁布与实施。

1997 年党的十五大报告指出："公有制实现形式可以而且应当多样化。一切反映社会化生产规律的经营方式和组织形式都可以大胆利用。要努力寻找能够极大促进生产力发展的公有制实现形式。股份制是现代企业

① 《中共十三届四中全会以来历次全国代表大会中央全会重要文献选编》，中央文献出版社 2002 年版，第 159 页。

② 《中共十三届四中全会以来历次全国代表大会中央全会重要文献选编》，中央文献出版社 2002 年版，第 284 页。

的一种资本组织形式，有利于所有权和经营权的分离，有利于提高企业和资本的运作效率，资本主义可以用，社会主义也可以用。不能笼统地说股份制是公有还是私有，关键看控股权掌握在谁手中。国家和集体控股，具有明显的公有性，有利于扩大公有资本的支配范围，增强公有制的主体作用”①。

1998 年 3 月 12 日，为落实党的十五大提出的“对国有大中型企业实行规范的公司制改革”、“力争到本世纪末，大多数国有大中型骨干企业初步建立现代企业制度”的任务，国家体制改革委员会制定印发了《关于积极稳妥地推进国有企业股份制改革的指导意见》，共 21 条，其中第 1—2 条讲述了国有企业股份制改革的性质和目的；第 3 条阐述国有企业股份制改革的积极作用是促进国有经济结构调整和优化国有资本结构；第 4 条提出了国有企业股份制改革的方针是“积极稳妥、依法规范、保证质量、健康发展”；第 5—7 条强调要改变政府管理股份制企业的方式，建立国有资本出资人制度，依法规范国有股东行为；第 8—11 条坚持要求股份公司规范运作，建立公司法人财产制度，健全公司法人治理结构，完善公司的内部管理制度；第 12—15 条从强化管理和监督出发，坚持要健全法律法规，加强企业改制工作的指导和管理，加强对股份公司及中介机构的监管；第 16—19 条，探索企业改制的途径；第 20—21 条强调要加强对国有企业股份制改革的领导，及时发现、研究和解决改革中出现的新情况、新问题，不断总结经验，推进国有企业股份制改革健康发展（王东江，1998，第 158 页）。

1999 年，党的十五届四中全会指出：“必须继续解放思想，实事求是，以有利于发展社会主义社会的生产力、有利于增强社会主义国家的综合国力、有利于提高人民的生活水平为根本标准，大胆利用一切反映现代社会化生产规律的经营方式和组织形式，努力探索能够极大促进生产力发展的公有制多种实现形式，在深化国有企业的改革上迈出新步伐”；“在社会主义市场经济条件下……国有经济的作用既要通过国有独资企业来实现，更要大力发展股份制，探索通过国有控股和参股企业来实现”；“积极探索公有制的多种有效实现形式。国有资本通过股份制可以吸引和组织

① 《中共十三届四中全会以来历次全国代表大会中央全会重要文献选编》，中央文献出版社 2002 年版，第 427 页。

更多的社会资本，放大国有资本的功能，提高国有经济的控制力、影响力和带动力。国有大中型企业尤其是优势企业，宜于实行股份制的，要通过规范上市、中外合资和企业互相参股等形式，改为股份制企业，发展混合所有制经济，重要的企业由国家控股”①。继十四届三中全会提出建立现代企业制度的目标之后，党中央认为，国有经济改革不仅要从微观层面进行企业制度的创新，还必须从宏观层面进行国有经济的战略性结构调整，并提出了“抓大放小”战略。党的十五大提出“要从战略上调整国有经济布局”，明确“对关系国民经济命脉的重要行业和关键领域，国有经济必须占支配地位”②。根据十五大精神，十五届四中全会第一次提出了国有经济战略调整要坚持“有进有退，有所为有所不为”的方针，同时也第一次提出了我国到2010年国有企业改革和发展的目标是：适应经济体制与经济增长方式两个根本性转变和扩大对外开放的要求，基本完成战略性调整和改组，形成比较合理的国有经济布局和结构，建立比较完善的现代企业制度，……使国有经济在国民经济中更好地发挥主导作用。2002年，中共十六大提出除极少数必须有国家独资经营的企业外，都要积极推进股份制，发展混合所有制经济。2003年，中共十六届三中全会《关于完善社会主义市场经济体制若干问题的决定》中又提出，“推行公有制的多种有效实现形式。坚持公有制的主体地位，发挥国有经济的主导作用。……要适应经济市场化不断发展的趋势，进一步增强公有制经济的活力，大力发展国有资本、集体资本和非公有资本等参股的混合所有制经济，实现投资主体多元化，使股份制成为公有制的主要实现形式”。党的十六届三中全会第一次明确提出了以股份制为公有制的主要实现形式以及大力发展国有资本、集体资本和非公有资本等参股的混合所有制经济的政策方针。全会还有针对性地强调要“完善国有资本有进有退、合理流动的机制，以便于既进一步推动国有资本更多地投向关系国家安全和国民经济命脉的重要行业和关键领域，增强国有经济的控制力。其他行业和领域的国

① 《中共中央关于国有企业改革和发展若干重大问题的决定》，“中国人民大学报刊复印资料”，《中国共产党》，1999年第10期，第4—9页。

② 《中共十三届四中全会以来历次全国代表大会中央全会重要文献选编》，中央文献出版社2002年版，第427页。

有企业，通过资产重组和结构调整，在市场公平竞争中实现优胜劣汰”[①]。为了在规范和加快推进以股份制为公有制主要实现形式的国有经济的战略调整，党的十六届三中全会第一次明确定义了产权的概念，并提出建立“归属清晰、权责明确、保护严格、流转顺畅的现代产权制度”[②]。这有利于依法保护包括国有资产在内的各类产权，防止国有资产流失，推动产权有序流转，加快国有经济战略调整的进程。

自从将现代企业制度确立为国有企业改革方向以来，国有企业股份制改造的步伐不断加快，股份制改造面不断扩大，以国有企业为主体改建和新设了大量股份有限公司和有限责任公司。

7.1.2 股份制改革的原因

新中国成立后，通过对旧中国官僚资本的没收，对农业、手工业和资本主义工商业的社会主义改造，原来的私营企业被改造为纯粹的国营企业和集体企业，社会主义生产资料公有制得以建立，高度集中的计划经济体制和国有国营的企业制度也逐步形成，并延续至1978年党的十一届三中全会的召开。以党的十一届三中全会的召开为标志，中国开始了对传统计划经济体制的改革，其中国有企业改革一直是经济体制改革的中心环节和重中之重。

国有企业股份制改革的原因具体讲主要有以下几个方面：

1. 在原来高度集中的计划经济体制之下，国有企业在供产销和人财物方面均受制于政府机关

国企负责人的任命、投资审批、资本和收益分配、劳动工资的控制与监督、企业“三改一加强”等分别由中央5—6个部门负责，谁也不为企业的盈亏负责，企业所有者“缺位”，往往落入“内部人控制”。产权不明晰、所有者缺位，完全是由于政企没有完全分开所造成的，国企的病根也正是在这里。所以，国企改革的最大难点在于真正实行“政企分开”。股份制的基本特征是生产要素的所有权与使用权相分离。它的这一特点，正好适用于我国国企在改革中实现政企职能分开，同时转换国有企业经营

---

① 《中共中央关于完善社会主义市场经济体制若干问题的决定》，人民出版社2003年版，第14页。

② 《中共中央关于完善社会主义市场经济体制若干问题的决定》，人民出版社2003年版。

机制，扩大企业自主权，使企业成为自主经营、自负盈亏、自我发展、自我约束的商品生产者和经营者。国企改革就其目标而言，是要把国有企业从计划经济体制下的附属物改制为独立自主的市场竞争主体和经营主体，由市场来优化配置资源，实现投资主体的多元化。国有企业通过改革增强活力和竞争力，从而得以成为社会主义市场经济所需要的“微观经济基础”（黄范章，2005）。

2. 国有经济有多种的实现形式

国有经济的实现形式，必须决定于和服务于“坚持公有制的主体地位，发挥国有经济的主导作用”、“进一步增强公有制经济的活力”的社会主义方向；必须以“三个有利于”为根本标准，努力探索能够极大促进生产力发展的包括国有经济在内的公有制的多种实现形式。股份制虽萌发、成长于资本主义经济中，但它本质上是生产社会化和市场经济发展的产物，是体现商品经济条件下有效企业组织形式的一种制度，也属于经济手段范畴，是所有制在资本组织方面的具体实现形式，而不是所有制本身。股份制企业“两权分离”的特点使其在所有权不变的情况下，可以容纳多种所有制关系。股份制在历史上曾为资本主义经济创造了巨大财富，现在也仍是西方经济中具有活力的企业组织形式。既然在资本主义经济中股份制企业的“控股权”可以在不同的私人财团之间变换，那么，“控股权”也可由社会主义公有制经济实体来掌握。我们可以创新地利用它来为发展社会主义市场经济服务。公有制企业通过发行股票，吸收外资和民间资本，利用股份制扩大和巩固社会主义公有制的控制力和影响力。在社会主义市场经济条件下，要使股份制代替传统的国有制成为公有制（包括国有经济）的主要实现形式，重要的企业要由国家控股。国有控股公司可以通过多层次的控制系统，控制比自有资本大数倍的社会资本来壮大国有企业的经济实力。这样，将股份制作为公有制的主要实现形式，就找到了公有制经济与市场经济的结合点。

3. 股份制企业能够建立起较为科学严格的制衡机制，调节好所有者，经营者和职工之间的关系

公司法人治理结构是公司制的核心。完善的法人治理结构，规范了公司股东大会、董事会、监事会和经营管理者的权责。其中，股东大会是最高权力机构，决定董事会和监事会成员，一些重大决策如重大经营方向变更、重大投资、资产受益分配等均要提交股东大会表决，一股一票。董事

会选择经营管理者，也是企业资产营运的战略决策者，董事长为法人代表。总经理受聘于董事会，负责日常的经营管理，对董事会负责，但董事会不得随意干预总经理的日常工作。监事会对企业实行全面的监督权，保障股东和社会利益。这几个方面既分工负责，又相互联系和相互制约，从而形成权力机构、决策机构、监督机构和经营管理者的制衡机制，使决策的民主和科学性比较有保证，而传统体制下的企业则容易患“一言堂”的毛病。

4. 股份制经济可以促进资本集聚、集中

社会化大生产要求集中巨额资本，借贷资本和负债经营是现代企业经营的基本特征。商业信用和银行信用虽然是企业资金的重要来源，但不能满足企业对资金的长期占用和使用的要求。企业债券和长期信用虽然能满足企业资金长期使用的某些要求，但它到期要还本付息，企业成本随之增加。而股份制企业通过发行股票和债券能在很短时间内把社会上众多的闲散资金集中起来，满足大生产的需要。各类投资者把货币资金投入前景看好的公司，使公司由小变大、由弱变强。各类公司通过资本运作、企业并购，可以形成更为强大的经济力量，从事更大规模、更高层次的经营活动。股份制企业募集资本的速度和容量是其他类型企业望尘莫及的。

5. 股份制经济有利于企业优化生产要素和合理配置资源

与股份制经济相伴随，证券市场得到了迅速发展。通过证券市场，股份制企业的产权实现了商品化、证券化、市场化。股权可以在证券市场上自由转让和买卖，资本向经营效率高、经济效益好的行业和企业集中。这就打破了资产的凝固状态，有利于企业优化生产要素和合理配置资源，使资产重组成为可能，同时也有利于形成公有资本有进有退、合理流动的机制，进一步推动公有资本更多地投向关系国家安全和国民经济命脉的重要行业和关键领域。

7.1.3 国有企业股份制改造的效果

国有企业改革的对象涉及 10 万多个企业，4600 万名职工的切身利益。这是一个庞大的系统工程。经过 30 年的改革，尤其是最近十多年来以战略性改组为主要特征的国有企业改革，国有经济总量不断扩大，整体素质不断提高。2006 年，全国国有企业共计 11.9 万户，比 2003 年减少 3.1 万户，年均减少 8%。但累计实现销售收入 16.2 万亿元，比 2003 年增长 50.9%，年均增长 14.7%；实现利润 1.2 万亿元，比 2003 年增长 147.3%，年均增长 35.2%；上缴税金 1.4 万亿元，比 2003 年增长 72%，年均增长 19.8%；企业资产总额 29 万亿元，比 2003 年增长 45.7%，年均增长 13.4%（黄速建，2009）。2007 年，中央企业实现利润超过 1 万亿元。在石油石化、航空航天、电力、电信、交通运输、国防工业、重要资源开发、重大装备制造等关系国家安全和国民经济命脉的重要行业和关键领域，国有经济占据着主导地位。国有经济的活力、控制力和影响力不断增强。

国有企业在进行股份制改造过程中取得了一些举世瞩目的成绩，但同时也出现了种种问题。尽管在理论宣传上强调中国特色社会主义，但很多实际改革措施却是“上有政策，下有对策”，导致理论宣传与具体实践的脱节，改革实践出现了一些混乱。这主要表现在以下几个方面：

1. 政府的行政干预问题

我国的股份制企业大多由国有企业改造而成。国有企业一个典型特征是政府行为和企业行为边界不清，所有权与经营权合一。20 世纪 90 年代后半期我国在推进政企分开方面作了巨大努力，许多政府所属工业部门改为企业集团或集团公司。从理论上讲，国有企业实行股份制改革以后，拥有了完整自主权，应该能够有效地避免政府部门的行政干预，实现自主经营、自负盈亏。但在实际经济运行中，政府部门的行政干预虽有所减弱，但仍未消除。公司没有真正成为“自主经营，自负盈亏”的法人实体和市场主体。这里所说的行政干预主要是指代表国家控股或持股的一些部门和单位并没有真正实现职能的转换，仍然沿袭计划经济体制下管理国有企业的那套老办法来管理和支配改制企业，经营自主权落不到实处，有不少上市公司的高层管理人员仍由政府主管部门任命。2003 年 3 月国务院国有资产监督管理委员会设立后，国有企业改革将在一个全权履行出资人职责的权威机构领导下进行。它在已实现改制的公司中代表国有股东行使“管人、管事、管资产”的职权。这样，政府不能再对企业的投资和生产经营活动进行直接干预。即使是国务院国有资产监督管理委员会也不能越过股东会和董事会直接对企业的投资和经营活动进行干预。

2. 国有资产的大量流失

党的十四届三中全会明确指出，国有企业的改革方向就是建立“产权清晰、权责明确、政企分开、管理科学”的现代企业制度。中共十六届三中全会又提出“使股份制成为公有制的主要实现形式”。但是，社会各界对于这些方针政策的理解却存在着巨大的分歧。有人从新自由主义理论出发认为，“十六字方针”中的“产权明晰”就是指私有化，股份制不可能成为公有制有效的实现形式。国有产权是一种“人人所有，人人都不拥有”的模糊产权，其产权的模糊性必定导致国有企业在本质上与市场机制不相容，引发“所有者短缺”，国有企业注定搞不好。股份制与公有制在本质上存在不可调和的冲突，“人间正道私有化”。财产只有在私有化的前提下才真正具有排他性，才能使企业家关心资产的增值，承担风险并不断进行创新，以适应市场竞争的要求。上述“私有产权效率论”和“国有产权与市场经济不相容论”在一些学者的倡导下，在我国大行其道、风靡一时。在这些人看来，现代企业制度就是现代发达资本主义国家中所采取的企业制度，即建立在私有产权基础之上的股份制企业制度，国有企业改革的核心就是模仿欧美国家的企业制度进行股份化，按照“股东至上”的权力逻辑进行公司治理结构的建设（纪宝成，2004）。在这一思潮影响下，一些地方就在股份制改革的旗号下大卖国有企业。

国有中小企业的所有制转型，普遍采取了“内部人购买”，即卖给企业的经理和职工。国家统战部的一个调查发现，转化为私营企业的国有企业和集体企业，内部人购买的情况占到70%左右，其中60%是管理层购买（MBO）①。这种方式最大的缺点是缺乏公开竞争，而且这些企业卖给原来的厂长和职工以后，企业并没有搞好。到2002年底，中国市县一级的16万家国有企业已经基本通过管理层收购方式完成了私有化，剩下的只是几千家地方和中央直接管理的大型国有企业。

我国县市一级国有企业的私有化是在1998—2001年这三四年间国有企业效益不好的情况下进行的。但到2002年以后，大部分国有企业渡过了经济困难期，到2003年，国有企业的利润已经相当可观。但也就是在这种情况下，中国却掀起了一场大规模的国有企业产权改造——MBO革命。国有企业的私有化运动从市县级的中小企业转入中央级和地市级的大型国有企业（仲大军，2005）。当时由于国家尚无比较科学的评估标准，也无严格的评估程序，在MBO过程中有些企业财务审计不严、资产评估

① MBO——Management Buy Out，即企业管理层通过自有资金或社会融资等方式收购企业的全部或部分国有产权，实现对企业的控股或参股。

不实，出现了国有资产被低估贱卖的问题。这主要表现在：

（1）资产范围界定不清。国有企业改造为股份制企业，原有一切产权，包括投资及增值、实物设备、发明权、版权、商标权等均应属于国有资产范围。但在实际操作过程中，有的企业将发明权、商标权等无形资产排除在国有资产之外，部分企业将投入到其他企业、事业单位的资产不列入国有资产范围。

（2）资产评估不规范。国有资产评估是改制第一关或第一环节。从总体上看，国企改制中国有资产评估问题主要有：有些国有企业转为公司时，企业资产没有进行评估，只是按账面价值入股，或者是低估国有资产价值；我国相当部分地方对国有资产的评估，特别是对中小企业国有资产的评估，透明度不高，未全面进入产权交易市场，存在暗箱操作的弊端。即使在公开竞价交易中，由于大部分地方、大多数国有企业因历史负债和经营效益不好等因素，亟待出售、租赁，导致买方压价，以至于有相当一部分被评估的企业，往往向买主让利以急于脱身。以上问题导致了国有企业资产评估中的“三低估”现象，即：对企业现有资产（特别是土地、厂房、设备等固定资产）低估；对企业目前经营效益低估；对企业国有资本收益预期低估。所有这些，从一开始就直接或间接造成了国有股资产流失，国有股的利益长期被侵占，从而影响了国有资产增值。

（3）有些企业在改制过程中还发生了内外勾结、隐匿转移、侵占私吞国有资产的违纪违法行为，给经济发展和社会稳定造成了一定的影响。这方面的典型案有：《“首家改制国企”股权变更造成国有资产大流失》①；《国有资产缩水之谜——净资产 3200 多万元的长葛市发电厂，仅以 1500 多万元的底价成交》②。以上案例均背离了国企股份制改革的初衷和目标，并与违纪、违法等腐败行为交织在一起，其共同特征为：①由政府职能部门和企业经营管理者暗箱操作“改制”规则、程序，对广大职工信息不公开，或出售，或股权变更，或产权转让，操作程序均违规、违法，损害了债权人和职工的合法权益。②有的国有企业原经营管理者用足“改制”的一切权力，以各种形式侵占国有资产或使国有资产“缩水”，进而达到个人及亲属占大股或控股，乃至蜕变为纯粹私人企业的目的。

---

① 《新京报》，2004 年 5 月 24 日。

② 《经济日报》，2004 年 7 月 5 日。

③国企“改制”变形和国有资产大量流失，还与部分政府职能部门监管不力，乃至失职、渎职及寻租等腐败行为密切相关（陈文科，2005）。

（4）国有企业改革的推进方式也有欠缺。有的改制方案没有采取多方案比较，缺乏周密考虑，改制方式单一；有些地方采用了下指标、限时间、赶进度的行政办法。如 2003 年 3 月，青岛市明确提出将全面实施“321 国有资产重组工程”，即在这一年里，将有三分之一左右的国有大中型企业实现投资主体多元化，二分之一左右的国有中型企业要进行经营者或经理层持股的 MBO 改制，国有股降至参股或者退出地位。全部国有小企业退出国有资本。这种简单的推进方式人为地制造出一个供过于求的国有资产的买方市场，容易造成国有资产的贬值和损失。为此，2003 年 11 月，国务院国有资产监督管理委员会颁发了《关于规范国有企业改制工作意见》，以使国企改制能够有法可依、有章可循。该意见规定，管理层不能“自卖自买”，即管理层不得参与转让国有产权的决策、财务审计、离任审计、清产核资、资产评估、底价确定等重大事项；管理层筹集收购国有产权的资金，不得向包括本企业在内的国有及国有控股企业借款，不得以这些企业国有产权或实物资产作标的物为融资提供保证、抵押、质押、贴现等；经营管理者对企业经营业绩下降负有责任的，不得参与收购本企业国有产权。2004 年 8 月，“郎咸平旋风”发生后，国内舆论大哗，国有企业所进行的 MBO 改制立刻遭到社会舆论的强烈抨击。为此，2005 年，国务院国有资产监督管理委员会、财政部又向社会发布了《企业国有产权向管理层转让的暂行规定》，明确中小型国有企业的国有产权可以向管理层转让，大型国有企业及国有控股企业的国有产权暂不向管理层转让。

3. 法人治理结构不完善，股份制企业流于形式

国有企业进行股份制改革的目的，并不是仅仅为了筹措资本金，更重要的是通过“产权清晰、权责明确、政企分开、管理科学”的企业制度和运行机制的建立和转换，去实现国有资产增值，真正发展和壮大社会主义公有制。但我国现在建立的一些股份制企业只是流于形式，没有真正建立起法人治理结构。如：（1）股东大会名不符实。股东大会是最高权力机构，企业重大问题应由股东大会决定。实际情况却并不尽然。很多企业，特别是国有股占优势的企业，重大问题往往主管部门决定后，再在形式上由股东大会通过，甚至有不少企业从来不开股东大会，最高权力机构

形同虚设，国有资产增值缺乏权力保证。（2）董事长、总经理权利和职责不清。董事长是产权代表，应管重大事务的处理。现行的股份制企业董事长往往只是挂名头衔，只在开会时主持会议。总经理往往指挥董事长，有不少企业由总经理充任法人代表，实际上套用了过去的厂长负责制，国有资产增值缺乏责任保证。还有些股份制企业，董事长兼总经理，全体董事均为副总经理和各部门经理的情况较为普遍，这种情况使股东大会与董事会之间的信任托管关系同董事会与高层经理人员的委托代理关系合二为一，从而使股份制企业的经营机制无法正常发挥作用，在一定程度上影响了国有资产增值。20 世纪 90 年代中期开始，我国就对现代企业制度试点单位提出要求，董事长要与总经理分设。但《中华人民共和国公司法》规定，“董事长为公司的法定代表人”。法定代表人是全面负责企业生产经营活动和日常工作的负责人。董事长作为法定代表人带来的问题是，不论董事长是否兼总经理，都无法对法定代表人形成有效的监督和约束。（3）监事会工作定位不明确、重点不突出，没有实行有效监督的人权、财权、事权，形同虚设。《投资中国》一书的作者在研究我国公司法后认为，中国股份公司监事会没有很好发挥作用，最主要的问题就是“权职分离”。他说，《中华人民共和国公司法》赋予股份公司监事会最大的权力是，“当董事和经理的行为损害公司利益时，要求董事和经理予以纠正”，但并没有规定监事会如何能使这一“要求”生效（Gamble，W.，2002）。（4）机构臃肿。我国的股份制企业“新老三会”自成体系，独立运作，形成了我国股份制企业特有的领导体制和管理体系。有的股份制企业没有解决好总经理负责制与党委保证监督、发挥政治核心作用的关系，相互之间越位、错位、缺位现象时常发生，日常运作表现出种种不规范行为，国有资产增值缺乏效率保证。（5）独立董事制度不完善。虽然我国的独立董事制度已初步建立，大多数上市公司的独立董事数量已达到要求，但从实际情况来看，独立董事制度的运作离独立董事作用的充分发挥还有一定的差距。这主要表现在：很多公司都是大股东或管理层向董事会提出独立董事人选，再以董事会的名义提名，独立董事很难独立于大股东和管理层；不少独立董事缺乏企业管理的经验，对企业的运作不熟悉；独立董事的知情权难以保证。

从外部监管来看，股份制企业的运行尽管有《监管条例》在约束，但从许多地方和企业的实际情况来看，对于《监管条例》的贯彻实施还很不得力，具体措施无细则，操作性不强，没有建立企业有效的、强有力的监管机制，股份制企业实际上处于自己监督自己的无人监管局面，内部人控制现象突出，所有者权益受到不同程度的侵蚀，股民无法也不可能监督股份企业。这些问题的根本原因在于国有股份的股权代表者（即监督者）不是企业的所有者。股权代表者的个人利益与国企利益不一定具有正相关性，追求国有资产增值不一定会导致个人福利的增加。另外，他们对经营者实行有效约束的动力也不够。经营者经常可以通过侵蚀企业的利益来增加自己的利益，导致企业资产流失、经营效率低下。我国的股份制企业离规范的现代企业制度还有相当大的差距，有人叫它“形似神不似”（章新华，1999）。

4. 内部人控制问题

作为股份制企业，资本所有权和经营权分离，使委托—代理关系成为必然。委托人将资本管理权授予代理人，并对代理人的行为进行约束。按照权责对称原则，代理人（经营者）要对所有者承担义务，为其赚取利润。然而在实际经营中，由于信息的不对称性和契约的不完整性，代理人有可能利用信息优势来逃避监督，追求自身利益的最大化，于是代理成本便提高了。

从委托—代理关系来看，我国国有企业与发达国家上市公司相比，相同的是经营班子经营的资产都是别人的，不同的是国有企业的代理人问题和委托人问题更加严重。这是因为国有大股东凭借其绝对控股的优势，在公司治理结构中表现出“超强控制”，从而削弱其他中小股东的权利。国有大股东可以利用自身的优势全面实施内部人控制，公司治理结构中的内部制衡机制失灵，由此导致公司治理的效率受到严重影响。在“内部人控制”情况下，很容易造成集体的合谋寻租，直接侵蚀国有资产。比如由于出资人或其代表未行使薪酬安排权，造成国企负责人自己给自己定工资；由于对国企经营业绩的真假缺乏科学的确认与评价机制，因此与经营者薪酬挂钩的“效益数”，在不少国企类似于考生自己给自己“判分”；由于对薪酬及职务消费未建立披露机制，少数国企存在按“职”分配现象等。

5. 职工的内部股问题

在我国，职工参与管理不仅体现了社会主义主人翁的特点，也可以很好地提高广大职工的积极性和参与意识，发挥企业内部职工的监督作用。

在企业中推行内部职工持股，把劳动者的产权引入公司法人治理结构中，有效发挥职工股应有的激励和约束作用，进一步加强治理结构的制衡机制。但是，现时的不少职工股存在着各种偏差。例如，有的职工股带有企业债券性质，甚至有的企业给企业职工配送股票（并非由资本的积累之故，而是像发钱发物那样的一种福利形式），有的企业以高报酬率来回报持股的内部职工。这样，内部职工股就成了逃避国家经济控制的一种手段。当然，也有的内部股是由于企业资金短缺而向本企业职工的一种摊派。此外，内部股的发行和管理也不规范。一些地方利用有些人对股票的无知，形成职工内部股的黑市交易和倒买倒卖。

6. 利润的分配次序问题

在规范的股份制企业里，利润分配的一般次序应是：弥补损失；提取法定盈余公积金；提取公益金；支付优先股股利；提取任意公积金；支付普通股股利，亦即先提取公积金，然后再按股份分红，以保证企业的积累和长期的发展。但在我国的一些企业中，不是“先提后分”，而是“先分后提”。待股东分红之后，公积金能留多少算多少，这实际上是新条件下的短期行为，是与规范的股份制不相符合的（徐进、那荣敏，2006）。

7.2 社会主义如何利用股份制

7.2.1 国有企业股份制改革必须保持公有制的主体地位

所有制是社会经济制度的核心和基础，决定着社会经济制度的性质。公有制经济是我国社会主义经济性质的根本体现，是社会主义现代化建设的支柱和国家进行宏观调控的主要物质基础。我国经济体制改革的目标是构建社会主义市场经济体制。邓小平曾指出：“一个公有制占主体，一个共同富裕，这是我们所坚持的社会主义的根本原则”（邓小平，1993）。1997 年 9 月，党的十五大提出我国社会主义初级阶段的基本经济制度是以公有制为主体，多种所有制经济共同发展。国有经济的实现形式，必须决定于和服务于“坚持公有制的主体地位，发挥国有经济的主导作用”、“进一步增强公有制经济的活力”的社会主义方向。坚持国有经济的主体地位和主导作用，也是我国宪法的基本原则。我国宪法第六条明确规定：

“国家在社会主义初级阶段，坚持公有制为主体、多种所有制经济共同发展的基本经济制度”，第七条明确规定：“国有经济，即社会主义全民所有制经济，是国民经济中的主导力量。国家保障国有经济的巩固和发展”。所以，我国实行股份制的根本目的也必须是坚持和完善社会主义基本经济制度，毫不动摇地巩固和发展公有制经济。只有这样，才能缩小两极分化，实现共同富裕。

2002 年 11 月，党的十六大提出“要深化国有企业改革，进一步探索公有制特别是国有制的多种有效实现形式”。社会主义公有制主要有两种形式：全民所有制和集体所有制。在两种形式中，全民所有制是通过没收或赎买剥削阶级的资产建立起来的，是全体劳动者的公有制；集体所有制是通过个体劳动者的合作化建立起来的，是部分劳动者的公有制。由于国家是全民的代表，全民所有制也称国有制。我国的国有资产在法律上为全国人民所有，并应该为提高全体中国人民的生活和福利水平服务。公有制的实现形式，即资产的经营方式或组织形式可以有许多种，如国有国营、承包、租赁和股份制。股份制又有股份有限公司、有限责任公司和大型企业集团等（苏星，1997）。

2003 年 10 月，党的十六届三中全会提出：“大力发展国有资本、集体资本和非公有资本等参股的混合所有制经济，实现投资主体多元化，使股份制成为公有制的主要实现形式”。股份制作为市场经济中的一种企业组织形式，属于经济手段范畴。它虽然是在资本主义条件下发展起来的，但却是体现商品经济条件下有效企业组织形式的一种制度。股份制不仅在历史上曾为资本主义经济创造了巨大财富，而且现在仍是西方经济中具有活力的企业组织形式。股份制作为现代企业的一种资本组织形式，资本主义可以用，社会主义也可以用。我们可以创新地利用它来为发展社会主义市场经济服务，利用股份制扩大和巩固社会主义公有制的控制力和影响力。

在许多经典社会主义理论家看来，社会主义经济制度有利于生产力的发展。这不仅体现在微观效率上（如克服私有制带来的劳动异化，更好地激发劳动者的积极性），更重要的是体现在宏观经济效率上，体现在它能够超越一般市场经济的再生产逻辑，克服私有制带来的价值实现的问题、两极分化问题以及宏观不稳定等问题。因此，在社会主义市场经济体系中，国有企业最核心的作用应当体现在宏观经济效率上，而非简单的微观效率。国有企业作为一种特殊的制度安排，可以成为社会主义在后赶超时代进行“技术模仿、技术扩散和技术赶超”的中心，在转型时期和过渡时期的“宏观经济的稳定者”，在“次优世界”的“特殊社会福利和特殊公共品的提供者”（纪宝成，2004）。

正由于此，1999年的中共十五届四中全会指出：“国有经济应保持必要的数量，更要有分布的优化和质的提高”，“从战略上调整国有经济布局，要同产业结构的优化升级和所有制结构的调整完善结合起来，坚持有进有退，有所为有所不为。……国有经济需要控制的行业和领域主要包括：涉及国家安全的行业、自然垄断的行业、提供重要公共产品和服务的行业以及支柱产业和高新技术产业中的重要骨干企业。其他行业和领域，可以通过资产重组和结构调整，集中力量，加强重点，提高国有经济的整体素质。在坚持国有、集体等公有制经济为主体的前提下，鼓励和引导个体、私营等非公有制经济的发展”①。

2003年，中共十六届三中全会又指出：“进一步推动国有资本更多地投向关系国家安全和国民经济命脉的重要行业和关键领域，增强国有经济的控制力。其他行业和领域的国有企业，通过资产重组和结构调整，在市场公平竞争中优胜劣汰”②。

在社会主义市场经济条件下，要使股份制代替传统的国有制成为公有制（包括国有经济）的主要实现形式，重要的企业要由国家控股。国家控股的程度，区分不同的情况可以有三个控制级别，即国有资本独资（100%）、国有资本绝对控股（50%以上）、国有资本相对控股（低于50%）。

2006年12月18日，国务院国有资产监督管理委员会出台了《关于推进国有资本调整和国有企业重组的指导意见》。该意见中明确了国有资本调整和国企重组的目标：要进一步推进国有资本向关系国家安全和国民经济命脉的重要行业和关键领域集中，到2010年，国务院国有资产监督管理委员会履行出资人职责的企业调整和重组至80—100家。

该意见还提出，国有经济应对关系国家安全和国民经济命脉的重要行

① 《中共中央关于国有企业改革和发展若干重大问题的决定》，中国人民大学报刊复印资料《中国共产党》，1999年第10期。

② 《中共中央关于完善社会主义市场经济体制若干问题的决定》，新华网，2003年10月21日。

业和关键领域保持绝对控制力。重要行业和关键领域主要包括：涉及国家安全的行业，重大基础设施和重要矿产资源，提供重要公共产品和服务的行业，以及支柱产业和高新技术产业中的重要骨干企业，具体包括军工、电网电力、石油石化、电信、煤炭、民航、航运等七大行业。其中，对于军工、石油和天然气等重要资源开发及电网、电信等基础设施领域的中央企业，国有资本应保持独资或绝对控股；对以上领域的重要子企业和民航、航运等领域的中央企业，国有资本保持绝对控股；对于石化下游产品经营、电信增值服务等领域的中央企业，应加大改革重组力度，引入非公经济和外资，推进投资主体和产权多元化。同时，国有经济对基础性和支柱产业领域的重要骨干企业保持较强控制力，包括装备制造、汽车、电子信息、建筑、钢铁、有色金属、化工、勘察设计、科技等行业。这一领域国有资本比重下降，国有经济影响力和带动力增强。其中，机械装备、汽车、电子信息、建筑、钢铁、有色金属行业的中央企业要成为重要骨干企业和行业排头兵企业，国有资本在其中保持绝对控股或有条件的相对控股；承担行业共性技术和科研成果转化等重要任务的科研、设计型中央企业，国有资本保持控股。

我国国有企业在进行公司制改造后将出现五种情况：第一种是国有独资公司；第二种是国有资本绝对控股公司；第三种是国有资本相对控股的公司；第四种是国有资本只参股、不控股的公司；第五种是国有资本完全退出、社会资本进入的公司。其中，第一种和第二种可称为国有企业（包括中央企业、地方企业），后三种实际上已变成了民营企业。国有企业和非国有企业的基本界限就是国有股是否超过50%，超过50%就是国有企业，在50%以下就是非国有企业（陈佳贵，2006）。

综上所述，在迈向市场经济的改革中，国有企业进行股份制改革必须保持公有制的主体地位，将公有产权与市场经济有效地融合在一起。这种具有中国特色的社会主义混合经济，允许个体、私营和外资等其他经济成分的适度发展。股份制作为公有制的主要实现形式，其目的不是为了削弱国有经济，而恰恰是要增强国有经济的实力，同时通过股份制来提高一些企业的生产经营效率。在坚持公有制为主体、不影响我国的社会主义性质、国有经济的控制力和竞争力得到增强的前提下，国有经济要更多地分布在关系国家安全和国民经济命脉的重要行业和关键领域；国有企业也可以在其他非重要行业和非关键领域中依据公平竞争、优胜劣汰的市场规则存在和发展，但这些领域不是国有资本的投资重点。在经济发展的不同阶段，国有经济布局要相应调整，不能一成不变，也不能一劳永逸。

7.2.2　国有资产的管理和监督

国有资产的最终所有权属于 13 亿人民。国有资产管理体制改革是国有企业改革的一项重要配套改革。如何进行国有资产管理，是能否搞活国有经济的一个重要问题。在国有资产管理体制改革之前，国有企业的管理体制表面上是多头管理，但实际上是处于无人负责的状态。为此，党的十六大提出用"分级行使所有权"的新型国有资产管理体系代替传统的管理体系，规定"在坚持国家所有的前提下，充分发挥中央和地方两个积极性"，"建立中央政府和地方政府分别代表国家履行出资人职责，享有所有者权益，权利、义务和责任相统一，管资产和管人、管事相结合的国有资产管理体制"。

2003 年 3 月国务院国有资产监督管理委员会成立。2003 年 5 月 27 日颁布的《企业国有资产监督管理暂行条例》规定"国务院，省、自治区、直辖市人民政府，设区的市、自治州级人民政府，分别设立国有资产监督管理机构。国有资产监督管理机构根据授权，依法履行出资人职责，依法对企业国有资产进行监督管理"。这样，原来那种将国有资产的监管职能分散在多个部门造成的出资人不到位、多头管理、行为主体和责任主体不明确的状况有所改善，从组织上保证了政府的公共管理职能与国有资产出资人职能的分开和政企分开，隔开了其他政府部门对企业的直接干预。

纯国有企业、国有资本绝对控股的企业的改革目标应该是建立现代国有企业制度，其基本特点是：从产权方面看，由政府直接拥有全部或绝大多数产权；从人事权方面看，政府直接向企业派董事会成员以及其他高级管理人员；从企业的经营目标看，具有两重性，即社会目标与经济目标并存，基本上以社会目标、社会效益为主；从重大决策方面看，某些重大决策，如产权变动、重大经营方向的改变、高管人员的薪酬等必须由政府批准；从财务管理方面看，预算、决算必须通过人民代表大会或政府批准。现代国有企业制度可以从《中华人民共和国公司法》中分离出来，单独立法，也可在国有资产管理法中单独设条款作出具体规定（陈佳贵，2006）。政府方面也应该摒弃用行政手段管理企业的惯性思维，切实承担起宏观经济管理、社会管理和公共服务职能，尽量减少公司治理中的行政干预，做到有所为，有所不为，该管的管好，不该管的坚决不管，企业的事情让企业自己办。

7.2.3　建立合理的股权结构

国有企业股份制改造后，财产所有结构突破了单一主体形式，有了不同所有主体借助资本联合而形成的股权结构问题。股权结构是指股份制企业中各个平等的所有权在联合中的比例关系。合理的公司股权结构是建立公司内部制衡机制和有效监督机制的基础，是实现公司治理理想状态的首要条件和根本性条件。它决定了公司内部治理机制的效率。

在2005年5月以前，我国资本市场上特有的股权结构问题是股权分置。所谓股权分置是指上市公司的全部股份由于政策限制被分为两类：一类是上市公司公开发行前股东所持有的、只能通过协议方式进行转让的股份，称非流通股；另一类是社会公众购买的可以在证券交易所挂牌交易的公开发行的股票，称流通股。

在股权分置时代，我国国有企业股权大致包括国有股、法人股、个人股和外资股。

股权分置问题的产生，主要根源于早期对股份制认识的不统一。当时，为了满足股份有限公司设立的有关法规条文的要求，上市公司设置了名义上的多元法人股权结构，而实际上是国有大股东处于绝对控股地位。截至2004年12月，我国境内上市公司A股、B股上市公司总家数为1377家，总股本为7149.43亿股，其中流通股2577.19亿股，占总股本的36.05%；非流通股共有4542.91亿股，占总股本的63.54%。在非流通股中，国家股有3344.20亿股，在非流通股份中占74%，法人股有827.62亿股，占总股本的11.58%。以上数据表明，在2005年股权分置改革以前的我国的股权结构（上市公司）中，国有股占据着绝对控股地位。为了保证国家股和国有法人股的控股地位，国家还明确作出了国有法人股不能上市流通的制度安排。这样的股权结构，虽然保证了国有股的控制地位，但也体现了政府对股市的垄断，造成了中国股市的二元结构（栗克彩、潘焕学，2005）。

股权分置作为历史遗留的制度性问题，使公司治理缺乏共同的利益基础。从理论上说，股份公司的股东是平等的，都是按自己的股份取得权利。但是股权分置却使得流通股股东的股票可以直接进入资本市场交易、变现，其财富以股价的高低来衡量；非流通股股东的股票则不可以直接进入资本市场交易、变现，它们的财富是以公司净资产的多少作为衡量标准。这样，就导致了二者在公司融资、分红等方面路径选择的差异。"一股独大"的状况也使得非流通股股东往往作出损害流通股股东合法权益的决策。大股东（非流通股股东）的利益来源于对中小股东、对流通股股东的利益剥夺。大股东有巨大的收益却没有相应的风险，而中小股东有巨大的风险却只有较小的收益，违背了收益与风险匹配性原则。同时，有价证券的流动性是使社会资源实现优化配置的基础性条件，但上市公司流通股与非流通股的划分不仅使享有相同企业剩余索取权的股东产生了权利和义务的不对称，而且企业股权的凝固特性也使得社会资源通过产权交易和优化重组从低效率部门向高效率部门转移的成本增大，不利于国有资产的顺畅流转、保值增值。另外，股权分置也不利于形成合理的股票定价机制，影响了证券市场预期的稳定，制约着资本市场国际化进程和产品创新。上市公司"一股独大且不流通"的状况，已成为我国公司法人治理中的突出弊端。

为此，2005 年 4 月 29 日，经国务院批准，中国证监会会同有关部门确立了"统一组织，分散决策，试点先行，分步推进"的总体改革思路，并发布了《关于上市公司股权分置改革试点有关问题的通知》，正式启动了股权分置改革试点工作。

继首批试点的 4 家公司全流通改革方案完成后，2005 年 8 月 19 日，第二批试点 42 家公司的改革方案全部通过股东大会表决。改革试点的情况表明，市场化的协商机制和分类表决的制度安排是有效的、符合实际的。到 2006 年末，股权分置改革工作基本完成。

股权分置改革的顺利进行，消除了阻碍股份制健康发展的制度弊端，有助于确立股东的共同利益基础，促进上市公司股权合理流动，推进市场化定价机制初步形成，实现国有股权的市场化动态估值。这些都将为我们探索以市场化的方式更加有效地管理国有资产、真正实现国有资产的保值增值提供了条件和手段。

从原则上讲，社会主义国家的股份制企业应以法人相互持股为主，并大力引入机构投资者，实现股权结构的多元化；要大力发展国有资本、集体资本和非公有资本等参股的混合所有制经济；企业融资也要以间接方式为主。这是处理好经济公平与经济效率的长久之计。

7.2.4 进一步规范公司的法人治理结构

国有企业改革的方向是建立现代企业制度。现代企业制度的关键在于建立和完善适应社会主义市场经济需要的法人治理结构。而公司治理的核心问题是在所有权和控制权分离的条件下，以适当的制度安排建立外部股东和内部法人之间的委托代理关系，对代理人进行有效的监督，促使他们根据公司股东和利益相关者的最佳利益行事。良好的公司治理结构能够保护股东和利益相关者的利益，使公司成为最有潜力、最有利润、最有活力的企业。股份制企业的法人治理结构和监督机制要做到规范化，必须真正按照《中华人民共和国公司法》和中国证券监督管理委员会和原国家经济贸易委员会2002年1月公布的《上市公司治理准则》的标准来规范。同时还要加大对公司高层管理人员和股份持有者或监管者的培训，完善他们的管理理念、提高他们的管理水平。

股份制企业一般由股东（代表）大会、董事会、监事会和总经理组成。股东大会必须是名副其实的最高权力机构，负责选举董事会成员，制定企业经营方针，审批企业章程、利润分配等重大事项。董事会是股东大会的执行机构和公司经营决策机构，负责制订经营投资方案、企业基本管理制度，任命企业经理及财务负责人。企业经理负责日常生产经营活动，制定具体规章制度，任命部门管理负责人。同时，要建立多元化法定代表人制度，禁止董事长、总经理由一人兼任，改变董事会和经理层高度重合现象，实行分权制衡，以避免董事长凌驾于董事会之上。要建立健全董事会的结构，设置各种职能委员会，如提名委员会、薪酬委员会、合规委员会、稽核委员会等。通过改变董事会结构，解决重大决策一个人说了算的问题，以提高决策的科学性。要建立名副其实的监事会制度。监事会负责对股东会、董事会、经理层进行监督。针对监事会形同虚设的情况，将部分董事的提名权交给监事会；由监事会主持召开股东大会；赋予它代表公司起诉违法董事和高级管理人员以及审核董事会提交的财务报告的权利等，充分发挥其对企业财务和董事、经营者行为的监督作用。同时，还要控制监事会的内部成员数量，适当增加外部监事，推行监事会的职工代表制等。以上四方各司其责、相互作用、相互制约、共同促进，充分发挥出法人治理结构的资产增值效率。在明确股东会、董事会、监事会和经理层的职责的基础上，还要注意吸收相关利益方和超脱利益方加入董事会，改进外部独立董事制度，注意强化董事会的独立性和独立董事的独立性，吸收内部人进入监事会，完善市场选择与组织部门推荐相结合的高层经理聘任制度。

我国独立董事制度最为关键的两个规章是中国证监会于 2001 年颁布的《关于在上市公司建立独立董事制度的指导意见》及 2002 年颁布的《上市公司治理准则》。前者要求上市公司至少有 1/3 的独立董事，重大关联交易应经独立董事批准；后者规定独立董事对公司及全体股东负有诚信及勤勉义务，尤其要关注中小股东的合法权益不受损害。该制度的核心是独立董事应独立履行职责，不受公司控股股东以及被控股股东控制的管理层的影响，以保证广大中小股东的利益。独立董事制度作为一项旨在改善公司治理的重要措施，要使其不断完善。如上市公司要向独立董事提供足够的资料，保证独立董事享有与其他董事同等的知情权；要改进和完善独立董事提名、选聘机制，发挥公众投资者在独立董事提名和选聘中的作用等。

目前我国正在推进董事会试点。通过改变董事会结构，使外部独立董事占到董事会成员的半数以上，以提高决策的科学性。

另外，在我国还涉及企业内部股东会、董事会、监事会、经理会（经理层）与党委会、职代会、工会之间的关系。这就需要按照现代公司制度运行的规律和惯例及效率原则来界定各种组织的权利与职责，正确处理和协调好“新三会”和“老三会”的关系，防止“组织摩擦”和“人力内耗”而导致的内部组织费用过高。党组织的领导人可以直接进入董事会、监事会和经理层等行政班子，在法人治理结构的机制内发挥应有的作用，建立起具有中国特色的公司治理结构（图7－1）。

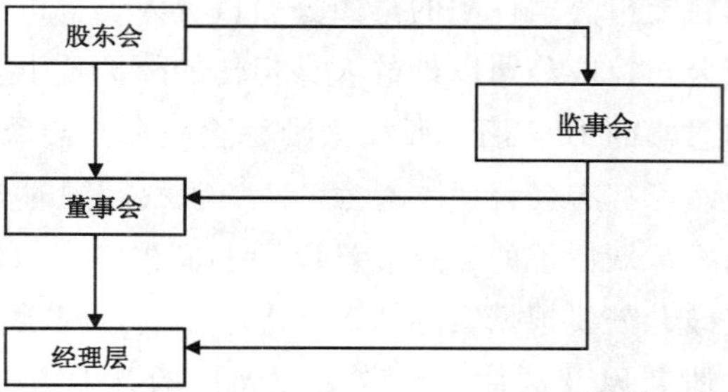

图 7－1　我国的公司治理结构框架

7.2.5 建立和完善激励和约束机制，促进企业家阶层的形成

股份制最主要的特征是最终所有权与法人所有权的分离，而这种分离又以资产的所有者与专门的经营者即企业家的功能分离为基础。所谓“企业家”是指在生产经营方面具有高度创造力的职业行家。

我国进行股份制改革必须彻底将政府对企业的拥有权和经营权分开，废止传统的封闭式经营者任免方式，代之以市场型的人才招聘方式。国企的管理层应该从内部选举或从社会公开招聘，这样的管理层才能真正面对国企图存创利的压力，真正负责地管理好企业。

激励机制是为了解决现代公司“两权分离”所导致的代理问题和内部人控制现象而做出的公司治理安排。国际上通用的激励管理层的方法是将管理层的自身收益与企业创造的利润挂钩，具体方法有：（1）年薪制。（2）奖金。各级管理层按其管辖部门所创造的利润或节省的成本，提取一定比例的奖金。（3）股票期权。企业批出一部分购股权给管理层，使他们能以较市价低的价格购入本公司股票。如果管理层能够努力，使公司股票增值，那么管理层的私人财富也会相应增加。激励机制是否有效取决于它在多大程度上将经理的收益函数和股东的收益函数联系在一起，这就要求建立市场化的、动态的、长期的激励机制。

在我国，2004 年国务院国有资产监督管理委员会出台了国有大中型企业经营管理人员可以实施年薪制的规定；2006 年 12 月 6 日，又在其官方网站公布了《国有控股上市公司（境内）实施股权激励试行办法》。根据该办法，治理规范的国有上市公司高管可率先享受股权激励。股权激励对象原则上限于上市公司董事、高级管理人员以及核心技术人员和管理骨干，暂不包括未在上市公司任职的集团公司负责人、上市公司监事、独立董事以及由上市公司控股公司以外的人员担任的外部董事。上市公司最多可拿出公司股本总额的 10% 用于股权激励；除股东大会特别决议批准外，一名激励对象最多可拥有公司股本总额 1% 的股权。同时规定，上市公司首次实施股权激励计划授予的股权数量原则上应控制在股本总额的 1% 以内。是否能够突破，需要根据实际情况从严掌握。股权激励的方式包括股票期权、限制性股票以及法律、行政法规允许的其他方式。在激励方式上，国务院国有资产监督管理委员会认为实施股权激励应根据“规范起步、循序渐进、总结完善、逐步到位”的原则，着眼增量、慎用存量。

股权激励必须充分体现出资人意志，防止内部人自我激励。总之，国有资产出资人对企业经营者的激励约束机制的核心问题是透明度、考核和薪酬。

7.2.6　做好各类产权的保护工作，形成有效的产权流动机制

消除所有制歧视，制定和完善保护各类产权的法律法规并严格执法，使所有的产权主体都具有平等的法律地位和发展权利。健全产权交易规则和监管制度，建立包括全国性、地方性的产权交易市场及场外交易市场，逐步形成规模更大、形式多样的资本市场，构筑有进有退、流转顺畅的产权流动机制，真正使市场在资本要素配置中发挥基础作用。进入股权流动市场的企业，特别是上市公司要强化信息披露制度，增强透明性原则，必须定期接受外部审计机构的审查，按照规则向社会公众详细公布企业的经营状况和财务数据，加强信息披露的真实性、准确性和及时性，建立外部投资者对公司管理质量和经营绩效的评价和反应机制。这有利于股东了解企业的经营状况，促进对国有资产保值增值情况的监督。同时，要健全资产评估机构和企业信誉评级公证机构，加强各种中介结构（会计师事务所、审计师事务所、律师事务所、新闻媒体等）对公司信息披露的监督作用，防止内部操作，确保股份制企业运作效率的提高和国有资产的保值增值。

7.2.7　建立和完善法律法规，并加大执法力度

公司治理单靠公司利益各方的自由契约不能保障其公平性，必须靠外在的法律保障，在法制基础上公平竞争。为此，国家要制定比较健全的法规和细则，如《中华人民共和国公司法》、《中华人民共和国证券法》、《上市公司治理准则》、国有股流通的有关规定、股东派生诉讼制度等等。这样，通过健全法律制度，特别是股东诉讼制度，使股东权益在受到侵害时能够得到补偿。同时，要对相关的违法行为及违法分子给予严惩，提高其违规成本。

另外，现代企业按照资产构成可以有多种形式，公司制并不是唯一的形式。我们不能把现代企业等同于公司制企业，不能把公司制企业等同于股份制企业，也不能把股份公司等同于上市公司。建立规范化的股份制企业，需要具有许多条件。股份制企业虽然有利于所有权和经营权的分离，

有利于提高企业和资本的经济效益，但并不是“一股就灵”，经营不好，股份制企业经济效益照样上不去。正如江泽民指出的“股份制是公有制多种实现形式中的一种形式，不是唯一形式，不能搞‘一刀切’，不要‘刮风’，不要以为一搞股份制什么问题都能解决”（江泽民，2002）。所以，我们应从实际出发，为不同类型和不同条件的国有企业找到不同的具体组织形式。

7.3 外资并购国有企业

外资并购是指外国企业通过取得国内企业的全部或部分资产或股份，对国内企业的经营管理实施实际控制的行为。自20世纪80年代以来，在全球范围内，外资并购逐渐取代创建方式成为跨国公司对外直接投资的主要形式。到20世纪90年代，外资并购已占到全球跨国投资总额80%。跨国并购涉及行业广泛，主要集中在制造业和服务业。

实行对外开放，是建设中国特色社会主义的一项基本国策。自从改革开放，尤其从加入WTO以来，我国对外开放的步伐进一步加快，开放度进一步提高。2007年，我国的进出口贸易总额名列世界第三，外汇储备跃居世界第一，吸收外资达世界第二（姜波等，2007）。

过去外商对我国的投资主要以“绿地投资”（以牺牲大量宝贵土地和有限资源来吸引外资的形式）为主，并购投资份额不大。但是，近年来，外商投资特别是大型跨国公司通过收购、股权置换、资产重组等方式加快兼并和收购我国内资的行业龙头企业，特别是大型国有企业。截至2004年12月底，中国证券市场中累计发生外资并购上市公司事件89件，其中，发生在制造业的外资并购累计高达53件，占59.55%；发生在服务业的外资并购有36件，占40.45%。

7.3.1 外资并购国有企业的动因

在当今经济全球化的趋势下，跨国公司为了保持竞争优势而在全球范围内重新配置资源。外资并购国有企业一是看好中国的经济增长势头和广阔的潜在市场空间，二是由于中国的国有企业经过数年的发展，已经初步形成自己的品牌、声誉、营销网络等无形资产。这对外资极具诱惑力。三是并购和创建方式相比，具有节约进入时间、降低交易成本、迅速进入原来企业所处的产业和已有市场的优势，从而达到打击竞争对手、实现规模经济、增加净收益的目的。四是如果目标企业的产权价值低估，通过并购可取得目标企业的产权或部分股权，再到产权市场上出售，从而赚取其中的差额利润。

7.3.2　外资并购上市公司的进程

1995 年，国家计划委员会、经济贸易委员会和对外经济贸易部联合颁布《外商投资产业指导目录》，标志着我国首次以部门规章形式对外公布鼓励、限制、禁止外商在我国投资的产业领域。但该目录针对的都是新建这种增量投资方式，未能将外资并购这种存量投资方式纳入调整范围，因而在操作中很难对外资并购国有企业的产业导向产生指导作用。

1995 年 7 月 5 日，我国证券市场出现了外资并购上市公司的第一案——“北旅法人股转让”案例。当时日本五十铃自动车株式会社和伊藤忠商事株式会社受让北旅法人股。但由于当时立法不健全，在操作过程中存在一些问题，如税基确认、评估方法、信息披露等。所以，在 1995 年 9 月 23 日，国务院发布了《暂停向外商转让上市公司国家股和法人股的通知》，使得境内外资企业收购上市公司的国有股和法人股的行为得以暂停。此后数年，虽然有外资仍然通过间接性和隐蔽性的方式进入国内证券市场，如法国圣戈迭班集团 1996 年 3 月间接收购福耀玻璃（600600），或者采用与上市公司进行产业合作，组建合资公司，谋求共同利益，以逐步实施反向并购或等待新的并购时机，但始终没有得到明确的政策指引。

1999 年 8 月，国家经济贸易委员会颁布了《外商收购国有企业的暂行规定》，明确了外商可以参与并购国有企业。随之上市公司的外资并购活动又重新开始活跃。

2001 年中国加入 WTO。以此为转折点，中国证券市场加速对外开放，从抵制跨国公司并购向不断对跨国公司开放并购转变。“十五计划建议”强调了要适应跨国投资发展趋势，积极探索收购、兼并、投资基金和证券投资等多种方式利用国外中长期投资的思路。2001 年 11 月，中国证监会与对外经济贸易部联合发布《关于上市公司涉及外商投资有关问题的若干意见》，规定外商投资企业可以受让境内上市公司非流通股。这就意味着 1995 年“暂停将上市公司国有股和法人股转让给外商”的政策开始解冻，外资企业可以通过买“壳”的低成本途径间接上市，从而为外资进入中国资本市场清除了法律障碍。2002年4月，我国又公布了新《外商投资产业指导目录》。新目录仍分为鼓励、允许、限制、禁止四类，其中鼓励类由186条增加到262条，鼓励外商投资的产业总共有13个大类，271个小类；限制类由192条减少到95条，限制的产业涉及13个大类中的74个小类；取消了外资的股比限制；将原禁止外商投资的电信和燃气、热力、供排水等城市管网首次列为对外开放领域，按照中国加入世贸组织承诺的地域、数量、经营范围、股比要求和时间表，还进一步开放银行、保险、商业、外贸、旅游、运输、会计、审计、法律等服务贸易领域；禁止投资则包含10个大类中的32个小项，禁止外商投资的产业约占目录所列产业的8.49%，允许外商投资的产业约占91.51%。

2002年9月，又发布《上市公司收购管理办法》，放宽了对上市公司收购的主体限制，解决了外资收购的程序和权利义务问题。2002年10月出台了《上市公司股东持股变动信息披露管理办法》，建立了信息披露体系，规范了必要的并购操作程序。

自2002年11月，《关于向外商转让上市公司国有股和法人股有关问题的通知》、《合格境外机构投资者境内证券投资管理暂行办法》（QFII制度）、《利用外资改组国有企业暂行规定》等相继出台，从政策上允许向外商转让上市公司的国有股和法人股，并对转让加以规范管理；允许合格的境外机构投资者进入国内证券市场进行投资。这不仅解决了收购主体的国民待遇问题，彻底解决了外资收购的市场进入问题，而且为外资并购提供了有效的操作性制度安排和政策的指导和保障。

2003年3月出台的《外国投资者并购境内企业暂行规定》又放松了外资比例限制。该法规规定，外国投资者在并购后所设外商投资企业注册资本中的出资比例一般不低于25%。外国投资者的出资比例低于25%的，审批机关在颁发批准证书时加注“外资比例低于25%”字样，登记管理机关在颁发营业执照时加注“外资比例低于25%”字样。2003年12月9日，中国银行业监督管理委员会《境外金融机构入股中资金融机构管理办法》出台，较为敏感的金融行业，也正式完成了对外资开放的立法立规程序。

从2005年1月1日起，中国进入一个关税和市场准入门槛大幅降低的“后过渡期”，并在金融、商业批发与零售业，信息产业、建筑、教育、医药、汽车、旅游、物流业等九个部门90多个分部门结束过渡期。自2005年1月1日起施行的新的《外商投资产业指导目录（2004年修订)》，在保持我国吸收外资政策连续性和稳定性的同时，对原目录进行了部分调整，其中调整力度最大的是：放宽外资准入范围，加快服务业对外开放步伐。例如首次将广播电视节目制作、发行和电影制作列为对外开放领域。

2006年1月4日，我国又出台了允许外资并购的《外国投资者对上市公司战略投资管理办法》。这是继合格境外机构投资者（QFII）实施后的又一开放举措。

上述一系列的政策法规构建起一个完整的外资收购监管法规体系，建立了外资收购上市公司的基本政策框架。从此以后，并购活动如火如荼。目前，我国制造业已全部对外开放，在世贸组织分类的160个服务贸易部门中已开放100多个，银行、保险、证券、分销等领域的开放步伐也正按预定的时间表推进。

7.3.3　外资并购国内企业的行业和领域

近年来，外资并购国内企业主要集中在以下行业和领域：一是正在取消进入限制且外资盼望已久的垄断行业。如银行、证券、保险、电讯、港口、航空、水务、高速公路等，其中服务贸易领域特别是金融业的并购活动，不论是从数量还是交易额，都远远超过制造业领域的并购投资。二是市场前景非常看好的资本密集型和技术密集型行业，尤其关注行业内已拥有一定数量外资企业的制造业。如汽车及汽车零部件、医药、电子、石油化工、机械等。三是规模效应明显、进入壁垒较低的流通业。主要是药品、成品油的批发与零售，以及大型综合超市、百货业等。四是外资有望通过并购将制造与研发等部门转出而降低成本的行业。考虑到成本优势及中国国内巨大的消费市场，国际主要电子、家电跨国公司纷纷将其制造中心、研发中心迁到中国．或通过并购控股行业内已具规模和实力的龙头企业，实现制造、研发中心的转移。五是有着先进运作方式、市场信息及技术高度依赖的风险投资产业及部分高新技术产业。如通讯设备制造、计算机硬件、生物工程、软件、新材料等。

7.3.4 外资并购给我国带来的影响

1. 对我国产业结构的影响

国内对外资并购对我国产业结构的影响这一问题有两种不同的观点：一是认为外资并购国有企业，通过引入技术、资金和管理经验，推动了我国产业结构的升级，促进了国内产业结构的调整；二是认为外资并购的目的是自身利益最大化，它们不可能从宏观上顾及我国整体产业结构的合理化。外资并购国有企业后，就会根据本集团的总体利益决定该企业的产品种类和数量，而不考虑我国产业结构的优化与调整。所以外资控股进一步强化了产业畸形发展，对于我国产业结构调整和升级带来不利影响。

我们认为，在利用外资的过程中，我国要加以积极合理的引导，在客观上达到促进产业整合和重组，合理配置资源，促进产业结构优化与升级的效果。同时，我们必须防止经济被殖民化。由斯密提出、经李嘉图继承和发展的比较优势原理以及以此为基础的国际分工模式曾经为英国殖民主义服务。现在这一原理又成了包括新自由主义经济学在内的西方经济学的理论武器。西方经济学家力图用比较优势原理服务于新殖民主义。按照西方学者的最新解释，新殖民主义包括用资本控制别国的金融殖民主义和用技术控制别国的技术殖民主义。

2. 行业垄断问题和对国家经济安全的影响

外资并购对于我国市场在产生竞争效应的同时，也产生了垄断效应。所谓垄断是指在生产和资本高度集中的基础上形成的若干大企业对相应部门产品生产与销售的独占或联合控制。它不仅会损害企业的经营效率和消费者的利益，也会遏制市场经济所应具备的、作为社会发展的原动力的竞争和创新精神。

近年来，跨国公司已大举进军我国大型制造业，并购重点直奔我国工程机械业、电器业等领域的骨干企业、龙头企业。外资并购使我国国内市场份额被分割和挤占，外资的市场垄断地位得到了强化。2006 年，国务院发展研究中心发表的一份研究报告指出，在中国已开放的产业中，每个产业中排名前 5 位的企业几乎都由外资控制；中国 28 个主要产业中，外资在 21 个产业中拥有多数资产控制权（安邦，2006）。2009 年 7 月，商务部产业损害调查局对外发布了《2008 年度中国产业安全状况评估报告》，该报告提醒国民，目前外资进入中国的方式逐渐呈现两个新特点：

一是外资并购领域不断拓宽，正从一般消费品行业向装备制造业、原材料等基础性行业拓展；二是外资独资化倾向明显，并购的战略意图增强。1984—2007 年，外商投资中外商独资企业的比重已经由 3.8% 猛增到 78%（宋斌斌，2009）。

我国目前已开始实施《中华人民共和国反垄断法》，但在此以前，在《中华人民共和国反不正当竞争法》中只是零星、分散地规定了法律予以限制的几种垄断行为。如果在某一行业，我国企业与外资企业在品牌、资金、技术、管理等方面实力相差过于悬殊，竞争的结果只能是外资企业的垄断。这方面的典型案例有：

（1）2006 年下半年成为国内财经热门话题的凯雷并购徐工案。2005 年 10 月 25 日，徐工（徐州工程机械集团有限公司）与美国凯雷集团签署“战略投资协议”，凯雷注资 3.75 亿美元，获得徐工机械 85% 股份，徐工集团控股 15%，凯雷实现绝对控股。

徐工成立于 1989 年 3 月，是目前国内最大的工程机械开发、制造和出口企业，是中国装备制造业的龙头。美国凯雷集团是目前全球最大的私募基金机构，在全球管理、经营着总额约 400 亿美元的资产。有媒体报道说，凯雷背后是全球最大的工程机械生产商卡特彼勒，传言卡特彼勒有野心要将广西柳工、河北宣工、三一重工等中国工程机械行业的龙头企业一网打尽，从而形成行业垄断的态势。徐工的这个并购协议，各界反应强烈，国内对于外资收购可能危及国家经济安全的质疑开始增多。所以该协议在报批时遇阻。在跌宕起伏 2 年多之后，凯雷并购徐工案的结果是，徐工集团与凯雷集团将分别持有徐工机械 55% 和 45% 的股权，徐工集团终获控股权。

（2）饮料业全行业的“水淹七军”。20 世纪 80—90 年代，在可口可乐和百事可乐强大的收购、兼并和挤压下，中国重庆“天府可乐”、北京“昌宁可乐”、河南“少林可乐”、杭州“中国可乐”等 7 家碳酸饮料厂，一一败下阵来，人称“水淹七军”。

（3）被外资掌握了绝对控制权的日化行业。20 世纪 90 年代，我国的日化行业与国际日化巨头合资后，外资把熊猫、浪奇、美加净等本土知名品牌“冷藏”，外资品牌因此获得进入空间，并通过不断提出增资要求，迫使中方股权被不断摊薄，最终外资掌握了绝对控制权。

（4）美国 AB 公司斥巨资收购哈尔滨啤酒公司案。2004 年 7 月，持续数个月的哈啤争夺战以美国AB公司（安海斯—布希国际公司）最终获得了哈尔滨啤酒已发行股份99.66%的股权，以50多亿港元的价格，把哈尔滨啤酒收入麾下，实现了全面控股。中国第四大啤酒制造商哈尔滨啤酒公司则正式退市，变为一家外资背景的私有公司。

AB公司为全球第一大啤酒厂，公司年产值约为130亿美元，目前持有内地最大的啤酒公司青岛啤酒10%的股份。按照加入世贸组织的承诺，中国啤酒业已全面对外资放开。作为世界啤酒酿造业的老大，AB公司要实现其在中国啤酒市场上的霸业地位。目前，AB在青啤的股权比例是10%左右，根据双方2002年签订的债转股协定，AB对青啤的股权最终将增持到27%，位列第二股东。有业内人士认为，AB公司参股青啤的最终目的是完全掌握所参股企业，并借此通过在中国啤酒市场上的连续并购，来实现集中控制产销量，实现垄断经营和资本扩张战略。

（5）比利时英博啤酒集团的并购案。2006年1月23日，比利时英博啤酒集团以58.86亿元人民币的价格，收购福建雪津啤酒集团100%股权。这是中国啤酒行业迄今为止最大的外资并购案。雪津是福建省啤酒第一品牌，在福建市场的占有率约为45%，在江西的市场占有率约为18%。此前英博在中国已经收购了双鹿、KK、红石梁、白沙、金陵、金龙泉、绿兰莎等多个地方品牌。依靠这些品牌，英博已占据着浙江第一、广东第一（珠江）、湖北第一、湖南第一和江苏第二的市场位置。

近年来，国际前6位的啤酒巨头悉数布局中国市场，国内前十大啤酒企业中，仅燕京啤酒和河南金星啤酒尚无外资身影。外资巨头在中国啤酒市场的战略布局基本成形，啤酒业已然进入寡头竞争时代（黄文彬，2007）。国际巨额资本通过参股控股入局，借中国民族几大啤酒品牌的强劲兼并扩张之势，整合全国众多零散地域性啤酒企业品牌，实现其资本扩张市场战略。

欧美发达市场经济国家的立法，大都区分并购式外商投资与新建式外商投资，并分别给予不同的待遇标准。同时它们还有一套完善的外资并购审核机制。如中海油（中国海洋石油有限公司）收购优尼科就是触动了美国的这套机制。2005年6月23日，中海油宣布以要约价185亿美元收购美国优尼科（Unocal）石油公司，发起了中国有史以来涉及金额最大的一次海外收购行动。优尼科是美国有着100余年历史的第九大石油天然气巨头，近几年由于经营不善等原因而连续亏损，不得已在2005年年初挂牌出售。在得知中海油要高价竞购优尼科之后，美加利福利亚州的共和党众议员理查德·庞勃和邓肯·亨特曾致信布什总统说，美国应以国家安全的名义，命令美国外国投资委员会根据 1988 年通过的一项联邦法律，对中海油可能进行的收购展开彻底调查。信中还说，“随着世界能源图景的变化，美国理解自己的国家利益十分关键”，“美国越来越需要在外交政策、国家安全政策和经济安全政策的框架内考虑能源需求”（寒石，2005）。美国财政部长斯诺和白宫发言人麦克莱伦也曾表示，如果中海油收购优尼科成功，美国政府将从国家安全考虑，对这一收购案进行审查。2005 年 7 月 30 日，美国国会通过了能源法案新增条款，要求政府在 120 日内对中国的能源状况进行研究，研究报告出台 21 天之后，才能批准中海油对尤尼科的收购。在此情形之下，中海油于同年 8 月 2 日宣布撤回收购要约。

由上述可见，中海油公司收购美国尤尼科石油公司搁浅，并非因为经营者集中的反垄断审查，而是因为美国的经济安全审查。

美国的外国投资委员会专门负责审查外国投资对美国经济安全的影响，其审查的范围主要涉及四个方面：反恐怖和防扩散；与国防和国家安全关键技术有关；与国防工业基础生产活动直接有关；与政府和国籍或所有制有关。2007 年美国总统签署了旨在改革“外国投资委员会”，加强外资并购安全审查的法案——《2007 年外国投资和国家安全法》，对外资并购涉及国家安全问题给予了全新的诠释，即除了传统的国防安全外，还包括所有“如果遭到破坏或被外国人控制会对美国国家安全造成威胁的系统和资产”。

所以，我国有必要对并购投资方式在国民待遇的基础上做一些特别的监控，制定相应的审查制度，以维护国家经济安全。

（1）关于投资比例。在现代市场经济条件下，对企业实行股权控制是根本性的控制。跨国公司通过控股国内骨干企业，即可轻易地“消灭”原来的竞争对手，又可获得其畅通的销售渠道，可谓“一石二鸟”。所以，行业的重要性应与外资所占的比例成反比，对本国重要产业，对外资控股的比例就限制的很低，反之则高（刘恒，1998）。如果“国有资产出售给外国投资者，所有权就让给了外国人，收益权当然也让给了外国人。也就是说，所有权和使用权均被外国资本所剥夺，本国人只剩下了给外国人打工的权利”（吴易风，2006）。美国经济学家林德特说：“当今在国际经济学中，最敏感的部分之一就是对外直接投资。加拿大、日本及西欧的国家都试图限制在本国境内的外国直接投资，唯恐对本国资源的控制被外资所有权削弱”（林德特，1992）。为此，我国应借鉴他国经验，区分不同行业，具体规定不同的比例，把握外资进入的程度，对合资企业外方出资比例加以最高限制，对一些重点国有企业，在合资中应争取控股地位，包括绝对控股和相对控股，同时还要加强股权变动的监管，对外方有恶意控股倾向的并购应加以限制。

（2）关于出资方式。《中华人民共和国中外合资经营企业法》规定，对外资企业实行认缴制，即第一期出资额仅要求不低于其认缴额的15%。这样，作为并购方的外国投资者，只要在合营企业注册资本中首期实际出资7.65%（即等于51%×15%）即可取得对被并购的中方的绝对控股地位，这无疑是极不公平的。目前许多国家在外资立法中确立了“本地化”与“逐步减小股权”的指导原则（何诚颖，1996）。

（3）关于税收问题。机会公平、规则平等是市场经济的题中应有之意。根据国际投资协定的一般规定，对外国投资者应当公平合理的对待，禁止差别对待，具体包括：国民待遇，即外国投资者与本国投资者待遇平等；最惠国待遇，即外国投资者之间待遇平等。但在中国，外资与内资在市场准入、政策优惠等方面却长期存在较大差距。在2008年1月1日前，中国内外资企业按各自税法，其所得税税率名义上均为33%，但外资企业实际上享有税收上的“超国民待遇”。外资企业在低税率基础上还有“两年免税三年减半”和行业特殊减半优惠，实际税负仅为11%左右。而且外商再投资可以退还部分或全部已缴所得税，而内资企业则无法享受此待遇。另外，像在中国引资之风最为炽烈的长江三角洲地区，“零地价、送厂房、政府指定银行配套贷款，‘五免十减半’等‘政策倾销’”已经成为常见的引资组合拳。正由于外资企业比国内企业享有更多的优惠，从而攫取了高额利润。据统计，在华外商投资企业所获利润大多高于在其他地方的投资。如1990—2004年，中国外商投资企业仅利润的汇出额一项，就高达2506亿美元。2007年，世界银行在对中国120个城市的12.4万家外资企业进行调查后发现，外资企业在中国投资的回报率高达22%，其中上海为24.73%，远远高出世界平均水平。2006年，外商在华投资工业企业实现利润5162亿元，占全国规模以上工业企业实现利润的27.48%（姜波等，2007）。外资企业在中国攫取的高额利润造成了行业内的垄断和内外资企业实际上的不平等竞争，削弱了内资企业的竞争力。在同等条件下，往往内资企业很难并购的国有企业，外资很容易就并购了。

（4）关于并购行为，有的外国投资者通过共谋、商业贿赂、非法融资、欺诈舞弊等不正当竞争手段达到并购目的。为此，在并购立法或反不正当竞争、反垄断立法中，要明确禁止如下行为：采用共谋、商业贿赂、非法融资、欺诈舞弊等手段进行的并购；可能导致对特定行业或生产部门或地区性市场、全国性市场的不适当垄断的并购；可能导致技术垄断并限制其他企业技术发展的并购；纯粹投机性的控股等。另外，我们还可赋予被并购企业以并购防御权，对于外国投资者的敌意并购或非法并购以合法的并购防御，切实维护自身合法权益。

3. 并购中出现的资产评估不严格和股权转让价格偏低等现象，人为造成国有资产的大量流失

在西方发达国家，政府转让其所持有的股权主要是通过股票市场进行的，其价格由股市来决定。但在我国，外资并购上市公司主要在二级市场之外通过协议转让完成，国有股转让价格通常由一对一的协商谈判方式确定，转让价格高低往往取决于双方的议价能力而非股权的内涵价值。在外资并购国有企业的过程中，外资并购所选择的目标上市公司往往是资金匮乏、技术落后而暂时陷入经营困境的公司。作为被并购方与外商进行谈判的国有企业的经营者或地方政府，出于引资心切，往往不计成本，一味降低并购条件，借以摆脱经营困境，所以通常在谈判中处于劣势，出现低估公司股票价值的问题。外商也借机极力压价，从而导致国有股权转让价格过低，中方权益受损，国有资产流失。

除国有资产不按规定进行评估或被低估外，国有资产流失的原因及表现主要还有：许多国有企业在进行资产评估时常常忽略品牌、商誉、专有技术等无形资产的价值，导致国有资产、国有股权按低估的价格被外商购买；许多国企被外资并购后，外商高价进、低价出，形成“虚亏实盈”，利用价值转移造成国有资产间接流失；炒卖国企，即外资之所以要求控股并购，是因为按西方会计制度的规定，控股的合资企业被视为“子公司”，其全部资产可记入母公司在境外的总资产负债表中，凭此即可在海外股市筹资，并且通过上市的盈利将会超过其在国内购买国企时所注入的原始资本。这种并购的危害在于不会带来大量资金、技术、经营管理的经验，而是炒卖原企业的商标、信誉、市场占有率、无形资产及中国经济增

长前景。为了加强外资并购中的国有资产保护，必须建立健全国有资产管理体系和规范化的企业资产评估制度，以杜绝或减少并购中的国有资产流失。

4. 造成我国自主开发和创新能力下降，技术依赖性增强

保护民族工业的真正内涵，是在与跨国公司的竞争中，要致力于建立全行业的技术基础。因为在激烈的国际竞争中，技术是内生于产业并决定产业竞争力发展的核心力量。改革开放30多年来，我国的企业，包括许多较成功的大企业，都一直依靠引进外国技术维持竞争力。如中国的几大汽车集团以及包括计算机工业等所谓的高科技行业在内，每隔几年就要实行一次技术引进，至今也跳不出“引进—落后—再引进—再落后”的怪圈。依靠跨国公司的技术转移和外溢虽然可以迅速缩小技术差距、节约技术创新成本，但是，决定产业发展的关键因素在于能否将转移技术迅速在当地产业中消化、扩散并不断加以提升。单纯依靠跨国公司的技术转移，很快会在产业的国际竞争中缩小直到丧失已形成的竞争优势。外资并购我国国有企业，向我国转移的技术主要是操作技术而非核心技术。因为跨国公司打天下靠的就是技术和标准，他们的目的是占领市场。也就是说，“有的技术，你花钱可以买到；有的技术，你花再多的钱，人家也绝对不会卖给你”（吴易风，2006）。

同时，随着我国部分骨干企业在对外合资合作中失去中方控股权，一些企业开始受到外方控股的严格约束，丧失了自主创新的决策权和主动权。因为作为一种投资行为，企业是否进行自主创新完全取决于控股方的决策思路。一些外资控股企业对具有一定风险性的自主创新并不“感冒”，甚至会出于长远竞争考虑而对其严格限制，甚至已有的技术创新成果也被收入控股方的囊中。如2003年，美国卡特彼勒公司向我国一家企业提交的投资合作意向书中，明确提出合资要服从卡特彼勒的全球战略；要求拥有品牌，限制使用原企业品牌；要求该企业成为其在中国的生产基地等。这种情况将弱化我国企业的创新能力和国际竞争力。

根据瑞士洛桑国际管理学院（IMD）2002年4月发表的世界竞争力最新排名，中国竞争力在49个调查对象中列第31位，比1998年调查的第24位后退了7位。这表明，中国技术革新力并没有随中国工业技术水平和国际竞争力的提高而同步提高，相反技术革新力反而下降了。

毛泽东在谈到我国科技发展的方针路线问题时曾说："资本主义各国，苏联，都是靠采用最先进的技术，来赶上最先进的国家，我国也要这样。拿汽车来说，我们这样的大国，最少应该有三四个长春汽车厂那样的制造厂。就是在搞大的、洋的方面，我们也不能指靠人家。一九五八年提破除迷信，自己动手。经过一九五九年春夏的一段反复，证明自己来搞，是可以做好的"①。

现在我国有的学者迷信比较优势原理，主张接受现行国际分工模式，认为我国应以发展劳动密集型经济为主，为外国人打工。但是这一主张对我国独立自主地发展国民经济是不利的。我们在发展劳动密集型经济方面是有比较优势，但我们决不能只发展劳动密集型经济。要成为社会主义大国，不能指靠人家，必须自己动手，独立自主地加强基础科学研究，加强前沿性技术研发，发展自己的核心竞争力，确保国家科技经济安全，以期在不远的将来进入科技经济先进的国家行列。在这方面日本就是一个成功的典范。日本很多经济学家都不相信比较成本说。如果按照比较优势原理，汽车应当由美国生产，照相机应当由德国生产，手表应当由瑞士生产。但日本不信，自己都生产。现在，在国际市场上，日本汽车跟美国竞争，照相机跟德国竞争，手表跟瑞士竞争。

5. 外资并购引起的失业问题

外资并购国有企业往往伴随着裁减人员，造成失业率增加。这是我们必须予以密切关注的重要问题。因为在当前我国社会保障体系尚未完善的情况下，这些问题处理不好，会加重政府和社会负担，甚至影响整个社会的安定团结。并购双方，特别是外方要严格执行《中华人民共和国劳动法》等有关法律的规定，在合同中明确外方对职工应承担的责任和义务，维护和确保职工的合法利益。对于并购后分流的富余人员，要确保其生活和再就业，以减轻政府和社会负担。

针对上述问题，我国政府已经开始采取如下一系列宏观调控措施：

（1）2006 年 9 月，商务部等六部委颁布的《关于外国投资者并购境内企业的规定》正式实施。根据规定，外国投资者并购境内企业并取得实际控制权，如果涉及重点行业、存在影响或可能影响国家经济安全因素或者导致拥有驰名商标或"中华老字号"称号的境内企业实际控

① 《毛泽东文集》第 8 卷，人民出版社 2000 年版，第 126 页。

制权转移的，当事人应就此向商务部进行申报。该规定还首次提出，外资并购有可能经受“反垄断审查”。

2009年7月，商务部又正式发布施行了新修订的《关于外国投资者并购境内企业的规定》。此次修订虽然未“伤筋动骨”，但却表明：面对日趋严峻的外资并购风险，建立和健全相关法律体系，无疑是维护我国产业安全的第一道防线。

（2）2006年11月，国家发展和改革委员会出台的中国利用外资“十一五”规划规定，国家将进一步细化关系国计民生和国家安全的敏感性行业的发展政策，完善外资产业准入制度，加强对外资并购涉及国家安全的敏感行业重点企业的审查和监管，确保对关系国家安全和国计民生的战略行业、重点企业的控制力和发展主导权。这是中国首次对外公布利用外资五年规划。

（3）国务院国有资产监督管理委员会的相关文件也进一步明确提出，军工、石油、电信等关系国家安全和国民经济命脉的七大行业，以及装备制造、汽车等基础和支柱性产业涉及的九大行业，国有经济要保持控制，国有资本对其中的重要企业要绝对控股或有条件的相对控股。在除此以外的行业和领域，国资将与外资、民资在市场公平竞争中优胜劣汰。国资委的最新部署还提出，引入境外战略投资者，要以维护国家经济安全、国防安全和产业安全为前提，防止产生垄断，切实保护企业自主知识产权和知名品牌。

（4）2007年3月，由第十届全国人民代表大会第五次会议通过的《中华人民共和国企业所得税法》于2008年1月1日起施行。新税法实施以后，内资、外资企业所得税基本税率为25%。中外资企业将实现了平等税负和平等竞争。

（5）2007年8月，第十届全国人民代表大会常务委员会第二十九次会议通过了《中华人民共和国反垄断法》（以下简称《反垄断法》）并于2008年8月1日起施行。

《反垄断法》是反对垄断和保护竞争的各类法律规范的总和，是各国政府保护和维护市场竞争秩序、充分发挥市场配置资源基础性作用的重要法律制度。我国《反垄断法》的直接目的是反对垄断和保护市场竞争，最终目的是提高经济效益和维护消费者的利益。所以，《反垄断法》在第一条规定：“为了预防和制止垄断行为，保护市场竞争，提高经济运行效率，维护消费者合法权益和社会公共利益，促进社会主义市场经济健康发展，制定本法”。

我国《反垄断法》的主要内容有四：禁止垄断协议、禁止滥用市场支配地位、控制经营者集中和禁止行政垄断，其中前三点在国际上通常被视为反垄断法的三大支柱，反行政垄断则是“中国特色”。它的特点既在于立足于中国国情，与社会主义市场经济相适应，又在于在很多方面吸收、借鉴了竞争政策发达国家和地区的先进经验。如《反垄断法》第七条规定，国有经济占控制地位的关系国民经济命脉和国家安全的行业以及依法实行专营专卖的行业，国家对其经营者的合法经营活动予以保护，并对经营者的经营行为及其商品和服务的价格依法实施监管和调控，维护消费者利益，促进技术进步。这说明，在我国当前的经济转型时期，竞争政策固然很重要，但它不是国家惟一的经济政策。我国在制止滥用市场势力损害消费者利益的同时，还鼓励关系国家安全和国民经济命脉的重要行业和关键领域的国有企业做大做强，以提高其国际竞争力。

我国《反垄断法》的颁布，虽然对国家的经济生活和企业的市场活动产生重要影响，是一部规范国家经济秩序和市场竞争秩序的基本法律制度，但是，因为中国经济转型的任务尚未彻底完成以及反垄断法还有需要完善之处，所以《反垄断法》的初期执法将会遇到严重的挑战。如我国《反垄断法》的最大问题是缺乏一个关于执法机关的明确规定。《反垄断法》第十条规定，国务院规定的承担反垄断执法职责的机构依照本法规定，负责反垄断执法工作。这说明，我国《反垄断法》将会维持现有几家机构分头执法的局面。这无疑会影响反垄断法的效力和权威（王晓晔，2007）。所以，为依法规制外资并购境内企业活动，维护市场竞争秩序和国家经济安全，保护消费者合法权益，应进一步完善《反垄断法》配套法律法规，健全执法机构，完善责任机制，确保其有效实施。

我国政府采取上述措施的目的是为了积极探索利用外资和对外投资的新方式，给各类企业提供一个更加平等、开放、规范的市场环境，实施互利共赢的开放战略，并拓展对外开放的广度和深度，增强参与经济全球化和维护国家经济安全的能力。但外资并购却如同一把双刃剑，我们如何在继续扩大开放的同时，防止出现外资对技术和市场的垄断，做到趋利避害，已成为维护我国产业安全的当务之急。今后我国应按照胡锦涛同志在中共中央政治局第四十四次集体学习时强调的要优化对外开放的结构和布局，提高利用外资质量，积极引进先进技术、管理经验和高素质人才，加强对外资的产业和区域投向引导，做好引进技术的消化吸收和创新提高，完善维护国家经济安全的法律法规，构建有效的国家经济安全体制机制，增强国家经济安全监测和预警、危机反应和应对的能力，以使中国在更高层次、更宽领域参与国际经济合作和竞争，全面提高开放型经济水平。总之，我国成功利用外资的标准应当是：第一，有利于我国独立的民族经济的发展；第二，有利于我国以公有制为主体、以国有经济为主导的社会主义经济的发展。

第8章
中外股份制企业的比较

8.1 资本主义国家公司治理模式的比较

世界各主要资本主义国家由于具有不同的社会传统、法律体系、政治体制及经济制度，因而形成了不同的公司治理结构模式，即以美英为代表的外部控制性公司治理模式和日德式的银行导向型公司治理模式。

8.1.1 以美英为代表的外部控制性公司治理模式

该模式也称为新古典式公司治理模式，是股东至上的治理结构，主要依靠外部力量对管理层实施控制，其特点是，股权分散，并且流动性强，较少依赖银行融资，有完善的立法及执法机制，信息披露较为透明，更多地关注于股东的利益。公司治理的目标是保证投资者能够获取最大的回报，对其他利益相关者则很少关注。这种模式的核心原则是由股东选举董事会，代表他们的利益来经营公司。董事会直接对股东负责并且必须定期向股东汇报公司的运作情况。作为剩余索取权者，股东可以选择董事会，但不直接参与公司高层管理，与管理层之间的关系不稳定，比较疏远。如果他们对管理当局不满意，可以替换管理当局或出售股票（即用脚投票），包括向那些正试图替换现任管理当局的集团出售股票，来表达其对管理当局的不满。所以在此模式下，外部经营者市场和与业绩紧密关联的股票期权制的报酬机制对经营者行为有着重要作用。英美公司中没有监事会，而是由公司聘请专门的审计事务所负责有关公司财务状况的年度审计报告。美英依托发达的资本市场，主要依靠外部力量对管理层实施控制，整个治理结构框架是以市场控制为主、组织控制为辅的原则来设计的。委托人与代理人的制约关系，以公开化、市场化的形式来表现。公司市场控制很活跃，如接管，尤其是敌意接管（hostile takeover）成为约束管理者的机制，从而保证其能代表股东的权益。在英美，股东“用脚投票”机制和资本市场上的敌意接管对代理人的经营失误具有很强的惩罚。但这种模式也会由于经营者过分担心来自市场的威胁而导致其短期行为，经营者追求企业规模过度扩张的行为得不到有效制约。为了克服这些弊端，美英公司的治理也开始借鉴德日模式，注重“用手投票”的监控作用。

8.1.2　以德日为代表的内部监控型公司治理模式

该模式又称为银行控制主导型，其基本特点是银行在融资和公司治理方面发挥着巨大的作用。商业银行是公司的主要股东，公司的资本负债率较高，股权相对集中，特别是法人之间相互稳定持股以及银行对公司的持股和干预，使公司内部的各相关利益主体如员工、银行、供应商、关联企业等监控公司成为可能。德日公司的股东监控机制是一种“积极性”模式，即公司股东主要通过一个能信赖的中介组织或股东当中有行使股东权力的人或组织，通常是一家银行来代替他们控制与监督公司经理的行为，通过“用手发言”来参与公司控制与监督。这种公司治理模式存在市场治理机制薄弱的缺陷（表8-1）。

公司治理属于企业制度范畴，受社会政治、经济、法律和历史文化等诸多因素的影响，是企业长期发展演变的产物。美国与英国都是崇尚“自由放任主义”的典型的市场经济国家，其政治、法律和历史文化尤其是经济，存在许多共性，这就决定了股东主权的治理模式是其必然选择。德国和日本都是第二次世界大战的战败国。为了从低谷中再次崛起，德国选择“社会市场经济”的模式，日本选择“政府主导型市场经济”的模式，二者颇有共性，这也决定了二者公司治理模式的相似性（陈昆玉，2001）。

表 8－1　　两种典型的公司治理模式比较表

模　式	外部监控型的治理模式	内部监控型的治理模式
股权结构	相对分散，个体法人持股比例受限制	相对集中，法人相互持股
资本结构	证券市场是主要资金来源，负债率较低	银行是企业筹资的主要来源，负债率较高
对经理的激励	是主要问题	不是主要问题
监控方式	市场监控力度大，监控主要来自企业外部各市场体系	市场监控力度相对较小，监控主要来自企业各相关利益主体

进入 20 世纪 90 年代以后，上述两种公司治理模式都遇到了问题，双方之间开始寻求可以借鉴的经验，呈现出互相交融、趋同的趋势。如采用外部监控模式的英美企业对该模式的有效性提出了疑问，开始把目光转向公司内部，要求独立董事发挥更有效的内部监督作用，并试图在公司内部寻求制衡各相关利益主体责、权、利的机制。采用内部监控模式的德日企业开始重视市场因素对公司治理的有效作用。日本由于 20 世纪 80 年代泡沫经济和 90 年代泡沫经济的崩溃，有些企业已开始逐渐减少对银行的依赖，企业内部的终身雇佣制和年功序列制也开始发生动摇，银行等金融机构也出于对自身利益的要求，开始逐步同企业相分离。

8.2　社会主义和资本主义股份制企业的比较

8.2.1　社会主义和资本主义股份制企业的相同点

1. 从两种股份制企业的产生看，都是商品经济和社会化大生产发展的产物

西方资本主义股份制是适应生产力的发展要求而产生，又随着生产规模的不断扩大而不断趋于成熟和完善的。西方最初的股份公司产生于资本原始积累阶段，是在对外殖民掠夺中产生的。15 世纪以来，随着新航线的开辟，英国、法国、荷兰等国纷纷对外开拓殖民地和进行海外贸易，但政府苦于资金短缺，于是鼓励商人和资本家联合出资，并为这种股份集资

提供法律保护，给予种种特权和优惠。这种受政府保护的股份公司为资本主义的原始积累提供了巨额资金。到了19世纪20—60年代，随着产业革命的发生和发展，资本主义生产从工场手工业向大机器工业过渡。大机器工业要求进行社会化生产。社会化生产的扩大，要求交通、能源、原料、公用事业等基本设施先行发展。而这些方面的投资数额非常大，不是某一个资本家所能负担得起的。这样，对巨额资金以及对交通运输业等的迫切需求，使股份公司在金融业和交通运输业率先发展起来。所以，西方股份制的形成，是在生产力高度发展的情况下，单个资本又不能满足大批或急用资金需要的情形下产生的，是为了克服生产社会化和资本家私人占有之间的矛盾。随着资本主义工业化时代的到来，股份制又向工业领域渗透，并得以迅速发展。在当代，股份公司已成为资本主义国家中大中型企业的主要组织形式。

社会主义股份制经济也是生产社会化的产物。在我国，在旧的高度集中的计划经济体制下，部门和地方自成体系，既有“条条”的封闭系统，又有“块块”的封闭系统。企业是政府的附属物，没有独立生产，经营活动的能力，缺乏活力。这种情况严重地阻碍着企业之间、各经济单位之间的横向经济联系，也阻碍着社会化大生产和市场经济的发展。党的十一届三中全会后，重新确立实事求是的思想路线，制定了一系列改革开放的方针政策。随着改革开放的发展，企业之间以及不同部门、不同地区之间的联系日趋广泛，经营规模日渐扩大。单一产权的所有制已不能适应社会化大生产发展的需要，这就必然要求建立多元产权的共有制，它的核心和表现形式就是股份制。

2. 从两种股份制企业的股份构成和运作方式来看

社会主义股份制经济与资本主义股份制经济都不是单一成分的经济，而是投资主体呈现多元化趋势。股票持有人即公司股东，可自由出售或转让其股票，但不能向公司退股或索回股本。所以在证券交易市场上，股票通过交易具有流通性，使股票的所有者不断变换，既可以是国家、企业，又可以是个人、外商，所以投资主体呈现多元性和可变性。日本全国证券交易所协会编的《股份分布状况调查》，对日本大公司中股票作了如下分类：国营与公营企事业、金融机构（除投资信托公司外）、投资信托公司、证券公司、企事业法人、个人、外国人（法人和个人）等。在社会主义条件下，股份制经济也不是由单一的经济成分构成的。从我国企业股权看，股份一般分为国家股、企业集体股、外部法人股、个人股和外资股。

社会化的生产需要社会化的机构来管理。所以，社会主义股份制经济与资本主义股份制经济的管理机构及其运作方式也大体相同。这主要表现在：（1）两种股份公司的最高权力机构都是股东大会；常设权力机构都是董事会；常设监察机构都是监事会。（2）两者都实行两权分离，都有一个由总经理、副总经理等高级管理人员组成的、具体负责公司经营活动的执行机构。股份公司的资产所有权和经营管理权是分开的。股权的代表者股东，只有通过股东大会形式反映出投资者的利益，通过选举董事会间接参与企业管理。而经营管理则由董事会任命的经理人员负责。

3. 两种股份制企业都具有投资风险性

股份经济中，股东购买股票投资入股，但不能退股索本。股票只能在证券市场上转让和买卖。随公司经营活动状况好坏及社会政治、经济、军事等各方面因素的不断变化，股市行情也不断变化，所以买卖股票有一定的风险性与投机性。

4. 两种股份制企业都以市场为导向，按照市场经济规律合理配置生产要素，发展生产力

社会主义股份制经济和资本主义股份制经济，都是社会化的市场经济，都遵循市场经济的一般规律，合理配置包括资金、劳务、技术、信息等在内的生产要素。

市场经济配置生产要素，是通过三个相互联系的机制实现的。一是价值决定机制，即产品价格要反映价值，而产品价值是由社会必要劳动量决定的。根据价值规律，某些个别劳动消耗量低于社会必要劳动量的生产企业就可以获得超额利润，而个别劳动消耗量高于社会必要劳动量的生产企业就会减少利润，甚至亏损。这样就会推动企业合理配置生产要素，降低成本，提高效率。二是供求机制。供不应求的产品，价格高于价值，企业可以盈利；反之，如果产品供大于求，东西卖不出去，价值实现不了，企业就要赔本甚至破产。这样，就会推动企业把生产要素配置到盈利的产品上去，从而增加利润，提高效率。三是竞争机制。竞争机制是市场经济的核心。它可以促进企业不断地改进技术和管理，提高劳动生产率，这就要求合理配置生产要素。竞争机制还可以促使劳动者不断提高自身素质，去适应不同岗位和不同的工作环境，从而做到自由流动。总之，企业之间竞

争的结果，是优胜劣汰，最终使生产要素流动得更加合理，推动整个社会生产的发展。这一点，无论社会主义股份制经济还是资本主义股份制经济都是一样的。

具体说来，资本主义股份制经济是使不同企业的上市股票在金融市场上根据股票得益率的大小和价格的高低自由流动。这种股权转让运动的最终结果，是使效益差的企业濒临破产和倒闭，并通过拍卖和收买，实现公司企业的兼并。这样，生产要素就可以得到合理的流动和配置，生产力水平也会进一步提高。

社会主义股份制经济也是如此。它使投资者把资金及其他生产要素投向效益最好、最有发展前途的企业，从而促进生产要素的合理配置。在国家控股的股份制经济中，政府可以通过国有资产管理部门的股票转让，顺利调整产业结构和产品结构，引导资金等生产要素合理流动，实现生产要素的优化组合，提高资源配置效益，从而促进社会生产力的发展。

5. 两种股份制企业都以谋取最大利润为目标

凡是实行市场经济的企业，都要谋求利润。无论是实行社会主义股份制经济还是实行资本主义股份制经济，都不能放弃公司净利润指标。

社会主义股份制经济，虽然不能像资本主义股份制经济那样，把追求最大限度的利润作为生产和经营的唯一目的，但也决不能不计成本，放弃利润指标。如果那样做，就违反了市场经济的一般法则，也不合乎建立股份制经济的初衷。对企业实行股份制改造，就是要把不同所有制、不同企业、单位、团体和个人所拥有的资金集中起来，投入国家经济大循环，使停滞的资金变为流动资金，使潜在的生产力变为现实的生产力，从而获取在资金分散情况下谁也得不到的大额利润。这样，才能实现社会主义生产目的，使社会进步和人民生活水平得到提高。

8.2.2 社会主义和资本主义股份制企业的不同点

1. 两种股份制企业形成方向的不同

资本主义股份公司产生于16世纪末17世纪初，是在中小资本的激烈竞争中形成的，它是适应社会化大生产的需要，通过联合的方式把已经存在的若干小资本合并为一个大资本，或者是某个中小资本通过发行股票的方式集资形成一个大资本。因此，它的出发点是已经存在的中小资本。

我国建立股份制度的实践开始于20世纪80年代，到20世纪90年代初《中华人民共和国公司法》颁布生效后，才确立了股份制度的法律地位。在引进股份制度之前，几乎全部企业是全民所有制和集体所有制。作为公有制的形式，前者属于单一的国家所有，后者类似于“法人所有”。

由于我国的具体国情不同于西方股份制产生的历史条件，股份制企业的资金形成是逆向的。在我国，股份制主要是作为国有企业改制和建立现代企业制度而被引进、推广和实施的。所以，国有企业股份制改革是以政府为主导，在一定意义上是进行制度设计的产物。我国股份制改造的出发点是国有资产，通过对国有产权进行分散，来调整产业和企业组织结构，规范国家与企业的利益分配关系，以便更好地实现国有资产的保值和增值，而不是通过股份制筹集资金，形成规模经营，所以是逆向行为。如果说资本主义建立股份制的过程是私人资本的社会化过程，那么社会主义实行股份制的过程就是国有资本的市场化过程。如果说资本主义股份制使经营权由分散走向集中，而社会主义股份制则使经营权由集中走向分散，把由政府所掌握的经营权交由各个单个的企业使用。经营权的分散，创造出了多元的生产主体，使政府和企业之间传统的财产关系发生了变化。

西方资本主义国家的股份制是适应经济发展需要，在面对风险和聚集资本以及管理专门化的问题时，人类追求制度创新的结果，是一个自然而然的过程。但我国的股份制，一开始就带有明显的有组织、有计划、有领导的人为安排特征。在这种人为安排的股份制形成过程中，如果我们超越商品经济发展水平，刻意追求与比较发达的商品经济相适应的企业组织形式，势必难以发挥其应有作用，甚至导致经济主体行为的扭曲和变形。我国股份制改革中出现的一些怪现象也已证明了这一点。

2. 两种股份制企业的生产资料所有制基础的不同

资本主义股份制经济是建立在生产资料资本主义私有制基础上的，是私有财产走向社会化的一种形式。它表现为由许多单个资本家转变为“联合资本家”，从而使私人资本转化为“社会资本”，使私人企业转化为“社会企业”。所以，股份资本实质上是联合起来的采取社会化形式的私人资本。入股资金大多来自资本家的剥削所得，是剩余价值的资本化。资金入股后，出资者保留财产的原始所有权（即财产收益权），经营者拥有法人财产权，即拥有对这些财产的经营使用权，处分权和收益权等。股份制就这样比较彻底地实现了所有权与经营权的分离。虽然出资者不再拥有完整的所有权，但这并没有削弱所有权，反而使之得到强化。

资本家将资金入股后，获得股票，成为货币资本家。凭借股票，出资者不用参与企业的经营活动就可以取得相应的剥削收入——股息，即剩余价值的转化形态之一。由出资者组成的股东大会是股份公司的最高权力机构，有权任免公司经理、监察人及其他人员，拥有股份公司的重大决策权。

第二次世界大战后，当代资本主义国家出现了股份资本社会化的倾向，股票持有者愈来愈分散。不仅资本家持有大量股票，普通市民、工薪阶层甚至工人都可以买股票，出现了所谓“股权分散”的现象，造成了“资本人人有份”的假象。但这种情况的出现并没有改变资本主义股份制经济的私有制性质。实际上，少数富有者仍是社会财富的主人，工人掌握少量小额股票，并不等于掌握生产资料，资产阶级占有生产资料并无改变。股份公司的财产所有权，归根到底是以集团资本形式出现的资本主义私有制，控股权仍掌握在少数大股东即大资本家手中。据有关资料介绍，1983 年，美国公司私人股份的 89.3% 集中在 10% 的最富有的家庭中，极富的 0.5% 的家庭拥有 46.5% 的股份份额。法国 40% 的股票被最大的 5% 的股东掌握。日本 40% 的持股者在 1 千股以下，持 2 万股以上的股东只占 2.3%，而拥有 10 万股以上的大股东只有 0.2%。由此可见，股份资本社会化倾向，并没有改变资本主义股份制经济的私有制性质。它只是资本主义生产关系为适应社会化大生产要求而进行的一定程度的内部调整。

社会主义股份制经济是建立在生产资料社会主义公有制基础之上的。从根本上说，我国的社会主义全民所有制经济同生产社会化要求并没有矛盾。传统的全民所有制经济之所以要进行改革，是由于它超越了社会生产力发展水平。我们发展股份制经济，目的在于借助股份制这种形式广泛筹资，促进资源的合理流动与配置，从而弥补生产力发展之不足。因此，我国的股份制改造必须坚持以公有制为主体，多种经济成分共同发展。在我国目前的股份制企业中，主要有国家股、法人股、个人股、外商股四种类型。在这众多的投资主体中，有些是国家控股，以保证一些主要行业和领域国家的主体地位。如果国家或企业集体掌握着控股权，这种股份制经济就属于社会主义公有制性质。在社会主义公有制的基础上，股份制经济中的个人股，除了表示个人在法律上的财产份数外，实际上已汇合成一种社会资产，在使用上具有直接的社会性。这种社会性要受到社会主义基本经济制度的规范和制约。在我国目前市场机制尚不健全的条件下，对于已推行股份制的企业，除健全经理人员约束机制外，为了防止国有财产各种形式的流失，政府对国有股占较大比重的企业要进行必要的干预。

3. 两种股份制企业股权结构和公司治理的不同

在市场主导型的英美股份制企业中，一般股东与公司的关系较淡化。除极少数公司外，公司股东极为分散，上市公司往往拥有几十万个或上百万个股东，且单个股东所持股票份额很低，股权结构稳定性较差，流动性较强，一般股东不可能联合起来对公司的经营者施加影响，从而导致股东对公司经营者的约束力较弱。公司不设监事会，由董事会履行监督职责。英美董事会的组织模式是内部和外部董事的混合，激励经理人员的主要手段是股票期权制度。由于股东的收益来自分红和股票增值，分红的数量又影响到股票的增值，因此证券市场上股票价格的波动在一定程度上反映了经理人员的工作业绩。公司经营良好，分红增加，股价随之上涨，反之就下降。

在政府主导型的日本股份制企业中，股权结构以法人相互持股为主，形成环状或网状持股关系，使股东大会形同虚设，个人股东在权力体系中基本上不起作用。法人持股的主要动机并不是为了获得股票投资收益，而是为了加强企业间的业务联系。法人相互持股的结果，使股东的影响力互相抵消，经营者成为企业的权力中心，实际上是形成了一个经营者集团。公司内部决策权与执行权相统一。日本董事会的组织模式是内部人主导。董事会成员一般由企业内部产生，公司中普遍设立的由主要董事组成的常务委员会，作为总经理的辅助机构有执行的功能。这样，以总经理为首的常务委员会成员，其本身既作为董事参与公司的重大决策，又作为内部的行政领导人掌握执行权。

在社会市场经济型的德国股份制企业中，实行的是监事会与董事会的双层组织模式，强调在经营管理中坚持企业的独立法人原则，以“监事会”之名行使董事会职能，以“董事会”之名行使经理人员职能。监事会是公司股东，也是职工利益的代表机构和决策机构，相当于日美等国家的董事会。董事会是执行监事会决议、负责公司日常运作的机构，相当于日美等国家公司中的经理班子。监事会有权对董事会工作提出意见或建议，但不能干预董事会的正常工作。当监事会和董事会不能达成一致意见时，必须交股东大会裁决。德国企业的领导体制，大多遵循专家决定管理与职工参与相结合的原则，劳资关系被称作“社会伙伴关系”。它通过法律形式规定的“劳资共决制度”，即职工与资方之间对企业管理和其他问题的“共同决定权”得到全社会的广泛承认。

我国进行股份制改造的前提是公有制占主体地位，国家股比重大，政府仍然通过股权控制着企业，进而控制股东大会的运作方向。社会股东比例小且高度分散，使股东大会形同虚设。股东大会没有能力形成产权的制衡与约束。董事会在取得政府信任后，便成为一个凌驾于股东大会之上的权力机构。

董事长及董事会在形式上是国家股权代表和股东代表者，但实际上，董事会、监事会组成人员就是原工厂制下的领导班子的简单过渡。几乎所有由国有企业改造而来的股份制企业的最高经营者都必须取得原主管部门的认可方能开展工作。这样，企业经营者对股东负责就会演变成对主管领导负责，他们的职位和前途不是由个人持股或经营业绩所决定，而是取决于上级主管部门的信任程度。所以，政府仍在通过人事制度而不是通过宏观调控控制企业经营者的经营行为，并以所有者和经营者的双重身份出现，过多干预企业事务。

由于股份制企业的经营好坏对经营者来说，没有相应明显的资产收益权，所以，在没有有效监督、约束和激励机制的情况下，仅靠经营者的思想觉悟不可能形成追求企业利润最大化的内在动力，而追求包括自己在内的全体员工的利益最大化的动力却相当明显。同时，监事会成员大部分由董事长、总经理的部下组成，在行政级别处于上下级关系，这样，监事会欲对董事会乃至总经理行使监督权无疑是纸上谈兵。

4. 两种股份制企业国家宏观调控力度大小的不同

尽管社会主义股份制经济与资本主义股份制经济都离不开国家的宏观调控，但由于前者是建立在社会主义公有制基础之上，因而国家宏观调控的力度更大些。

在西方资本主义国家，尽管实行自由化的市场经济体制，但国家仍通过立法、参股和直接干预等手段，影响和监控股份制经济的运作。健全法制是其中最重要的手段。人们常说，市场经济是法制经济。早在1870年，《法兰西商法典》第一编第三章就对股份公司进行了规定。这是第一次对股份公司立法。英国、美国、日本等资本主义国家也分别颁布了一系列法律来规范和监控股份公司的运作。在西方资本主义国家，随着商品经济发展，他们已经逐步为企业建立起与市场经济相适应的制度环境，如健全的法制、发达的信用制度、竞争的劳动力市场以及良好的价值观念等。这些为保证现代企业制度王常运转，发挥其应有的绩效提供了有力保障。同时，国家向重要产业部门的私人企业参股也是当代资本主义股份制经济发展的一个重要特点。从理论上讲，大股东掌握了51%以上的股份，就可以控制这个企业，但由于持股的人多、股权极其分散，重要持股人不必掌握一半以上的股份也可以控制这个股份公司，影响它的运作。另外，政府从大局上直接干预股票市场的动作，是国家对股份制经济进行宏观调控的另一个重要手段。但总的来看，资本主义股份制经济的运行是遵循自由市场经济原则，由价值规律自发调节的。

社会主义股份制经济出现得比较迟。在我国，它一出现，国家就陆续颁布一系列法律和法规加以引导和扶持，使之规范化、走上正轨，健康运行。此外，国家还利用经济手段、行政手段对社会主义股份制经济进行宏观的有效管理。

法律手段是对社会主义股份制经济实行宏观管理的最重要最有效的手段。早在 1984 年 8 月，上海市人民政府就发布了全国第一个有关股票发行的法规《关于发行股票的暂行管理办法》。1987 年 1 月，中国人民银行上海市分行又制定和实施了全国第一个有关证券交易管理的规章《证券柜台交易暂行规定》。同年 3 月国务院发表了《关于加强股票、债券管理的通知》，在全国范围内对刚出现不久的股票、债券业务加强了管理。以后，国务院又先后颁布《中华人民共和国公司法》、《中华人民共和国破产法》、《中华人民共和国票据法》、《中华人民共和国证券法》等，对股份制企业的建立和运行进行规范。

用经济手段对股份制经济进行管理，主要是指财政手段、金融手段和物价手段。所谓财政手段，包括税收调节（改变税率等）和财政支出调节（对企业的投资）。特别是国家可以利用自己的控股权，以财政为后盾，有选择地将资金投向某些股份制企业，从而体现出对它的支持，并在某种股票发生动荡时抛出或吸进大量股票，来维持某些股份制企业的生存。所谓金融手段，包括银行信贷调节和利率调节。这也是国家影响、调控股份制经济的重要手段。金融手段同物价手段相结合，可以发挥更大作用。也就是说，国家通过金融机构来控制股票市场价格，可以使股票市场不至于发生激烈动荡。这些强有力的调控手段，在资本主义国家可以说是难以做到的。因为那里的银行和金融机构差不多都是私人所有，它们为了个人私利不惜在股票市场上兴风作浪，浑水摸鱼。

社会主义国家对股份制经济进行管理的另一个手段就是行政手段。所谓行政手段，就是指通过国家工商管理部门和政府有关部门对证券市场及股份制企业进行必要的监督和检查，乃至对违规者进行处罚。按规定，主管机关对股票市场的监督和管理，主要包括以下一些内容：股票上市核准及买卖的管理和监督；股票登记过户的管理和监督；与股票市场运作相关的检查与监督；证券机构及其人员的考核、奖罚等。

总而言之，社会主义国家通过法律手段、经济手段和行政手段，可以对股份制经济进行有效的宏观管理，把市场经济的不利影响减少到最低限度。这是资本主义国家难以做到的。

5. 两种股份制企业作用的不同

在一个社会的经济形态中，生产资料所有制形式决定着社会的分配方式和生产目的。在资本主义社会，生产资料的资本主义私人占有制是主要的所有制形式，它决定了在资本主义市场经济条件下发展生产力的唯一目的是尽量榨取剩余价值。资本主义股份制经济是依附于资本主义市场经济的，它为垄断资产阶级服务，以赚取最大利润为唯一目的。资本家发行小额股票，工人持有股票，造成了“工人为自己干活”的假象，这在一定程度上提高了工人的生产积极性，但也加强了对工人的剥削程度和隐蔽性。因为工人持有股票数额很少，是小股东，在股份企业里，小股东很难参加股东大会，即使参加也根本没有表决权。所以，在资本主义股份制企业里，决策权、经营权等仍掌握在资本家手中，资本主义管理制度的本质属性并没改变。另一方面，工人把节衣缩食省下来的资金集中到资本家手中，供其扩大生产和经营，以榨取更多的剩余价值。所以，资本主义股份制的直接作用是集资。股份制经济是资本家集团集中资本、扩大剥削的一种方式。资本家集团通过股份制这种形式，把分散的小资本集中为大资本，进一步扩大了资本主义生产规模，从而创造出更多的利润。

社会主义国有企业推行股份制，直接作用是转换国有企业经营机制，改革传统的国有企业制度，提高企业效率，优化企业组织结构和资源配置。股份制作为一种现代企业制度，具有产权明晰、政企分离、管理科学等特点。同时，社会主义股份制也有集资的功能，使公有财产能够控制更多的社会财产。在社会主义股份制经济中，如果国有股或集体股是主要成分，这就会保证它的社会主义公有制性质。在国有股和集体股占“大头”

的情况下，即使有个别私营企业主甚或外国资本家入了股，他也无法把这些生产资料变为私有，因此改变不了社会主义股份制经济的社会主义公有制性质。既然生产资料是公有制，那么生产目的只能是为了满足广大人民群众的需要。所以，社会主义股份制应把社会上闲散的资金集中起来，取之于民，用之于民。当然，这并不排斥社会主义股份制经济也要讲究效益、取得利润。因为如果没有效益、利润很少甚至亏损，就拿不出什么钱去满足社会和个人的需要。

6. 两种股份制经济发展经济后果的不同

资本主义股份制经济没有解决资本主义社会的基本矛盾和贫富两极分化的问题。在资本主义市场经济中，大资本家由于资金雄厚，比较容易经受得住股票价格的大起大落，而不至于轻易破产。广大的中小资本家及普通的劳动人民，由于持有股票的份额较少，很难在市场经济的大海中战胜大风大浪。所以，股票投机的受害者，差不多全是中小资本家及劳动人民。而大资本家则通过一些股票交易活动，大发横财，促使资本进一步集中，反过来这又会进一步加剧资本主义社会的基本矛盾。

社会主义股份制经济除了实行按劳分配，也实行按股分配。它在提倡和鼓励一部分人通过诚实劳动和合法手段先富起来的同时，不忘最终目标是实现共同富裕。这是社会主义本质的要求，也是社会主义公有制性质决定的。具体讲，社会主义股份制企业创造的利润，除了补偿生产中的各项消耗以外，其余作如下分配：（1）以税金或利润的形式上缴国家，用于国民收入的再分配；（2）扣除积累基金和福利基金留在企业内，用于发展企业的生产和福利事业；（3）以工资、津贴、奖金等形式在企业内进行按劳分配；（4）以股息、红利等形式对股东实行按股分配。对在这种分配过程中可能会产生的巨大收入差距，国家通过宏观调控手段加以限制。

总起来说，由于社会主义股份制经济与资本主义股份制经济都属于市场经济的经济组织形式，所以有一系列共同点。但由于它们分别以不同的生产资料所有制为基础，所以又存在着许多差别。这种差别不妨碍我们利用股份制经济去为发展社会主义生产力服务，解决传统的国有企业制度与经济运行效率的矛盾。股份制作为一种企业组织形式，使资本主义私有企业和社会主义国有企业既能符合社会化的要求，又适应市场经济体制。

结　论

一、股份制不是公有制

马克思曾从生产力和生产关系、经济基础和上层建筑相互作用的关系上，尤其是从商品经济发展和社会化生产程度日趋提高的层面上，对资本主义股份制的产生、特征和作用作了深入细致的分析与研究，得出了一系列重要结论。根据马克思的论述，股份公司是在没有从根本上触及资本主义私有制本身的前提下，对其生产关系从组织形式方面被迫进行的一次自我调整，是资本主义私有制的一种新的实现形式。我国建立的股份制企业是一种混合所有制经济，这里有国有资本、集体资本和私人资本。在混合所有制基础上组建的股份公司，视控股权掌握在谁手里而具有不同的性质。如果国有资本和集体资本掌握控股权，企业则具有明显的公有性。如果股权分散在外商、私人手中，并由外商、私营企业控股的，它自然是私有制性质。我国进行社会主义现代化建设的目的就是要解放生产力，发展生产力，消灭剥削，消除两极分化，实现共同富裕。而要实现这一切，都必须以公有制为主体。

二、公司治理的主要模式及其趋同

股份制度作为一种企业制度形式，会随着产业结构的变迁而不断创新，这包括公司的股权结构和公司治理结构等。世界各主要资本主义国家由于具有不同的社会传统、法律体系、政治体制及经济制度，因而形成了不同的公司治理结构模式，即以美英为代表的外部控制性公司治理模式和日德式的银行导向型公司治理模式。不过，近年来，上述两种公司治理模式都遇到了问题，双方之间开始寻求可以借鉴的经验，呈现出互相交融、趋同的趋势。如美国公司中机构投资者持股比例增加，所有权结构变得更为集中；英美董事会结构也向欧洲的双层制趋近。外部董事在董事会中占多数，并设立由外部董事组成的下设委员会，如薪酬委员会、审计委员会、提名委员会等；对银行持股的限制也开始放松，允许银行积极发挥治理功能。德国银行开始减少其在大公司的持股、通过提高透明度和实施披露法等，可以被看做是向美国标准趋同的标志。

三、资本主义国家的国有化和私有化都是为了发展资本主义

在一些以私有制为基础的西方发达资本主义国家，往往根据本国资本主义经济发展的需要，在不同时期采取了扩大或缩小国有经济规模的方针。第二次世界大战后，各主要资本主义国家面对战后严重的经济困难，开始了国家对经济的干预，国有企业的范围和数量急剧增加。这种国家垄断资本主义仍然保留着资本主义的基本生产关系。

进入20世纪80年代以来，这些西方发达资本主义国家又把经过整顿和治理之后的国有企业重新改变成私人企业，进行了所谓的“私有化”运动，使国家所有制的相当一部分或大部分恢复为私营，重新变成股份制公司，让私人垄断资本获取高额利润。而那些属于“天然垄断性”行业、投资多、风险大、周期长、利润低的国有企业，以及社会必需但无利可图的企业则仍实行国营。国有化时，国家用高价收买私人企业。私有化时，国家按低价出卖国有企业。所以，资本主义国家所实行的“国有化”或“私有化”，只是根据各个时期经济形势的不同而采取的不同的具体策略和措施而已。国有化和私有化都是私人垄断资本对国库的掠夺，目的都是为了发展资本主义。

四、我国国有企业股份制改造的目的是要建立具有中国特色的、具有社会主义内涵的现代企业制度

我国是以公有制为主体的社会主义国家，目前还处于社会主义市场经济的初级阶段。在现阶段，除了公有制经济以外，我国还要发展其他各种所有制形式的经济，以补充公有经济力量的不足。这跟资本主义国家在一定条件下允许发展国有经济以补充私人经济之不足的道理是一样的。我们这样做的最终目的是为了发展和壮大社会主义公有制经济。所以，我国应当在马克思主义理论的指导下，按照自己的国情，吸收一般市场经济制度

的精华，超越和扬弃一般市场经济的缺陷。国有企业改革不能简单照搬外国的股份企业制度。我们应当在总结各种市场经济中企业制度的经验教训的基础上，结合中国的国情，因地制宜地进行理论创新和制度创新，并发挥“效率与公平相结合”的社会主义精神，发挥股份制在资源配置方面的功能优势，建立具有中国特色的、具有社会主义内涵的现代企业制度。

主要参考文献

1．奥村宏：《法人资本主义》，生活·读书·新知三联书店 1990 年版。

2．奥村宏：《股份制向何处去——法人资本主义的命运》，中国计划出版社 1996 年版。

3．安邦："宏观繁荣下的微观代价"，《社会科学报》，2006 年 10 月 26 日。

4．巴泽尔：《产权的经济分析》，上海三联书店、上海人民出版社 1997 年版。

5．伯利和米恩斯：《现代公司与私有财产》，商务印书馆 2005 年版。

6．蔡继明、张克听："股份制性质辨析——评有关股份制性质的几种观点"，《经济学动态》，2005 年第 1 期。

7．程文进："美国公司的现代化进程"，《首都师范大学学报》（社科版），2000 年第 3 期。

8．陈继勇、肖光恩："美国公司治理结构改革的最新发展及其启示"，《经济评论》，2004 年第 5 期。

9．陈佳贵："建立现代国有企业制度"，《光明日报》，2006 年 11 月 2 日。

10．陈文科："产权改革变形：对国企改制典型案例的剖析"，《江汉论坛》，2005 年第 5 期。

11．陈昆玉："论公司治理模式的趋同化演变"，《辽宁大学学报》（哲社版），2001 年第 3 期。

12．Cosmo Graham 著，孟晋译："民营化：英国实践"，《行政法学研究》，2006 年第 3 期。

13. C. R. 艾德礼：《工党的展望》，商务印书馆 1961 年版。

14. 戴天顺："法国国有企业的调控作用及启示"，《江苏社会科学》，第 1996 年第 4 期。

15. 大卫·科兹、弗雷德·威尔：《来自上层的革命——苏联解体的终结》，中国人民大学出版社 2003 年版。

16. 丹尼尔·耶金，约瑟夫·斯坦尼罗斯：《制高点：重建现代世界的政府与市场之争》，外文出版社 2000 年版。

17. 丁汝俊："俄罗斯激进经济改革战略——'休克疗法'再评析"，《俄罗斯研究》，2005 年第 1 期。

18.《邓小平文选》第 3 卷，人民出版社 1993 年版。

19. 豆建民："建国以来我国对股份制问题的争论与突破"，《外国经济与管理》，1999 年第 10 期。

20. 杜莹、刘立国："股权结构与公司治理效率：中国上市公司的实证分析"，《管理世界》，2002 年第 11 期。

21. 凡勃伦：《企业论》，商务印书馆 1959 年版。

22. 方晓霞："日本企业治理的变革及其制度背景"，《经济管理·新管理》，2002 年第 10 期。

23. 冯根福："西方主要国家公司股权结构与股东监控机制比较研究"，《当代经济科学》，1997 年第 6 期。

24. 盖茨克尔：《社会主义与国有化》，商务印书馆 1962 年版。

25. 高煜："日本相互持股的近期演变：原因、效应及对我国的启示"，《现代日本经济》，2005 年第 5 期。

26. 国家统计局：《中国统计年鉴》，中国统计出版社 2005 年版。

27. 格·W. 科勒德克：《从休克到治疗——后社会主义转轨的政治经济学》，上海远东出版社 2001 年版。

28. 顾俊礼："德国国有企业的经营与管理"，《国际社会与经济》，1994 年第 11 期。

29. 加尔布雷思：《 经济学和公共目标》，商务印书馆 1980 年版。

30. J. E. 斯蒂格利茨：《经济学》上册，中国人民大学出版社 1997 年版。

31. 黄速建："国有企业改革三十年：成就、问题与趋势"，《首都经济贸易大学学报》，2008 年第 6 期。

32. 黄新建、甘筱青："法国政府管理企业模式的分析与评价"，《南昌大学学报》（哲社版），1998年第4期。

33. 黄文彬："2006年中国十大外资并购案"，《中国外资》，2007年第1期。

34. 黄范章："不应把股份制跟公有制划上等号——关于社会主义市场与股份制的研究之一"，《东南大学学报》（哲社版），2005年第4期。

35. 胡鞍钢、胡光宇：《公司治理中外比较》，新华出版社2004年版。

36. 洪名勇："马克思的股份制理论研究"，《安庆师范学院学报》（社科版），2000年第2期。

37. 江泽民：《在中国共产党第十五次全国代表大会上的报告》，人民出版社1997年版。

38. 蒋学模："对我国生产资料所有制改革的几点意见"，《经济学动态》，1986年第2期。

39. 纪宝成："国有经济制度创新的几个理论与实践问题研究"，《中国人民大学学报》，2004年第5期。

40. 加尔布雷思，蔡受百译：《经济学和公共目标》，商务印书馆1980年版。

41. 加尔布雷思，陶远华、苏世军译：《权力的分析》，河北人民出版社1988年版。

42. 剧锦文："关于国有经济战略定位的再思考"，《广州大学学报》（社会科学版），2007年第10期。

43. 凯尔索：《资本家宣言》，上海人民出版社1961年版。

44. 科斯等：《财产权利与制度变迁——产权学派与新制度学派译文集》，三联书店1991年版。

45. 科勒德克："从'休克'失败到'华盛顿共识'"，《经济体制比较》，1992年第2期。

46. 劳什等："公司治理结构和投资的时间标度"，载周小川：《企业改革：模式选择与配套设计》，中国经济出版社1990年版。

47. 蓝永蔚等："日本股份经济考察"，《中国社会科学》，1989年第5期。

48. 李玉珍："日本公有企业民营化及其启示"，《东疆学刊》，2005年第4期。

49. 刘重力、武津辉：“英国国有企业体制改革带给我们的思考”，《南开管理评论》，1999 年第 2 期。

50. 李明辉：“公司治理全球趋同：问题与纷争”，2006 年第 4 期。

51. 李达昌：《战后西方国家股份制的新变化》，商务印书馆 2000 年版。

52. 李维安：《我国公司治理原则与国际比较》，中国财政经济出版社 2001 年版。

53. 栗克彩、潘焕学：“从股权结构谈我国公司治理结构的完善”，《金融与经济》，2005 年第 8 期。

54. 吕长江、王克敏：“法国政府对国有企业的管理”，《外国经济与管理》，1995 年第 11 期。

55. 路德维希·艾哈德：《来自竞争的繁荣》，商务印书馆 1983 年版。

56. 李俊江、李晗、盛冰樺：“美国公司治理模式的特点及对我国企业改革的启示”，《吉林大学社会科学学报》，2003 年第 6 期。

57. 刘国光：“关于所有制关系改革的若干问题”，《经济日报》，1986 年 1 月 4 日。

58. 刘贻清、张勤德：《“郎旋风”实录——关于国有资产流失的大讨论》，中国财政经济出版社 2006 年版。

59. 章新华：“股份制改革与国有资产增值”，《吉林省经济管理干部学院学报》(经济管理学报)，1999 年第 5 期。

60. 厉以宁：“股份制的性质取决于投资者的性质”，《管理世界》，1992 年第 1 期。

61. 厉以宁：“论新公有制企业”，《经济学动态》，2004 年第 1 期。

62. 罗伯特·赫森：《新帕尔格雷夫经济学大辞典》(第一卷)，经济科学出版社 1992 年版。

63. 路易斯·凯尔索：《资本家宣言》，上海人民出版社 1961 年版。

64. 林岗、张宇：“产权分析的两种范式”，《中国社会科学》，2000 年第 1 期。

65. 李骥、孙健敏、刘向阳、巴曙松：“关于国有企业股份制改革的实证研究”，《管理世界》，2005 年第 1 期。

66. 马克思：《资本论》第 1 卷，人民出版社 2004 年版。

67. 马克思：《资本论》第 2 卷，人民出版社 2004 年版。

68. 马克思：《资本论》第 3 卷，人民出版社 2004 年版。

69.《马克思恩格斯全集》第 1 卷，人民出版社 1995 年版。

70.《马克思恩格斯全集》第 3 卷，人民出版社 1960 年版。

71.《马克思恩格斯全集》第 12 卷，人民出版社 1962 年版。

72.《马克思恩格斯全集》第 13 卷，人民出版社 1962 年版。

73.《马克思恩格斯全集》第 20 卷，人民出版社 1971 年版。

74.《马克思恩格斯全集》第 46 卷上，人民出版社 1979 年版。

75.《马克思恩格斯全集》第 46 卷下，人民出版社 1980 年版。

76.《马克思恩格斯选集》第 1 卷上，人民出版社 1972 年版。

77.《马克思恩格斯〈资本论〉书信集》，人民出版社 1976 年版。

78. 马宾："全民所有制企业的动力不能是化公为私的股份制"，《经济学动态》，1986 年第 10 期。

79. [美] 约瑟夫·E. 斯蒂格利茨：《社会主义向何处去——经济体制转型的理论与证据》，吉林人民出版社 1998 年版。

80. 玛格丽特·M. 布莱尔：《所有权与控制——面向 21 世纪的公司治理探索》，中国社会科学出版社 1999 年版。

81. 麦德维杰夫：《俄罗斯向何处去——俄罗斯能搞资本主义吗?》，新华出版社 2000 年版。

82. 马克斯·比尔：《英国社会主义史》（下卷），商务印书馆 1959 年版。

83. 裴小革："论马克思主义产权理论在当代中国的适用性——兼评国企必然无效论"，《广西经济管理干部学院学报》，2004 年第 4 期。

84. 乔·柯尔：《费边社会主义》，商务印书馆 1984 年版。

85. 乔安娜·沃尔斯特："便宜、可靠、安全——欧洲铁路服务令英国相形见绌"，[英]《观察家报》，2001 年 2 月 4 日。

86. 青木昌彦：《日本主银行体制》，中国经济出版社 1994 年版。

87. 青木昌彦、钱颖一：《经济转轨中的公司治理结构》，中国经济出版社 1995 年版。

88. 曲丽："英国上市公司独立董事制度的发展趋势"，《经济导刊》，2005 年 1 月 2 日。

89. 钱德勒：《看得见的手——美国企业的管理革命》，商务印书馆 1987 年版。

90. R. 库特、T. 乌伦:《法与经济学》, 三联书店1991年版。

91. 沈志渔、刘兴国、周小虎:“基于社会责任的国有企业改革研究”,《中国工业经济》, 2008年第9期。

92. 孙永祥、黄祖辉:“上市公司的股权结构与绩效”,《经济研究》, 1999年第12期。

93. 孙丽:“日本的雇佣与公司治理结构”,《日本研究》, 2002第3期。

94. 孙世春:“论日本的公司体制转轨”,《日本研究》, 2005年第4期。

95. 孙雅娜、边恕:“俄罗斯‘后私有化’时期的股份公司治理研究”,《外国经济与管理》, 2004年第7期。

96. 宋兰容:“中外股份制企业的比较研究”,《江汉论坛》, 2005年第10期。

97. 苏星:“论维护公有产权制度”,《中共中央党校学报》, 2005年第2期。

98. 石慧荣:“从英国公司法的改革看中国公司法的修订”,《广东社会科学》, 2006年第1期。

99. 田银华、龙翠红:“股权结构与公司治理的相关分析及对我国的启示”,《湖南科技大学学报》(社科版), 2004年第2期。

100. 卫兴华:“准确理解和把握马克思关于股份制的理论观点”,《光明日报》, 2007年8月21日。

101. 吴易风:《马克思主义经济学和新自由主义经济学》, 中国经济出版社2006年版。

102. 吴易风:“马克思的产权理论与国有企业产权改革”,《中国社会科学》, 1995年第1期。

103. 吴易风:“产权理论:马克思和科斯的比较”,《中国社会科学》, 2007年第2期。

104. 吴易风:《马克思主义经济学和西方经济学——吴易风文选》, 经济科学出版社2001年版。

105. 吴淑琨:“股权结构与公司绩效的U型关系研究——1997—2000年上市公司的实证研究”,《中国工业经济》, 2002年1月。

106. 威茨曼:《分享经济》, 中国经济出版社1986年版。

107. 万希："独立董事制度与公司治理机制"，《上海立信会计学院学报》，2005 年第 6 期。

108. 王昭凤："论德国企业性银企关系制度"，《南开经济研究》，2000 年第 3 期。

109. 伍浩松译，高立校："法国大型能源企业将部分私有化"，《国外核新闻》，2005 年第 5 期。

110. 项启源："不能把股份制等同于公有制"，《经济学动态》，2004 年第 4 期。

111. 夏春玉："日本明治时期的股份有限公司"，《现代日本经济》，1996 年第 5 期。

112. 徐进、那荣敏："我国国有企业股份制改革的发展"，《理论学习》，2006 年第 8 期。

113. 小杰克·F. 马特洛克：《苏联解体亲历记》，世界知识出版社 1996 年版。

114. 谢·格拉济耶夫：《俄罗斯改革的悲剧与出路——俄罗斯与新世界秩序》，经济管理出版社 2003 年版。

115. 严斯茂："社会主义股份公司初探"，《经济研究》，1984 年第 12 期。

116. 杨祖功："关于法国的国有企业"，《国际社会与经济》，1995 年 3 月 4 日。

117. 杨胜刚、安青松："全球关注：公司治理结构的国际比较"，《国际问题研究》，2003 年第 1 期。

118. 叶祥松、李建平、梁咏琴："英国国有企业管理体制及其启示"，《国有资产管理》，1996 年第 8 期。

119. 约翰·维克斯、乔治·亚罗：《私有化的经济学分析》，重庆出版集团、重庆出版社 2006 年版。

120. 约瑟夫·R. 布拉西等：《克里姆林宫的经济私有化》（中译本），上海远东出版社 1999 年版。

121. 臧跃茹、刘泉红、郭春丽："深化中央国有企业改革的总体思路和对策"，《宏观经济研究》，2008 年第 7 期。

122. 赵学增："《资本论》中的股份制理论"，《当代经济研究》，2000 年第 9 期。

123. 瞿强、普瑞格："德国的公司治理结构"，《财贸经济》，2002 年第 4 期。

124. 祖良荣："欧洲公司治理体制与企业社会责任重组"，《产业经济研究》，2004 年第 5 期。

125. 张文魁："国有企业改革 30 年的中国范式及其挑战"，《改革》，2008 年第 10 期。

126. 张志湘："试论社会主义股份制与资本主义股份制之异同"，《探求》，1996 年第 4 期。

127. 张克利等："俄罗斯国有企业资本运作情况及启示"，《中国经贸导刊》，2006 年第 4 期。

128. 张红军："中国上市公司股权结构与公司绩效的理论及实证分析"，《经济科学》，2000 年第 4 期。

129. 忠东："股份制·现代商品经济·社会主义"，《中国社会科学研究生院学报》，1988 年第 3 期。

130.《中共中央关于完善社会主义市场经济体制若干问题的决定》，人民出版社 2003 年版。

131. 左大培：《不许再卖——揭穿企业"改制"的神话》，中国财政经济出版社 2006 年版。

132. 仲大军："MBO 的合法性与我国现代企业制度理论缺陷"，《开放导报》，2005 年第 1 期。

133.《中共中央关于经济体制改革的决定》，人民出版社 1984 年版。

134. 中央企业工委编写组编：《企业国有资产流失形式和对策》，中国石化出版社 2003 年版。

135. 朱武祥、宋勇："股权结构与企业价值：对家电行业上市公司实证分析"，《经济研究》，2001 年第 12 期。

136. Adolph A. Berle, Gardiner C. Means. 1932. *The Modern Corporation and Private Property*. New York: The McMillan Company.

137. Alchian, A. and Demsetz, H. 1972. Production, Information Costs, and Economic Organization. *American Economic Review*, 62 (5), December, pp. 777 – 795.

138. Bhagat, S. and Black, B. 1999. The uncertain relationship between board composition and firm performance. *Business Lawyer* 54, pp. 921 – 963.

139. Borokhovich, A. and Parrino, P. and Trapani, T. 1996. Outside directors and CEO selection. *Journal of Financial Quantitative Analysis* 31 (3), pp. 337 – 355.

140. Borna, J. A. and Ryan, H. E. (2000). Capital expenditure announcements and anti – takeover barriers. *The Quarterly Review of Economics and Finance* 40, pp. 205 – 228.

141. Brian J. Hall and Jeffrey B. Liebman. 1998. "Are CEOs Really Paid Like Bureaucrats?". *Quarterly Journal of Economics* 113, pp. 653 – 691.

142. Brittan, S. 1984. "The Politics and Economics of Privatisation". *Political Quarterly* 55, p. 110.

143. Burnham, J. 1941. The Managerial Revolution. New York: The John Day Co.

144. Byrd, J. and Hichman K. A. 1992. Do Outside Directors Monitor Managers? *Journal of Financial Economics* 32 (2).

145. Chandier, A. 1994. *Scale and Scope*. The Belknap Press of Harvard University Press, Cambridge, Massachusetts, London, England.

146. Cotter, J. and Shivdasani, A. and Zenner, M. 1997. Do Independent Directors Enhance Shareholder Wealth during Tender Offers? *Journal of Financial Economics* 43 (2).

147. Coase, R. 1937. The Nature of the Firm. *Economica* 4.

148. Cooke, F. 2006. Acquisitions of Chinese State – Owned Enterprises by Multinational Corporations: Driving Forces, Barriers and Implications for HRM. *British Journal of Management* 17.

149. Crafts, N. and Woodward, N. 1991. *The British Economy since* 1945. Oxford, p. 405.

150. Demsetz, H. and Lehn, K. 1985. The Structure of Corporate Ownership: Causes and Consequences. *The Journal of Political Economy* 93 (6), pp. 1155 – 1177.

151. Dietl, H. M. 1998. Capital Markets and Corporate Governance in Japan, Germany and the United States. *Organizational Responses to Market Inefficiencies* (London and New York).

152. Edwrds, J. and M. Nibler. 2000. Corporate Governance: Banks verse

Ownership Concentration in Germany. *Economic Policy*, Oct.

153. Fama, E. 1980. Agency Problem and the Theory of Firm. *Journal of Politic Economy* 88 (2), pp. 288 – 307.

154. Fama , F. 1980. Agency Problem and the Theory of Firm. *Journal of Politic Economy* 88.

155. Fama, E. and Jensen. , M. C. 1983. Agency Problems and Residual Claims. *Journal of Laws and Economics* 26 (2), 327 – 349.

156. Fama, E. and Jensen, M. C. 1983, Separation of Ownership and Control, *Journal of Law and Economics* 26.

157. Fosherg, R. 1989. Outside directors and managerial monitoring. *ABER* (20) 2, Summer, pp. 24 – 32.

158. François Morin. 2000. A transformation in the French model of shareholding and management. *Economy and Society* 29 (1), pp. 36 – 53.

159. Franks, J and Mayer, C. 1998. Bank control, takeovers and corporate governance in Germany. *Journal of Banking & Finance* 22, pp. 1385 – 1403.

160. Friday, H. and Sirmans, G. S. 1998. Board of directors monitoring and firm value in REIT. *Journal of Real Estate Research* 16 (3) , pp. 411 – 427.

161. Gary, M. and Ross, M. R. 1983. *History of the American Economy*. New York.

162. Gamble, W. 2002. *Investing in China*. America: Quorum Books.

163. Gibbons, R. and Murphy, K. J. 1992. Optimal Incentive Contracts in the Presence of Career Concerns: Theory and Evidence. *Journal of Political Economy* 100 (3), pp. 468 – 505.

164. Grossman. S. J. and Hart, O. D. . 1980. Takeover Bids, the Free – rider Problem, and the Theory of the Corporation. *Bell Journal of Economics* 11, pp. 42 – 64.

165. Hart. 1983. The Market Mechanismas an Incentive Scheme, *Bell Journal of Economics* 10, Fall.

166. Hall, B. and Liebman, J. B. 1998. Are CEOs Really Paid Like Bureaucrats? The *Quarterly Journal of Economics* 3.

167. Hernalin, B. and Weisbach, M. S. 2001. Boards of directors as an

endogenously determined institution: a survey of the economic literature. Working *paper* 8161, *National of Bureau of* Economic Research.

168. Henry Parris, Pierre Pestieall and Peter Saynor. 1987. *Public Enterprise in Western Europe* Chatham Ltd, P. 21.

169. Henry, S. 1963. *Document of American History*. New York.

170. Holmstrom, B. and Ricart I Costa, J. 1986. Managerial Incentives and Capital Management. *The Quarterly Journal of Economics*, pp. 835 – 860.

171. Holmstrom, B. 1999 . Managerial Incentive Problems. A Dynamic Perspective. *Review of Economic Studies* 66, pp. 169 – 182.

172. Jain, B. and Kini, O. 1994. The Post – Issue Operating Performance of IPO Firms. *The Journal of Finance*49 (5), pp. 1699 – 1726.

173. Jensen, M. and Meckling, W. 1976 . Theory of the Firm: Managerial Behavior, Agency Costs, and Capital Structure. *Journal of Financial Economics* 3, pp. 305 – 360.

174. Jensen, M. C. 1993. The Modem Industrial Revolution, Exit, and the Failure of Intenal Control Systems. *Journal of Finance*. No. 3, pp. 831 – 880.

175. Jensen, M. C. and Ruback. R. C. 1983. The *Market For Corporate Control.*

176. *Journal of Financial Economics* 11, pp. 5 – 50.

177. Jensen, M. and Murphy, K. J. 1990. Performance Pay and Top – Management Incentive. *Journal of Political Economy* 98 (2), pp. 225 – 264.

178. Kaplan, S. and Minton, B. A. 1994. Appointments of Outsiders to Japanese Boards Determinants and Implications for Managers, *Journal of Financial Economics* 36 (2).

179. Leech, D. and Leahy, J. 1991. Ownership Structure, Control Type Classifications and the Performance of Large British Companies. The *Economic Journal* 101 (409), Nov., pp. 1418 – 1437.

180. Lee, Y. and Rosenstein, S. and Wyatt, J. G. 1999. The value of financial outside directors on corporate boards. *International Review of Economic and Finance* 8, pp. 421 – 431.

181. Li, M. and Simerly, R. L. 1998. The Moderating Effect of Environmental Dynamism on the Ownership and Performance Relationship. *Strategic*

Management Journal 19 (2), Feb. , pp. 169 – 179.

182. Mara, F and Larry H. L. Lang. 2002. The Ultimate ownership of Western European Companies. *Journal of Financial Economics* 65.

183. Macey, J. and Miller, G. p. 1995. Corporate Governance and Commercial Banking: A Comparative Examination of Germany, Japan, and United States. *Stanford Law Review* 48 (1), pp. 73 – 112.

184. Matthew Bishop. 1994. A Survey of Gorvernance. Economist, 1. 29 – 2. 4.

185. Millstein, I. and MacAVOY, P. W. 1998. The Active Board of Directors and Performance of the Larges Publicly Traded Corporation. *Columbia Law Review* 98 (5).

186. Morrison H. 1933. *Socialisation and Transport*, *Constable.*

187. Nikanen, W. A. 1971. *Bureaucracy and Representative Government.* Chicago, p. 24.

188. Nibler, M. 1995. *Bank Control and Corporate Performance in Germany: the Evidence.* WP No. 48, St. John's College Cambridge.

189. Peter J. Curwen. 1986. *Public Enterprise: A Modern Approach.* Great Britain: Wheatsheaf Books LtD, P. 37 – 38.

190. Prowse, S. D. 1995. *Corporate Governance in an International Perspective: A Survey of Corporate Control Mechanisms Among Large Firms in the US, UK, Japan and Germany.* New York University Salomon Center.

191. Pryke, R., 1981. *The Nationalised Industries: Policies and Performance Since 1868.* London.

192. Rosenstein, S. and Wyatt, J. G. 1990. Outside directors, board independence and shareholder wealth. *Journal of Financial Economics* 26 (2), pp. 175 – 191.

193. Scharfstein, D. 1988. The Disciplinary Role of Takeovers. *Review of Economic Studies* 55, pp. 185 – 199.

194. Shleifer, A and Vishny R. W. 1986. Large Shareholders and Corporate Control. *Journal of Political Economy* 94, pp. 481 – 488.

195. Shleifer, A and Vishny R. W. 1988. Value Maximization and the Acquisition Process. *The Journal of Economic Perspectives* 2 (1), pp. 7 – 20.

196. Shleifer and Vishny. 1997. A Survey of Corporate Govenance. *Journal of Finance* 52.

197. S. Pejovich. 1988. Karl Marx, Property Rights School and the Process of Social Change. In *Karl Marx's Economics: Critical Assessments*, ed. by J. C. Wood. London: Croom Helm Ltd. Vol. Ⅵ, p. 240.

198. Stephen J. Bailey. 1995. *Public Sector Economics: Theory, Policy and Practice.* Macmillan Press LTD.

199. Thompson, G. 1986. *The Conservative's Economic Policy.* London.

200. Thomsen, S. and Pedersen, T. 2000. Ownership Structure and Economic Performance in the Largest European Companies. *Strategic Management Journal* 21 (6), Jun., pp. 689 – 705.

201. Veblen, T. 1923. *Absentee Ownership and Business Enterprise in Recent Times.* New York: B. W. Huebsch.

202. Weir, C. and Laing, D. 2003. Ownership structure, board composition and the market for corporate control in the UK: an empirical analysis. *Applied Economics* 35, PP. 1747 – 1759.

203. Williamson, O. 1981. The Modern Corporation: Origins, Evolution, *Altributs. Journal of Economic Literature* 19.

204. Weisbach, M. 1988. Outside Directors and CEO Turnover. *Journal of Financial Economics*, pp. 431 – 460.

205. William, O. and Brown, Jr. 1996. Exit, voice, and the role of corporate directors: evidence from acquisition performance. Working paper in economics, Claremont collages.

206. Yermach, D. 1996. Higher valuation of companies with a small board of directors. *Journal of Financial Economics* 40, pp. 185 – 212.

后　记

《中外股份制企业比较研究》是在我博士论文基础上修改充实而成的。回想在中国人民大学的三年多时光，收获颇多，感慨也颇多。在这里，我深深受到了中国人民大学“大师、大楼、大气”的熏陶，聆听了大师的教诲，汲取了丰富的营养。这段时光将会深刻影响我后半部分的人生之路。

在书稿完成之际，我有太多的谢意要表达。

首先要感谢的是我的导师、我国著名经济学家吴易风教授。这本书稿是在吴老师的悉心指导下完成的。在书稿写作过程中，我既品尝到了苦闷与迷茫，又体验到了惊喜与进步。正是在导师的指点之下，我才真正开始了自己的学术生涯。吴老师开阔的视野、睿智的思维、雷厉风行的做事风格以及严谨的治学态度将是我永远学习的榜样。我还要感谢我的爱人王治珂先生和我的家人。正是由于他们的无私奉献和鼓励与支持，我才能坚持到最后。参加我的论文开题、评审和答辩的国家行政学院经济学部主任王健老师，中国人民大学经济学院卫兴华、张宇、邱海平、姚开建老师，中国社会科学院的裴小革研究员，首都师范大学董正平教授以及中共中央党校的王天义老师等，他们都对论文给予了很高的评价并对该书的进一步修改完善提出了许多宝贵意见。我同师门的王焯、刘蕾、李海明、任超峰、张俊勇等师弟师妹们，中国人民大学经济学院2004级博士班的同学们，山东籍的老乡们以及中国人民大学经济学院的老师们给予我许多帮助。山东财政学院的领导和老师也给予了我关心和帮助，正是由于得到了山东财政学院出版基金的资助，本书才得以顺利出版。在此对他们一并感谢！

在本书的写作过程中，我是站在“巨人的肩膀”上，即参阅了国内外许多学者的相关研究成果，汲取或借鉴了他们的一些学术观点，在此谨向他们表示最诚挚的感谢！

本书是我初步的研究成果。今后我会继续关注有关股份制企业的国内外研究动态并作进一步的研究。我将以屈原《离骚》中的诗句“路漫漫其修远兮，吾将上下而求索”自勉，力求为我国的社会主义经济建设和国有企业的深化改革尽自己的一份微薄之力。求真、求实，服务社会，报效祖国将会是我终生的追求。

由于水平和资料所限，书中难免有不足之处，恳请各位专家、师长、同仁和读者批评指正。

韩玉玲

2009 年 10 月于泉城济南